尽 善 尽 美　　　　　开 求 弗 迪

中国制造专精特新管理升级丛书

# 供应商与采购管理

## 策略、方法与落地实践

符春扬 著
占必考

电子工业出版社
Publishing House of Electronics Industry
北京·BEIJING

## 内 容 简 介

在当下产业链竞争不断加剧的时代背景下，企业迫切需要通过实施战略采购来构建一流的供应商管理体系，并打造高质量、低成本的供应链。本书重点阐述了认识供应商与采购、供应商的选择与认证、采购策划与合同管理、采购议价与成本管理、供应质量与服务管理、供应交期与风险控制、供应商评价与激励、准时供应与零库存、供应链数字化管理等内容。本书大量选用一流企业的真实案例及实际应用的模型、图表，力求将现代供应商与采购管理的策略、方法和最佳实践呈现给广大读者朋友。

本书适合制造企业的中高层管理者、采购管理者、供应链变革人员、供应商管理咨询顾问等阅读与使用。

未经许可，不得以任何方式复制或抄袭本书之部分或全部内容。
版权所有，侵权必究。

图书在版编目（CIP）数据

供应商与采购管理：策略、方法与落地实践 / 符春扬，占必考著. —北京：电子工业出版社，2023.9

（中国制造专精特新管理升级丛书）

ISBN 978-7-121-46068-5

Ⅰ．①供… Ⅱ．①符… ②占… Ⅲ．①采购管理－研究 Ⅳ．①F253

中国国家版本馆 CIP 数据核字（2023）第 142357 号

责任编辑：黄益聪
印　　刷：三河市鑫金马印装有限公司
装　　订：三河市鑫金马印装有限公司
出版发行：电子工业出版社
　　　　　北京市海淀区万寿路 173 信箱　　　邮编：100036
开　　本：720×1000　1/16　印张：20.75　字数：432 千字
版　　次：2023 年 9 月第 1 版
印　　次：2023 年 9 月第 1 次印刷
定　　价：79.00 元

凡所购买电子工业出版社图书有缺损问题，请向购买书店调换。若书店售缺，请与本社发行部联系，联系及邮购电话：（010）88254888，88258888。

质量投诉请发邮件至 zlts@phei.com.cn，盗版侵权举报请发邮件至 dbqq@phei.com.cn。
本书咨询联系方式：（010）57565890，meidipub@phei.com.cn。

推荐序

# "专精特新"从精细管理入手

刘九如

习近平总书记2021年7月主持中共中央政治局会议分析研究当前经济形势、部署下半年经济工作时，提出要"发展专精特新中小企业"。由此，工业和信息化部发布规划，明确"十四五"期间，将重点培育孵化带动百万家创新型中小企业、培育10万家省级专精特新企业、1万家专精特新"小巨人"企业。

所谓专精特新"小巨人"，是指专业化、精细化、特色化、新颖化的中小企业，是既专注于制造业各领域细分市场，又在质量、品牌、技术、创新和市场占有率方面有突出表现，真正做到质量创新能力强、市场占有率高、掌握关键核心技术、质量效益优的行业"排头兵"。因此，经济效益好、专注细分专业领域、具备较强的创新能力和优秀的企业管理是专精特新"小巨人"推荐评选的基本条件。截至2021年7月底，工业和信息化部评选发布了三批专精特新"小巨人"企业，共计4762家。

中国是制造大国，制造业由大变强，是新阶段制造业高质量发展的主要任务。目前，我国制造业原创产品少、高端产品少，专利产品少，在工业软件、航空发动机、芯片、农业机械等方面与先进国家差距较大，在传感器、实验精密设备、高压柱塞泵、高端电容电阻、高端轴承钢、精密抛光等专业制造领域仍被部分国外产品垄断。化解这些难题，不能仅靠大企业和科研机构，也不能靠规模化或举国体制，有效的解决办法，就是在量大面广的中小制造业企业中培育专精特新"小巨人"企业。

培育专精特新，首要的就是鼓励创新。创新是专精特新的灵魂，是其最鲜明的特色。我国经济发展到今天，科技创新既是发展问题，更是生存问题。工业和信息化部的相关统计数据显示，现有专精特新"小巨人"企业平均研发强度为6.4%，平均拥有发明专利近12项。这些企业长期深耕细分市场，创新实力强、市场占有率高、掌握核心技术，处于产业链供应链的关键环节，对补链强链、解决"卡脖子"难题等具有重要支撑作用。

此外，培育专精特新"小巨人"要从精细管理入手。精细精益化运营和数字化管理既是创新的基本前提，也是"小巨人"脱颖而出的关键。建立精细化管理思维，帮助企业在经营管理中建立精细高效的制度、流程和体系，实现生产精细化、管理精细化、服务精细化，真正向专精特新迈进，需要企业自身建立标准，树立标杆，不断强化质量基础，提高资源利用效率，化解管理粗放问题；同时也需要借鉴众多成功企业的经验，对标自身短板，持续改进提升。

"中国制造专精特新管理升级丛书"集合了华为、三星、海尔、三一重工、富士康等知名企业中高管的管理经验，遵循制造企业转型升级的成长逻辑，从"夯实基础管理—推进精益管理—走向智能制造"三个阶段，多层面、多维度地解构了制造企业转型升级的关键要点，为专精特新"小巨人"的培育提供了良好参照。

第一阶段，夯实基础管理。围绕工作现场生产要素的有效管理、质量控制和管理、"五星"班组建设等基础管理问题，精心策划实操性强、实效性高的研究课题，帮助企业系统掌握做好现场管理、质量管理、班组建设的方法和工具，夯实制造企业转型升级的基石。

第二阶段，推进精益管理。围绕打造理性组织，将精益理念、改善理念与流程和管理体系建设方法、工具等有机融合在一起，帮助企业快速习得精益管理、组织理性建设的具体实践方法，以之作为制造企业转型升级的系统保障。

第三阶段，走向智能制造。围绕推进信息技术与制造技术深度融合，强化供应链管理能力，持续普及供应链管理和精益智能制造的前沿理念与先进方法，引导企业加快构建智能制造发展生态，全面实现高质量发展。

推荐序

　　本套丛书即将出版的《6S精益管理》《精益质量管理》《全员精益文化》《激发一线活力》《流程赋能》《智能制造落地》《供应商与采购管理》等书籍，涵盖了制造企业管理的方方面面，对于培育专精特新"小巨人"、助力制造企业转型升级有重要的指导作用，其中的思想智慧、方式方法，值得广大制造企业经营者、管理者深度学习与借鉴。

　　（本序作者系电子工业出版社有限公司总编辑兼华信研究院院长、工业和信息化部电子科技委产业政策组副组长）

# 前言

未来的竞争是产业链与产业链的竞争，企业采购模式也由传统采购逐渐走向战略采购。传统采购较多关注的是如何通过竞争性议价从供应商处获得（一次性的）最低的价格。战略采购关注的重点不再单单是采购价格，还包含了如何通过供应商关系管理获取价值增值，实现总成本的最低，供给的安全、透明和高效，以及综合市场竞争力的提升等。

笔者认为，在供应商与采购管理方面要持续加强产业链管理，掌控关键控制点，支撑产品的相对竞争优势。要做到这些，需要从两方面入手。

一方面，要以供应商交付及质量保证能力为突破点，实现供应商管理能力的提升与优化，提升供应商的供应链配套能力与质量保证能力；同时，重视供应商的管理，时刻关注与供应商合作中出现的问题并及时采取措施，实现供应商关系的健康、良好、长远发展，最终实现总成本最低化、客户服务最优化、总库存成本最小化、总周期时间最短化和物流质量最优化。

另一方面，要从内部需求和外部供应环境分析入手，有针对性地制定物料采购和供应商品质管理策略，并通过组织、流程和绩效考核形式固化下来。物料及供应商分类策略是一个从内外部分析入手，形成物料分类策略和供应商关系策略的完整体系，是整个采购体系的核心和基础，也是采购绩效的重要保障。供应商品质管控体系由流程、组织和绩效考核、信息系统组成。其中，流程、组织和绩效考核是主要管控手段和核心，信息系统是重要的辅助手段。

带着这些思考，笔者在本书中从认识供应商与采购、供应商的选择与认证、采购策划与合同管理、采购议价与成本管理、供应质量与服务管理、供应交期与风险控制、供应商评价与激励、准时供应与零库存、供应链数字化管理九个方面入手，选用一流企业案例，融合管理制度、流程规范、程序文件、图表、统计工具等内容，深入浅出地为读者解读了供应商与采购管理的方方面面，致力于帮助读者提升供应商管理能力，持续改善企业的物料供应水平。

笔者在台达电子、华为集团多年从事生产计划、合同履行及供应商与采购管理工作，近期又为各行业提供咨询服务，服务过化工领头企业万华化学、国内本土零售便利店领跑者美宜佳、中国中医药大健康产业新秀谷医堂等知名企业。在提供咨询服务中，笔者积累了大量的企业在供应链和采购领域的经验，也开发了一些工具、方法，这是撰写本书的基础。笔者将自己多年的管理经验，尤其是踩过的"坑"、摔过的跟头毫无保留地分享给读者朋友，希望对大家的工作有所帮助。本书的出版，还得到了企业界朋友及众多咨询行业伙伴的帮助，尤其是占必考老师提供的资料及提出的优化意见，让本书增色不少，在此一并表示感谢！

因笔者水平有限，书中难免存在疏漏、错误之处。如果您发现书中有不足之处，还请提出宝贵的意见和建议。

符春扬

# 目录

## 第一章 认识供应商与采购

### 第一节 供应商的定位 / 1
一、互惠互利的合作伙伴 / 1
二、改善成本与质量的能力 / 3
三、供应商成为企业的竞争力 / 4

### 第二节 供应商管理的价值 / 6
一、供应商管理的内容 / 6
二、供应商管理的功能 / 7
三、供应商管理的流程 / 9

### 第三节 采购与供应管理 / 12
一、什么是采购 / 12
二、采购管理五要素 / 16
三、外包供应的管理 / 18

### 第四节 采购的组织管理 / 23
一、采购部的组织架构 / 24
二、采购部的角色 / 26
三、采购人员的能力要求 / 28

## 第二章 供应商的选择与认证

### 第一节 供应商的筛选 / 32
一、供应商的类型和功能 / 32
二、供应商的开发管理 / 33
三、供应商的实况调查 / 39
四、建立供应商筛选标准 / 43
五、判定供应商的竞争力 / 43

### 第二节 供应商的评审与认证 / 45
一、明确供应商评价标准 / 45
二、判断供应商的交付能力 / 50
三、供应商样品试制认证 / 51
四、供应商能力的审核与认证 / 56
五、选择合格的供应商 / 65

### 第三节 发展合作伙伴关系 / 66
一、分析与供应商的关系 / 66
二、实施供应商分级管理 / 68
三、确定双方的合作深度 / 69
四、建立战略合作伙伴关系 / 72

### 第四节 供应关系网络建设 / 74
一、供应商关系管理的功能 / 75
二、供应商关系的维护 / 76
三、建立供应商履历表 / 77
四、持续完善供应商资源池 / 78

## 第三章
## 采购策划与合同管理

### 第一节 采购物料确认 / 81
一、与技术部确认物料明细 / 81
二、与仓储部确认物料的库存情况 / 83
三、与质量部确认质量稳定性 / 86

### 第二节 采购量确认 / 89
一、确认物料损耗率 / 89
二、供应周期评估与管理 / 90
三、采购量的确认流程 / 91

### 第三节 采购计划确认 / 92
一、供应商产能规划 / 93
二、供应商组合研判 / 95
三、制订采购计划 / 97

### 第四节 采购预算管理 / 101
一、比价与高低搭配 / 101
二、单型号采购比例确认 / 102
三、成品采购成本包控制 / 104

### 第五节 采购合同管理 / 105
一、采购合同的类别 / 105
二、采购合同的风险规避 / 110
三、采购合同的执行与变更 / 112
四、采购合同的违约处理 / 116

## 第四章
## 采购议价与成本管理

### 第一节 采购成本分析 / 120

一、采购成本分析的内容 / 120
二、收集采购成本资料 / 125
三、采购成本核算与分析 / 126
四、采购成本的计量与计价 / 129

### 第二节 采购议价管理 / 130
一、确定采购议价目标 / 130
二、设计采购议价策略 / 132
三、采购谈判与还价 / 136
四、价格周期管理计划 / 138

### 第三节 物流成本管理 / 138
一、需求计划与配装方案 / 139
二、运输规划与路线设计 / 142
三、运输方式的搭配与协同 / 144
四、完善物流供应系统 / 147

### 第四节 采购成本控制 / 149
一、常规物料的成本控制 / 149
二、供应商直通率与价格管理 / 154
三、核心供应商的价格保护 / 168
四、供应商工程能力指导 / 169

## 第五章
## 供应质量与服务管理

### 第一节 质量协议管理 / 172
一、供应商参与产品设计 / 172
二、样品的验证 / 174
三、签订《产品供应质量协议》 / 176
四、质量协议的变更管理 / 182

 供应商与采购管理

### 第二节　供应商质量评价 / 184
- 一、供应商产品质量调研 / 184
- 二、质量标准的统一 / 187
- 三、输出《质量检验指导书》 / 191
- 四、供应商质量评比 / 193

### 第三节　供应质量检验管理 / 198
- 一、设计质量检验控制点 / 198
- 二、来料质量的检验规则 / 201
- 三、异常物料的处理与改善 / 207
- 四、供应商质量检讨会议 / 209

### 第四节　供应商的配合与改善 / 210
- 一、供应商质量改善小组的建立 / 211
- 二、供应商新品导入 / 212
- 三、供应商的反应速度与配合度 / 222
- 四、质量异常的处理与索赔 / 224

## 第六章　供应交期与风险控制

### 第一节　供应交期的早期确认 / 227
- 一、定时定量的需求确定 / 227
- 二、核查供应商的交付能力 / 229
- 三、分析供应链上的交期 / 230
- 四、交期的日常管理 / 231

### 第二节　供应交期的全程控制 / 233
- 一、协定供应商的供应时间 / 233
- 二、为供应商交付提供支持 / 234
- 三、跟催供应商的交付进度 / 236
- 四、及时跟催不良品的处理进度 / 237

### 第三节　供应交期的风险应对 / 239
- 一、生产计划的备选方案 / 239
- 二、采购订单的避险分配 / 240
- 三、核心物料的安全库存 / 241

### 第四节　交期延误的有效处理 / 243
- 一、交期延误的原因分析 / 243
- 二、交期延误的责任区分 / 245
- 三、交期延误的及时补救 / 245
- 四、交期延误的有效改善 / 247

## 第七章　供应商评价与激励

### 第一节　建立供应商评价模型 / 250
- 一、检视产品管理计划 / 250
- 二、输出多部门协同方案 / 253
- 三、建立供应商管理控制模型 / 257

### 第二节　建立供应商绩效考核体系 / 258
- 一、确定供应商考核目标 / 258
- 二、选定供应商绩效考核方式 / 259
- 三、设计供应商绩效考核指标 / 261
- 四、供应商绩效分统计程序 / 262

### 第三节　实施供应绩效评价 / 263
- 一、成立供应商绩效考核小组 / 263
- 二、明确绩效考核人员的职责 / 264
- 三、供应商绩效考核的实施步骤 / 265
- 四、供应商绩效考核的常用方法 / 266

第四节　供应商绩效考核结果
　　　　应用　/　270
一、对供应商的动态评级　/　270
二、为供应商提供绩效辅导　/　275
三、对供应商进行奖惩激励　/　276

# 第八章
## 准时供应与零库存

第一节　建设准时供应系统　/　278
一、推进准时化生产　/　278
二、推广JIT采购模式　/　279
三、导入精益化生产模式　/　281

第二节　制造与供应一体化　/　285
一、协调与一体化管理　/　285
二、综合计划的策划方法　/　288
三、生产计划的制订与衔接　/　289

第三节　建立零库存管理机制　/　291
一、供应链管理趋势　/　291
二、建立VMI管理机制　/　292
三、制定联合库存管理策略　/　294

# 第九章
## 供应链数字化管理

第一节　精益供应链的数字化　/　297
一、精益供应链的数字化设计　/　297

二、精益供应链的运作管理　/　299
三、数字化环境下的供应链协调　/　300

第二节　建立供应链数字化
　　　　系统　/　302
一、搭建供应商数字化管理平台　/　302
二、录入与更新供应商信息　/　303
三、供应链数字化系统的应用　/　303
四、供应商信息管理系统的安全
　　管理　/　304

第三节　以数字化为基础的廉洁
　　　　采购　/　308
一、采购道德规范　/　308
二、采购作业中的灰度　/　309
三、用数字化推进阳光采购　/　310

第四节　供应链的发展趋势　/　312
一、采购国际化与采购管理　/　312
二、供应链管理系统与采购管理　/　313
三、以大数据为基础的供采系统　/　315

附录A　《供应商与采购管理》工具与
　　　　表单　/　318

# 第一章 认识供应商与采购

当下,企业之间的竞争日趋激烈,再加上企业规模的扩大、制品的分工化、技术要求的专业化,发包企业能否善用供应商,会对其经营业绩造成直接影响。因此,供应商管理便成了企业经营的重要课题之一。

## 第一节 供应商的定位

在现代供应链管理中,供应商不再是单纯的原材料、零部件的提供者。在一定程度上,供应商决定了企业的竞争力。从企业的视角来看,供应商是企业重要的合作伙伴,是企业价值创造的源头,也是企业价值创造链条的前端。

### 一、互惠互利的合作伙伴

在企业与供应商的关系定位中,有的企业单纯地以价格为合作策略。实际上,这是一种双方围绕价格此消彼长的博弈策略,而在这种合作模式下,双方的合作关系难有进一步的突破。一些有远见的企业则奉行互惠互利的原则,与供应商形成一种双赢模式,彼此成就。双赢模式下的价值模型如图 1-1 所示。

从长远来看,战略合作伙伴关系对企业而言有利于实现企业的发展目标和发展战略,也更容易实现企业与供应商之间的总体价值最大化。

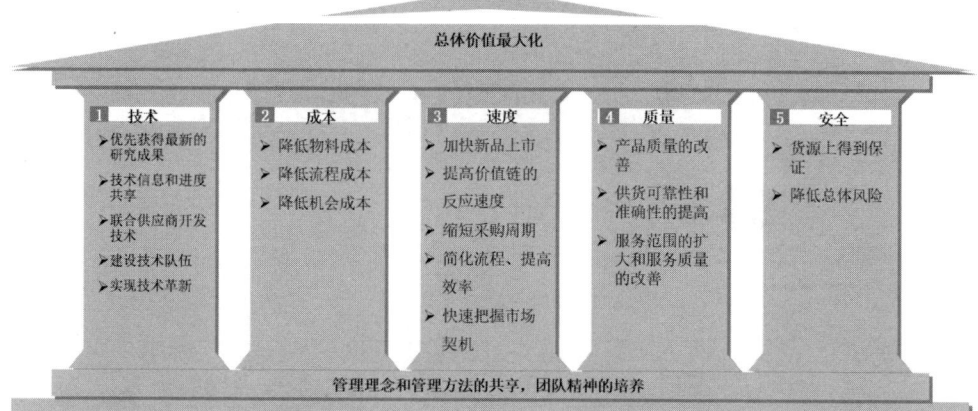

图1-1 双赢模式下的价值模型

2009年，雷军开始创业，当时找到了富士康，但遭到了拒绝。雷军只得找其他的供应商。雷军在《在对的时间做对的事》一书中曾回忆：他将目光转向了另外一家电子通信产品代工企业英华达，经过辛苦谈判，雷军的小米模式及他的态度打动了英华达的总经理张峰。就这样，英华达成为小米手机的第一家代工企业。

小米手机的销量从2011年的30万台飙升到2013年的1870万台。2013年，英华达南京工厂的大部分生产线都在为小米手机代工（手机总出货量为1185.5万台，其中小米占了80%）。

英华达成就了刚起步的小米，快速崛起的小米则让英华达的利润不断提高。二者成就了彼此，实现了双赢。2014年，小米大幅调高了年度手机出货量预期目标。英华达南京工厂投入4.4亿元添置新设备，以提高小米手机的产能。英华达南京工厂的负责人透露，一条SMT（Surface Mounted Technology，表面贴装技术）生产线的成本在2000万元左右，一条主板测试线的成本约为1500万元。虽然投资巨大，但是回报诱人。

同样，这种互惠互利的关系发生在小米和夏普身上。夏普的屏幕在业界有口皆碑。2011年，雷军一行人前往日本与夏普进行谈判。对于从来没有做过手机的企业来说，让夏普做供应商无异于异想天开。谈判并不顺利，但经过5个月的坚持，雷军终于打动了对方，虽然对方也只是抱着试试看的态度。然而仅仅一年后，小米就成为夏普转亏为盈的关键。2013年下半年，小米向夏普订购了约100万片屏幕，夏普从中获利达100亿日元。2013年，夏普全年盈利400亿日元左右，相比上一财年的亏损近 1400 亿日元，其收益大幅提高。自此，小米一跃成为夏普最重要的客户之一。

雷军说"小米只做自己最擅长的环节——营销和设计，制造方面则要和全球最好的供应商合作"。最终，小米借助英华达、夏普、富士康、三星的优势资源，不断践行这一策略。而这些供应商无不从小米手机高速增长的销量中获得了巨额的回报。

双方互惠互利是建立战略合作伙伴关系的基础，而达成这一目标需要双方高层驱动，即通过供求双方高层决策，相互开放成本结构、发展战略、技术和产品，在信息共享的基础上实现高效率、高质量的供应。

## 二、改善成本与质量的能力

供应链的成本、交付及品质制约着企业的长远发展。对于许多大企业而言，供应链是企业管理的关键，供应链的一举一动都影响着企业的经营效益。供应商管理能力的提升与优化对很多企业而言已迫在眉睫，而企业必须全力提高供应商的供应链配套能力与质量保证能力。

笔者的团队在 2015 年至 2016 年应邀在 W 集团公司开展了为期两年的供应商与采购优化辅导。这是一家能源计量设备、系统和服务供应商，企业经营层希望通过改善服务在供应链管理上取得更大的突破。在这次辅导中，我们从成本和质量两个方面进行优化：一是从供应链角度优化成本，二是建立供应商质量保证体系。

W 集团公司的供应商的能力参差不齐，这不仅导致来料合格率低，还导致了交期瓶颈。大家都知道木桶效应，最短的那块木板决定了桶的最大容量。那些优秀供应商的潜能并未转化为产能，这在资源管理上是一种浪费，直接拉高了采购成本。此外，我们还发现了如下问题，都导致了采购成本的增加和制造质量的下降。

（1）付款方式：付款方式不透明、不确定。

（2）订单跟催：交期不稳，需要采购人员经常催单。

（3）生产计划：物料需求计划频繁变动，导致供应商物料呆滞增加。

（4）库存方面：库存不断增加，关键物料占比小。

（5）采购周期：采购提前期经常落空。

（6）物流包装：包装不规范，物流送货过程中的异常情况多。

（7）品质要求：不断增加品质标准，成本压力大。

（8）客户订单：客户订单变动大，物料调配变动频繁。

顾问老师和 W 集团公司的管理人员一起组成了管理改善团队，共同推进管理改善活动。一是建立供应商绩效管理平台，对供应商进行分级管理（A 类25%，B 类 50%）；二是建立供应商能力提升及改善机制，包括供应商导入、认证、约谈、辅导、稽核、淘汰、更换及质量检讨制度；三是建立供应商品质生态供应链机制，包括关键绩效指标拆解、最差 3 家供应商改善、质量对标、履历库；四是制定与实施集中采购及供应商管理部采购策略；五是建立供应商生命周期管理及采购成本模型，兼顾质量成本；六是强化质量核心源头，建立供应商质量免检制度，并全面实施 JIT（Just In Time，准时化生产）采购；七是完善及优化生态供应链机制，与供应商建立合作伙伴关系；八是物料管理标准化的对接，包括物料的设计、导入和验证。

经过两年的努力，W 集团公司实现了供应商的供应链配套能力与质量保证能力的建设；供应商的质量、交付、服务水平获得了提升。最直观的成果就是经过2015 年的改善，2016 年年初的来料不良率由上年度的 1.07%降为 0.49%；上线不良率由 0.78%降为 0.29%；A 类供应商占比提升至 25%；供应商按时交付率提升至 95%，提升了 10 个百分点。

企业应重视供应商管理，时刻关注合作中出现的问题并及时改善，实现与供应商关系的健康、良好、长远发展。

### 三、供应商成为企业的竞争力

越来越多的企业将供应商视为自己获得市场竞争力的关键环节。一些供应商在发展中聚焦于一两个领域，经过长时间的技术积累，这些领域已成为它们的核心竞争力。例如，富士康电子产品代工几乎无出其右，有完整的产业链生产线；再如，索尼和佳能的镜头、台积电的芯片生产等，这些企业的先进技术已经超过了许多采购企业。企业对产品设计、产品制造类供应商的依赖程度很高。

当前社会分工越来越细，任何一个企业独霸整个产业链技术的时代已经不复存在，取而代之的是遍地开花的创新。这就需要采购人员花更多的时间深入研究行业，提高对所负责品类的洞察能力和专业认知能力；创造性地思考如何制定采购策略，挖掘价值合作机会点，为构筑产品竞争力而努力。

华为采购团队在2012年时，根据某产品的产业格局分析得出若A供应商的某品类与华为进行战略合作，则未来该产品在市场上将具有非常明显的竞争优势，且能够实现双赢。在与A供应商的讨论中，A供应商表达了对未来业务的不确定性和潜在风险的顾虑，合作意愿不强烈。面对这种情况，华为采购团队和研发团队开始寻找解决方案。他们从技术趋势、设备商和芯片供应商的行业格局、短期利益和中长期利益等方面进行分析，将A供应商所担心的风险转化为显性的具体问题，并逐个给出解决方案。华为采购团队携带解决方案先后经过数次谈判，终于让A供应商的管理层打消顾虑，双方达成合作。一年后，该产品在市场上大放异彩，形成了较稳定的产品代际优势，供应商推动企业提升竞争力的价值如期呈现。

2013年前后，华为的X产品跨入业界领先之列，这对技术方向的把握和趋势的判断提出了更高的要求，同样对产业链也有着更严峻的考验，即必须具有引领产业链上下游的方向的能力，否则当下的领先地位将化为乌有。于是，采购部和产品规划部的专家共同分析X产品核心品类的技术发展方向，以招纳行业最佳资源为企业所用。

在规划未来的每一代产品需求时，华为都会详细识别行业最优资源。企业可通过对核心品类物料的长远规划，以获得产品技术领先和市场先发优势。产业链深度合作给产品线带来的价值和竞争力，远远超过了物料降价带来的产品竞争力的提升。

雷军初创业时去找富士康代工，但被直接拒绝了。但不久富士康的一位高管谢冠宏被雷军打动，同意代工。这位高管自此与雷军结下了不解之缘。后来，谢冠宏离开富士康，决定创业。在与雷军的交谈中，雷军建议他做耳机，当时国内的耳机市场上，高端耳机被国外品牌垄断，市场对中端耳机需求量很大。就这样，2013年，谢冠宏创建了加一联创，生产万魔耳机，小米是早期的投资方。万魔耳机一经推出，出货量就超过了1000万条，时至今日，万魔耳机畅销全球。万魔声学科技成立之初一直是小米主要的耳机供应商，而且成了小米手机生态链中重要的一环。万魔耳机的影响力对提升小米手机的销量和用户认可度都有极高的价值。

业内人士都知道，小米选择了轻资产的运营模式。小米负责营销、设计及用户服务等，而生产等环节全部交由供应商、外包商负责。小米的生产计划出来之后便向高通、三星、索尼采购多种元器件，最后由英华达和富士康代工。手机配件（如耳机）则向外包商采购。如此一来，诸如万魔耳机等硬件供应商、生产商对小米的竞争力、影响力至关重要。

小米始终选择优质供应商，以匹配轻资产的运营模式，从而领先市场。供应商成为企业的竞争力已然成为当下和未来的供应商战略。越来越多的企业通过选择行业最优秀的供应商来获取竞争优势或维持市场领先优势。

## 第二节　供应商管理的价值

绝大多数企业很难确保所有原材料和零部件都在自己的工厂中进行加工或制造。它们会把其中的部分原材料和零部件委托给供应商来加工或制造，并对其进行科学管理。供应商管理的价值在于，通过与供应商的合作并对合作全过程进行监控，从而有效利用供应商的资本、设备、技术及劳力来生产质量更佳、价格更合适的产品。

### 一、供应商管理的内容

供应商管理是指通过对供应商的选择与认证、供应价格与成本管理、供应商产品的质量控制与交期控制、供应商的绩效考核等管理手段，对供应商的运作进行全面监控，以达到业务运作优质、高效的目的。供应商管理主要涉及以下内容。

**1. 对供应商的选择与认证**

选择供应商时应考虑的因素包括质量、价格、交货能力、服务水平、柔性、厂址、存货政策及信誉、财务状况等。此外，为了全面考察供应商的能力，必须对供应商的资质进行严格评审和认证。

**2. 供应价格与成本管理**

任何一项原材料或零部件的价格都会影响到产品的制造成本，最终对产品价格及其竞争力产生影响。从企业利润的角度来看，进行产品供应价格分析、加强与供应商的价格协商及做好供应成本的控制工作就显得至关重要了。

**3. 供应商产品的质量控制**

供应商产品质量的好坏直接关系到企业生产、经营过程所产生结果的好坏。如果企业对供应商产品的质量控制不当，就会直接影响企业产品生产质量，甚至导致生产线停顿。因此，为了防止不合格品流入生产线，保证企业产品生产质量和安全，就必须做好供应商产品的质量控制。

#### 4．供应商产品的交期控制

供应商产品的供应时间不宜过早或过迟。若供应过早，则会造成物品堆积，占用仓储空间，增加库存成本；若供应过迟，则会导致生产停工待料，给生产和销售造成重大损失。对企业而言，应奉行"刚好及时"及"零库存"的理念，坚持适时供应、及时交货的管理原则。

#### 5．供应商管理数字化

现如今，企业之间的竞争已经演变为供应链之间的竞争。处在同一供应链上的供应商与企业之间只有协同作战，实现充分共享，才有可能获得竞争优势。供应商管理数字化可以实现企业与供应链上游的供应商之间的无缝合作，达成企业与供应商在信息流、物流、现金流管理上的资源共享和最优分配。

#### 6．供应商的绩效考核

企业对供应商进行绩效考核，一方面便于在供应商之间进行比较，以便继续同绩效优秀的供应商进行合作，淘汰绩效差的供应商；另一方面也便于了解供应环节存在的不足之处，将其反馈给供应商，以促进供应商改善和提高其绩效能力。

#### 7．供应商的关系管理

企业与供应商之间建立相互合作的伙伴关系，并秉持双赢的理念，可以实现低成本、高柔性的目标。这要求企业加强供应商关系管理，通过与供应商建立长期、紧密的业务关系——对双方资源和竞争优势进行整合，来共同开拓市场，扩大市场需求和份额，降低产品前期的高额成本。

任何生产企业在进行供应商管理时，都将涉及以上内容。

## 二、供应商管理的功能

能管理好的供应商就是企业的竞争力，管理不好的供应商就会成为企业发展的瓶颈，甚至会影响企业的生死存亡。由于企业经营中会遇到各种不确定因素，诸如市场低迷、市场竞争激烈、经济环境复杂等，有时一些因素会叠加到一起，导致企业发展受困，很多供应商会停止供货，这对企业而言无异于雪上加霜。而对于那些善于管理供应商的企业来说，这却是利好的。以天津远大住工为例，在外部环境不佳的情况下，其依旧能够取得供应商的信任——保证稳定的货源供应。

天津远大住工是一家装配式建筑整体解决方案的提供商，自企业成立以来，一直高速发展，为上千个客户提供了服务。

近年来，由于市场和不可预测因素，导致装配式建筑行业发展陷入困境。行业内许多企业经营举步维艰，而供应商的纷纷断货更加剧了企业的倒闭。整个装配式建筑行业陷入动荡。

笔者在2021年到天津远大住工进行调研时发现，虽然天津远大住工也遇到了同样的问题，但是供应商一直坚持供货，没有因为其支付问题而断货。周围的一些企业纷纷因供应商断货而倒闭。笔者就此进行了一些考察和询问，发现天津远大住工在供应商管理方面做得非常好。

例如，天津远大住工在结算方面采用数字化系统，系统侦测到材料入场后就会直接付款，尽可能减少人为干预；在供应商关系管理方面，则建立了良好的伙伴合作关系，帮助供应商不断提升管理能力；在供应商考核方面，给予较多的优惠等。这些都是天津远大住工进行良好供应商管理的缩影。

在天津远大住工遇到困难时，供应商非但没有断货，反而积极提供帮助。这也是供应商管理的价值体现之一。

企业如果能够选到合格的供应商，并进行合理的管理，就等于解决了大部分企业经营问题，即将供应商的产能转化成了企业的助力；相反，如果企业对供应商管理不佳，供应商就会成为企业发展的障碍。对供应商进行管理与辅导，是企业的重要工作内容。

企业应强化供应商管理，并注意与供应商之间的合作。供应商管理的功能及说明如表1-1所示。

表1-1　供应商管理的功能及说明

| 功　能 | 说　明 |
| --- | --- |
| 确保潜在供应商得以持续开发 | 通过建立一套完整的供应商选择与认证体系，依据供应商开发计划进行供应商的拓展和置换，以保证合格供应商资料的质量和数量 |
| 降低成本，提高企业盈利能力 | 原材料或零部件的价格最终会对产品的价格及其竞争力产生影响。出于利润的考虑，进行产品供应价格分析、加强与供应商的价格协商及做好供应成本的控制工作可有效降低生产成本，提高企业盈利能力 |
| 确保供应商的交货质量，保证企业产品的质量 | 对供应商的质量控制已成为企业质量控制的关键环节，任何疏漏都会引起整个企业质量管理的系统性崩溃，导致"灾难"的发生。可以说，强化供应商的质量控制就是为了与供应商通力合作，确保原材料或零部件的质量，从源头上保障产品的质量和安全性 |

续表

| 功　能 | 说　明 |
|---|---|
| 确保供应商交货的准时性 | 供应商交货期的延误，无疑会妨碍企业正常的生产活动的顺利进行，给生产部门及其有关部门带来各种负面影响。因此，通过强化供应商交期控制，提高供应商的准时交付能力，是供应商管理的核心功能之一 |
| 优化供应链管理，提高企业的快速响应能力 | 引入信息技术来辅助供应商管理，实现供应商管理数字化，有利于转变企业的生产方式、经营方式、业务流程，重新整合企业内外部资源，优化供应链管理，以提高企业的快速响应能力 |
| 监督并辅导供应商不断改进不足之处，达到双赢 | 结合供应商评比信息和定期考核意见，及时公布信息（包括各类供应商名录及意见），可以促进供应商及时改进自身管理水平和服务水平，提高自身的竞争力 |
| 发展和维持企业与供应商的良好合作关系 | 依据采购物资的类别、重要程度、合作关系的紧密程度，先对所有供应商进行分类（包括战略供应商、重要供应商、普通供应商和备选供应商等），再对供应商进行差异化的关系管理和控制，可以使双方保持最适宜的合作关系 |

很多企业已意识到供应链一体化在市场竞争中的重要性，正在积极地把与供应商的合作共赢提上管理议程。他们在实践中摸索、总结出来的许多经验，极大地丰富了供应商管理的内涵，而供应商管理的功能也在这一过程中得到了深化。

### 三、供应商管理的流程

供应商能否确实按照企业所要求的质量、成本、交期进行生产加工，关键在于企业能否做好供应商的流程管理工作。

在W集团公司，我们发现供应商管理流程顺畅与否影响着企业的长远发展规划。

我们的团队在对W集团公司的供应商管理进行调研时，发现了一些状况，如供应商的订单交付能力不足。W集团公司的供应商的电子交付如表1-2所示。

表1-2　W集团公司的供应商的电子交付

| 计划交货/批 | 实际交货/批 | 批次达成比例 | 计划交货数量/件 | 实际交货数量/件 | 数量达成比例 |
|---|---|---|---|---|---|
| 46 | 0 | 0 | 144222 | 0 | 0 |
| 21 | 0 | 0 | 166047 | 17384 | 10.5% |
| 2 | 0 | 0 | 700 | 0 | 0 |
| 13 | 0 | 0 | 29005 | 6090 | 21% |
| 3 | 3 | 100% | 4699 | 4699 | 100% |
| 13 | 9 | 69.2% | 8689 | 6045 | 69.6% |
| 16 | 14 | 87.5% | 13309 | 11254 | 84.6% |
| 114 | 26 | 22.8% | 366671 | 45472 | 12.4% |
| 5 | 3 | 60% | 32364 | 2064 | 6.4% |
| 39 | 22 | 56.4% | 47416 | 39823 | 84% |

续表

| 计划交货/批 | 实际交货/批 | 批次达成比例 | 计划交货数量/件 | 实际交货数量/件 | 数量达成比例 |
|---|---|---|---|---|---|
| 7 | 4 | 57.1% | 21484 | 14534 | 67.7% |
| 17 | 11 | 64.7% | 30729 | 29983 | 97.6% |
| 3 | 0 | 0 | 1834 | 0 | 0 |
| 10 | 2 | 20% | 92150 | 10060 | 10.9% |
| 1 | 0 | 0 | 950 | 0 | 0 |
| 82 | 42 | 51.2% | 226927 | 96464 | 42.5% |

注："批次达成比例""数量达成比例"为四舍五入的结果。

从表1-2中可以看出，W集团公司采购订单需求变化大，不稳定，波峰明显，使得供应商内部管理困难。供应商因呆滞订单多导致库存过高，且缺少有效的管理机制，这也影响了双方的长期合作关系。

显然，这种供应商管理方式是碎片化的，缺少规范化、流程化管理。针对这些问题，W集团公司从四个方面进行了改善。

（1）改善内部主生产计划（根据产能均衡生产），增加对重点供应商的预测管理。

（2）对供应商进行实地辅导（内部管控能力及交付流程），提升供应商的实际能力。

（3）对供应商门户网站系统进行优化。

（4）建立双方诚信机制，在固定时间段互访。

经过半年的改善，W集团公司建立了供应商流程管理体系，企业的供应商管理能力，以及供应商自身的能力都得到了提升。重视供应商的流程管理，时刻关注与供应商合作中出现的问题并及时采取措施，是实现与供应商关系健康、良好、长远发展的前提。笔者认为，供应商管理的价值应体现在供应链的不断优化上，即供应商是供应链上的一个环节，对它的管理要从整个供应链着手。

**1. 供应商管理流程**

企业可将供应商管理的流程予以标准化，并详细阐述各项作业方法。供应商管理流程如图1-2所示。

**2. 供应商管理流程的内容**

企业应重点关注供应商管理流程的以下几个环节。

**1）选定备选供应商**

备选供应商的数目应多一些。这些备选供应商可以是企业自己去发掘的，也可以是供应商毛遂自荐或通过别人介绍的。对于这些备选供应商，企业先要经过简单的现况调查，将一些条件相差太多的供应商予以淘汰，留下一些比较合适的供应商，再做进一步调查。

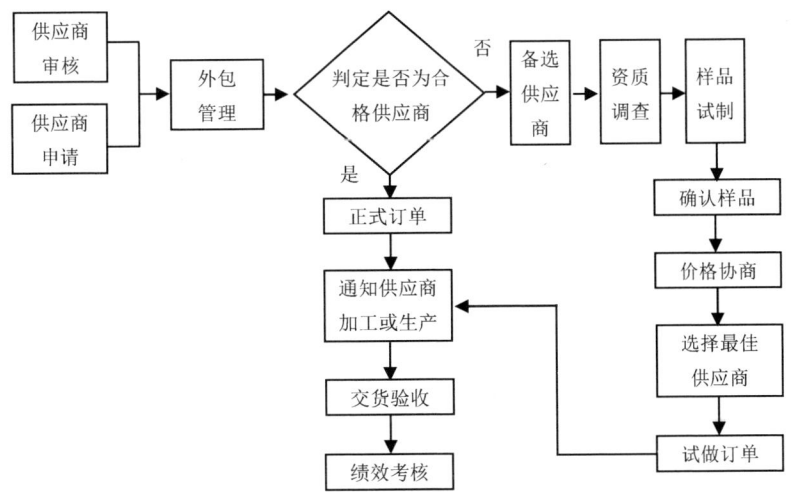

图 1-2　供应商管理流程

**2）备选供应商资质调查**

对于备选供应商，企业要对其进行资质调查。

**3）样品试制与确认**

在对合格的备选供应商加以比较后，企业还应请该供应商试制样品。对于试制完成的样品，供应商送交企业的开发设计部门或生产（工程）部门，经各种测试，判定样品是否合格。若样品不合格，则不予认可；若样品合格，则予以认可，并将该供应商判定为正式供应商。

**4）价格协商**

在确认样品后，企业可以找供应商进行估价。对估价过高的供应商，企业不加采用，但可将其作为备选；对估价过低的供应商，企业则要注意串标、交货质量无法保证、偷工减料的问题。

**5）试做订单**

在双方的信用关系尚未建立时，为了考察供应商的各种供应能力，企业可以通过试做订单的方式。在试做订单前，企业应就各种交易条件与供应商谈妥，用作之后对供应商考核的参考。

#### 6）交货验收

供应商在接受尝试性订单后，按时生产完产品，并办理交货事宜，由企业安排专人进行验收。有些企业的规定较为严格，规定必须在供应商处验收，等验收通过后，方允许供应商派人送至企业交货。验收是针对所有交易条件进行的，这些交易条件包括价格、质量、交期、包装、运送方式等。

#### 7）绩效考核

交货验收过程实际上也是供应商接受绩效考核的过程。成绩优异者才能成为正式的供应商，否则仍为备选供应商。绩效考核重点考核的是供应商对所有交易条件的履行情况，主要考核指标为价格、质量、交期、供应与服务水平。

#### 8）签订正式订单

在备选供应商升为正式供应商之后，双方就要签订正式订单，进行正式交易。有些企业管理比较严格，还会严格试验供应商，即再次下尝试性订单，进行交货验收与绩效考核，在通过考核后才下正式订单给供应商。

企业若有能力，则应深度参与供应商管理，以完善和凸显供应商在供应链中的价值。

## 第三节　采购与供应管理

采购与供应管理涉及采购的标准流程，囊括了仓储管理、库存控制、物流管理和装配等内容，它们共同构成了整个供应链活动的基础。

### 一、什么是采购

采购是企业在符合法律要求和道德规范的前提条件下从供应市场获取服务或产品作为企业生产资源，以确保企业生产经营活动正常开展的一项经营活动。

采购最初只是企业的一种战术，没有独立的部门，工作重点是获取低价原材料。随着二十世纪工业浪潮、消费变革、全球化等的推动，采购变得越来越重要，采购模式发生了重大变化，采购也被赋予各种内涵。

#### 1. 采购模式的演变

供应链环境下的采购模式正悄然发生分化和转变，这主要表现在三个方面。

（1）企业由因库存而采购转变为因订单而采购。

（2）由一般的买卖关系逐步向战略合作伙伴关系发展。

（3）在采购管理上，企业开始更注重对外部资源的管理，如供应商管理、供应链上下游一体化整合。

采购模式的变化如表 1-3 所示。

表 1-3 采购模式的变化

| 状 态 | 生 产 模 式 | | |
|---|---|---|---|
| | 按库存生产 | 按订单生产 | 按订单设计生产 |
| 作业方式 | 流水线 | 机群式或按工艺特点 | 现场作业 |
| 生产特点 | 产品导向 | 工艺导向 | 项目或设计导向 |
| 产品特点 | 数量大、标准程度高 | 多品种、少批量 | 变种、变量 |
| 竞争优势 | 低成本、及时交货 | 高质量、按时交货 | 专有技术及制造 |
| 采购特点 | 成批、标准采购 | 分类采购与管理 | 战略采购 |

由表 1-3 可见，三种生产模式下的采购特点不同，企业可依据现有的生产模式选择合适的采购模式和供应管理模式。

### 2．采购战略

笔者认为未来的采购是基于价值增值的采购管理，战略采购是主要发展趋势。采购部应基于这一理念设计相应的采购战略，以适应自身的角色定位。采购战略模型如图 1-3 所示。

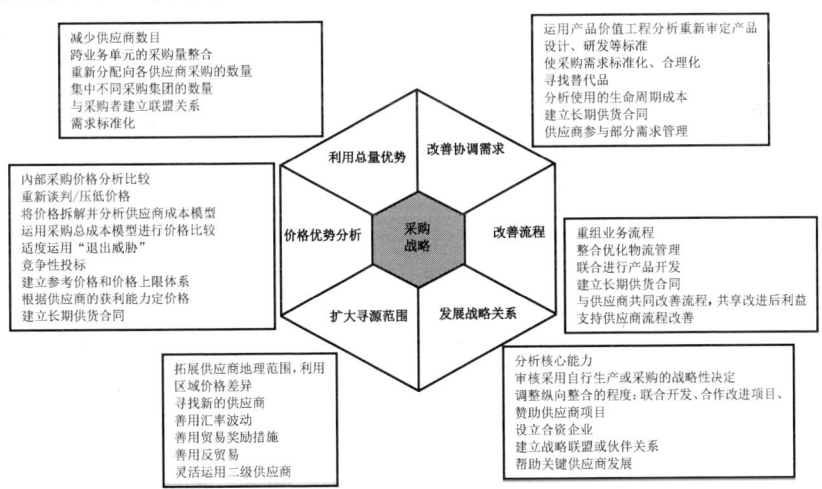

图 1-3 采购战略模型

### 3．采购的核心价值

丰厚的利润是企业进行生产活动的"助推剂"，而采购活动与企业利润的获取息息相关。相对于企业的生产活动而言,虽然采购活动本身并不能为企业带来最直接的利润,但是它可以影响企业的总成本。

1)采购成本控制的作用

在全球企业的产品成本构成中,采购的原材料及零部件成本占企业总成本的比重为30%~90%。从世界范围来看,对于一个典型的制造型企业来说,一般采购成本(包括原材料和零部件)要占60%。采购成本与总成本之间的关系如图1-4所示。

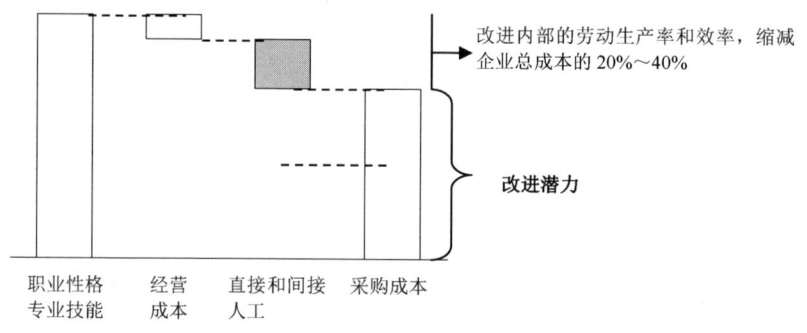

图 1-4 采购成本与总成本之间的关系

结合上述数据和图 1-4 可以看到,采购成本是企业成本控制中的主体,因而采购成本控制是企业(尤其是制造型企业)成本控制中最有价值的部分。

2)采购的杠杆效应

采购的杠杆效应是最能够体现出采购核心价值的方式之一,它是一种衡量采购工作绩效最直接的手段。我们以某企业的采购和销售情况为例进行说明,采购的杠杆原理如表1-4所示。

表 1-4 采购的杠杆原理

| 财务数据变化类型 | 当前值 | 销售额 +17% | 价格 +5% | 劳务费和工资 -50% | 管理费用 -20% | 采购 -8% |
|---|---|---|---|---|---|---|
| 销售额/万元 | 100 | 117 | 105 | 100 | 100 | 100 |
| 购入商品和服务费用/万元 | 60 | 70 | 60 | 60 | 60 | 55 |
| 劳务费和工资/万元 | 10 | 12 | 10 | 5 | 10 | 10 |
| 管理费用/万元 | 25 | 25 | 25 | 25 | 20 | 25 |
| 利润/万元 | 5 | 10 | 10 | 10 | 10 | 10 |

注:表中框起来的数据表示在销售额等数据发生变化时,引起的购入商品和服务费用等数据的变化,如数据 55,它代表采购成本下降 8%时,引起购入商品和服务费用由 60 变为 55。部分数据为四舍五入的结果。

由表 1-4 可以看出，采购可以为降低企业总成本做出的贡献是其他各财务支出渠道都无法比拟的。

### 4．采购的表现形式

根据已有实践和理论研究，以及采购对企业产生的影响，采购的表现形式可分为十几种。采购的表现形式分类说明表如表 1-5 所示。

表 1-5　采购的表现形式分类说明表

| 分　类 | 表现形式 | 具体说明 |
| --- | --- | --- |
| 订单采购 | 订单采购 | 采购订单是由采购人员编制的书面合同文件。对日常采购而言，最常使用的是标准采购订单表格，详细说明单一或复合物料的要求；一般使用由多部分组成的排出表格，向所有相关的内部客户提供该订单的副本 |
| | 总订单采购 | 总订单采购以预先确定的价格在预先确定的时间内，或者以在市场或其他条件下确定的价格，旨在减少小订单的数量，利用短期发货满足需求量要求。在应用该方法时，采购企业向供应商下采购订单，指出将采购的产品或服务，随后采购企业依据总采购订单签发材料发货单或申请单 |
| 合同采购 | 意向书采购 | 意向书可以作为临时采购订单或合同，是提供了更加突出的协议特征的即时文件。意向书是签约前的文件，用来达成初步协议，需要进一步谈判，以发展成决定性合同。意向书的目的是在签发更加完整的采购订单或合同以前，赢得与供应商进行约定的时间 |
| | 合同采购 | 合同是依法可执行的书面的或口头协议，当相关问题更加复杂或当协议时间表超过一年时，则使用合同采购 |
| | 系统合同采购 | 该采购类型经常涉及办公用品或维护、修理和运行物料的采购，经常授权采购企业所指定的人员向供应商下订单，购买在合同有效期内需要的特定材料 |
| 电子采购 | 电话/传真订购 | 对于较小价值的订单，通过电话、传真或电子邮件的形式下订单可以大幅度减少行政管理成本 |
| | 电子订货 | 采购人员通过计算机，以电子形式向供应商进行订购 |
| 即时采购 | 零库存购买 | 将准时交付的责任转移给供应商，这样做可以减少库存投资、减少仓库空间浪费、节省采购费用及简化文本工作 |
| 票/卡采购 | 采购记名汇票/支票采购 | 把订购单与用于付款的空白支票联系起来，供应商填写该空白支票，并且把它送交银行处理 |
| | 信用卡或采购卡 | 该方法涉及向内部授权客户签发信用卡或采购卡，他们能够直接向供应商采购和交费。采购卡通过以下几种方法增加了企业的价值：减少采购中低价值交易的数量及应收款、减少采购周期、减少采购总成本。该采购类型适用于根据由采购人确定的合同或准则，主要针对内部客户预算供应品的采购 |

续表

| 分　类 | 表现形式 | 具体说明 |
|---|---|---|
| 数量采购 | 小额采购 | 利用小额现金进行少量采购或紧急采购 |
| | 批量采购 | 在需求积累到一定数量时进行采购，这种采购方法一般可以获得供应商提供的数量折扣 |
| 长期/短期采购 | 长期订单 | 该类型的订单一般规定除数量以外的所有条款。针对每个合同的发货单进行装运，供应商以约定的价格在规定期限内交付货物。该采购方法又称"未确定采购" |
| | 短期订单 | 该类型的订单一般会规定在一定时期内需要的物料的数量、种类、型号等条款。在采购期结束以后，采购企业在短期内将不再发出同种物料的采购订单 |
| 供应商直接参与采购管理 | 直接发货 | 与供应商之间的协议规定了何时签发特定数量的发货单。例如，供应商被授权装运今后四周的计划发货物料，而且采购人员保证需要第二个四周的至少90%的货量。每当更新预计发货信息时，采购人员把该信息送交给供应商，供应商随后按照计划日程交付货物 |
| | 看板/信号 | 看板/信号是在一个处理过程内传输信息，或者向供应商传输与供应什么产品和供应多少产品有关的信息的传达装置，属于订购机制 |
| | 供应商管理库存 | 供应商负责维持仓库中的库存水平，当库存较低的时候，及时补充物料。仓库的所有权取决于采购人员与供应商之间的协议 |

采购方法多种多样。但是，不管最终采取了哪一种或几种采购方法，采购人员都需要严格按照基本的采购流程去采购。

### 5. 采购的基本流程

基于战略采购的采购流程如图1-5所示。

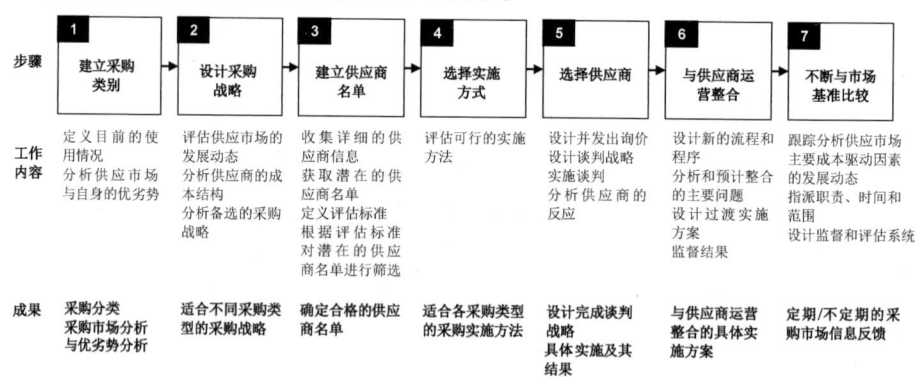

图1-5　基于战略采购的采购流程

## 二、采购管理五要素

采购活动一般围绕五要素——5R开展，即要适时（Right-time）、适价

（Right-price）、适地（Right-place）、适质（Right-quality）和适量（Right-quantity）采购。

### 1. 适时

选择恰当的时机进行采购，即适时原则。如果物料未能如期到达，往往会出现"停工待料"的状况，进而导致产品交期延误，引起客户不满；如果物料提前很长时间就存储在仓库中，又会造成库存成本高、采购资金浪费。这时，采购人员要扮演好协调者与监督者的角色，督促供应商按规定时间交货。

在通常情况下，需求的物料可分为一般物料和特殊物料两类，且有不同的采购时机。

#### 1）一般物料的采购时机

一般物料即常年生产、常年销售的物料，其销售量比较平稳，受季节变化影响不甚明显，如螺丝钉等低值易耗品。这些物料的采购时间可以通过设置采购点的方法来确定。

#### 2）特殊物料的采购时机

特殊物料通常受季节、潮流等的影响。例如，季节性产品（如棉花），其销售量明显会随季节更替而发生变化：当旺季到来时，销售量明显上升，形成销售旺季；当旺季过去以后，销售量降低，形成销售淡季。对于这类物料，企业要在旺季来临之前进行采购，在淡季适量囤积，以维持日常生产所需。

### 2. 适价

确保采购价格的适当，即适价原则，具体指在确保采购物料质量的前提下，价格不高于同类物料的价格。采购人员要注意适价原则的三个误区。

（1）价格就是成本，越低越好。如果采购人员一味压低价格，供应商很可能为了确保利润而选择价格低廉、质量欠佳的原材料进行加工生产，从而导致企业的产品质量得不到保障。

（2）选择适当的价格必须通过议价。要避免供应商虚报价格、图取暴利，仅仅采取砍价手段是不够的。采购人员最终选定的价格应该是建立在大量的市场调查和供应商成本分析的基础上的。

（3）供应商的成本构成无从得知，采购人员唯一能做的就是货比三家。供应商的成本是可以推算出来的。采购人员可以通过供应商的原材料价格、制造费用等进行推算。

虽然这些错误的观点一直以来都被采购人员作为议价的动力，但是企业也常常因为这些错误的观点而遭受经济损失。

### 3．适地

确保供货地点恰当，即适地原则。供应商与企业之间的距离越近，物流成本就越低。企业在选择供货地点时，需要考虑的因素主要包括周围的供应商情况、交通情况、人口密集程度等。当下，越来越多的企业在建厂之初就考虑到供应商的"群聚效应"，即在周边能找到企业所需的大部分供应商。

### 4．适质

保证物料质量合格，即适质原则。这要求采购人员不但要做一个商人，而且要扮演质量管理人员的角色。在日常采购中，采购人员要安排时间去推动供应商完善质量体系。

为确保物料质量，采购人员可以从两个方面着手。

（1）将合格率作为考核物料完成情况的指标之一。

（2）做好物料入库前的抽检工作，对于存在较多质量问题的物料，企业应坚决要求退货或换货，并要求供应商赔偿由此造成的经济损失。

### 5．适量

选择合适的采购量，即适量原则。采购量大则可能使得采购价格更低，但这并不意味着采购量越大，就会使采购成本越低。很多采购人员会遇到这样的情况：物料采购量过小，则采购次数增多，采购成本提高；物料采购量过大，又会造成存货储备成本过高，以及资金流动障碍。

在实际采购工作中，我们会发现"5R"很难面面俱到，如果过分强调"5R"中的一方面，往往就要牺牲其他方面。这就需要采购部与其他部门做好沟通和平衡工作。

## 三、外包供应的管理

外包最直接的解释是"从外部寻求资源"，即把不属于企业核心竞争力的业务包出去。通过外包模式，企业既可以有效地借用外部资源，获得成本优势，也可以改善企业焦点，使企业更有效地专注于核心业务。然而，外包策略必须根据企业的实际情况来确定。

### 1．外包的必然性

企业的产品或服务在从自制改为从外部购进时，就会寻求外包商。通常，企业在面对一定的压力时,大多会采取外包策略来保证和促进自身的发展。以 IBM 为例,IBM 把制造信息技术产品的大部分业务外包给其他企业,从而集中精力从事信息技术服务的核心业务。这一外包策略使 IBM 信息技术服务的收入从 1996 年至 2000 年倍增,IBM 由此成为世界上最大的应用软件、硬件和网络技术应用服务商。

1)未来的不确定性增加

"纵向一体化"的企业运作模式已逐渐不能适应目前技术更新快、投资成本高、竞争全球化的制造环境。企业要想在这样的环境中谋求发展,必须拥有掌握外在知识的能力,强化竞争优势,确保企业拥有持续创新的动力。

2)速度的威胁

现代企业越来越关注"如何在最短的时间内,以最低的成本,提供最大的价值"这一问题。企业为获得速度优势可采取外包策略,从而回避聘用新人、开发基础架构及企业内部抵制新创意等所导致的机会延误,让产品得以尽快进入市场。

3)客户对服务水平的要求不断提高

为特定的群体或个人专门提供定制化的产品和服务,会提高产品的附加值,拓宽潜在市场,吸引更多的客户。如果企业将非核心业务转由专业的外包企业来完成,不失为一种好的选择。

4)企业自身资源的限制

社会分工日益细化,单个企业很难拥有维持所有业务竞争优势的全部资源。为了保持在专业领域的领先地位,企业可适当地将一些非核心业务外包出去。

2. 外包决策分析

实施外包策略能帮助企业降低成本、增强外部竞争优势、提高质量、增加效益和提升市场占有率。在很大程度上,外包决策对企业能否获得竞争优势是至关重要的。

1)自制/外包决策矩阵

企业是否外包取决于自身所处的环境。任何一家企业都存在如图 1-6 所示的外包矩阵。不过,由于采用自制和外包的业务份额的比例不同,各象限的大小会有所不同。

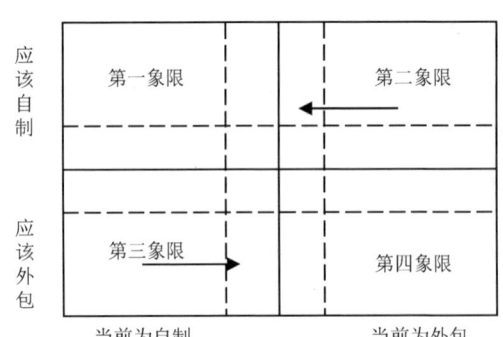

图 1-6　自制/外包决策矩阵

第一象限表示应该自制且目前确为自制的职能、任务和活动。

第二象限表示应该自制却在外包的职能、任务和活动。

第三象限表示应该外包却在自制的职能、任务和活动。

第四象限表示应该外包且目前确为外包的职能、任务和活动。

第一象限和第四象限比较稳定，因为事物的现状和理想状况相符。第二象限和第三象限则不然，由于一些经济或非经济因素，它们都有改变现状的压力。

决策者会从一开始就避免落入第二象限和第三象限。图 1-6 中的虚线表示无法明确"最佳决策是什么"的模糊区域。对于落在虚线里的，尤其靠近图中央的那些职能、任务或活动，需要比对区域外部的职能、任务或活动更仔细地加以分析和判断。

决策者在实施外包策略时普遍推崇的观点是把企业内部的资源集中在那些核心业务上，而将非核心业务外包给供应商。

埃森哲咨询企业在外包策略方面提出了一个矩阵，如图 1-7 所示。

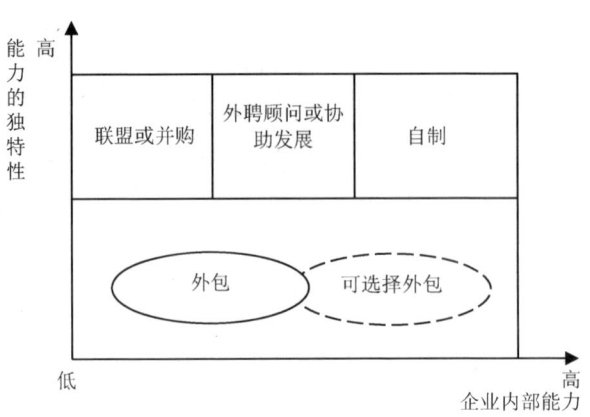

图 1-7　埃森哲的外包策略矩阵

埃森哲咨询企业认为，如果将非核心的而又不会令企业被排除出供应链的业务外包给供应商，那么企业便能以较低的成本来获得最好的产品和服务。

**2）外包的决策过程**

外包决策取决于许多因素，企业必须基于自己的目标、目的、长期战略等来评价这些因素。外包的决策过程如图1-8所示。

值得注意的是，在外包的决策过程中，确定企业的核心竞争力至关重要。因为企业在没有认清自身的核心竞争力之前，要想通过外包获得利润几乎是不可能的。

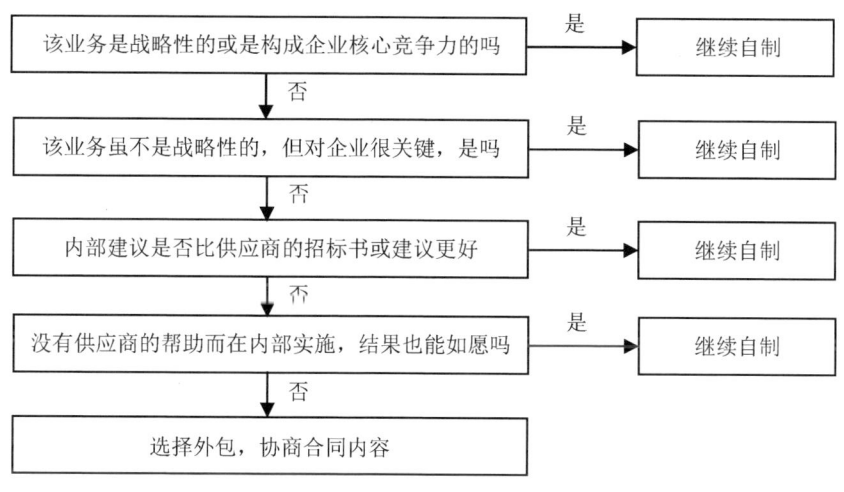

图1-8 外包的决策过程

### 3. 外部供应的风险分析

随着众多企业通过外包策略获得了巨大的成功，外包已然成为各行业的一种趋势。但是，外包并不能"包治百病"。早在20世纪90年代初，一些学者就指出了外包会给企业带来许多新增风险（见表1-6），因此企业必须有选择地进行外包。

表1-6 外包风险分析

| 论 据 来 源 | 外包带来的风险 |
|---|---|
| 《战略外包》 | • 失去关键技术或发展错误能力的风险<br>• 失去交互式的能力<br>• 失去对外包方的控制 |
| 米歇尔·厄尔的论文 | 外包可能给企业带来管理能力弱化、市场不确定性、技术能力过时、外包行为内部的不确定性、隐藏成本、缺乏组织学习性、失去创新能力、技术的不可分性、过于重视短期利益等风险 |

2000年左右，我国国家自然科学基金课题组在对国内60家制造业企业的随

机调查中发现，有 60%的企业已经开始采取外包策略。这些企业在获得竞争优势的同时意识到外包对企业的经营管理造成的负面影响，如图 1-9 所示。

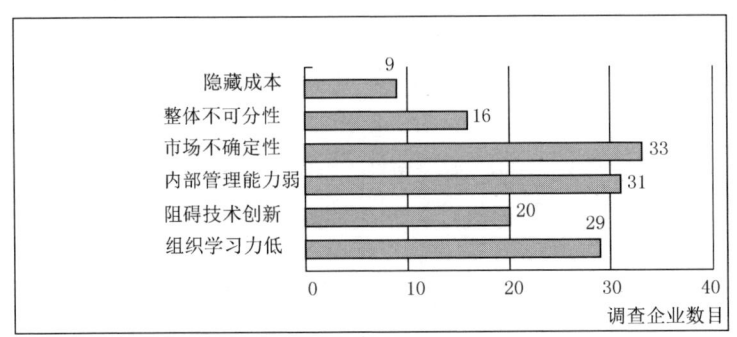

图 1-9　企业对外包负面影响的看法

数据来源：国家自然科学基金课题——我国制造业的全球化与二次创新战略。

**1）隐藏成本**

这部分成本是难以预知的。很多企业在进行外包时往往只注重短期成本的降低，而没有对长期的、隐藏的成本给予充分的重视，导致外包后期成本激增。

**2）整体不可分性**

这是指经营管理各环节的不可分性。外包模式适用于那些成熟度高、可分性强的经营管理环节。随着生产技术的不断进步和生产体系的更新换代，企业的经营环节趋向于整体的交互式链接。企业如果机械地将技术拆分为几个孤立的单元并将其外包，就会破坏技术创新的整体性要求，使技术创新无法产生预想的效果。这种外包方式的收益风险非常大。

**3）市场不确定性**

市场需求变化多端，企业希望通过外包与供应商共同分担创新活动的风险，克服市场变化的不确定因素带来的不利影响。这种策略有非常明显的风险。

**4）内部管理能力弱**

企业的管理能力在很大程度上决定了企业采取何种外包策略，以及外包发挥作用的大小。如果企业的管理能力不足以匹配管理供应商的管理能力，那么外包从一开始就会陷入困境，导致企业无法正常经营，最明显的就是采购成本直线上升。

**5）阻碍技术创新**

企业在采取外包时，稍有不慎，就会损害企业自身的技术创新能力。而在技术不断更新、需求不断变化的今天，企业一旦失去技术创新能力，就等于失去了核心竞争力。

6）组织学习力低

在经营活动中，企业可以不断积累知识和经验。进行外包，意味着企业会丧失部分组织学习的机会，尤其是关键业务，严重的会导致企业人才外流。

基于上述分析，企业在做出外包决策和确定外包策略时，必须权衡其中的利弊与得失，尽量规避外包可能带来的风险。

### 4. 外包计划的管理程序

顺利推行外包，必须先从销售计划、制成品库存计划、生产计划、外包计划、厂内自制计划、外包品库存计划到外包单编制的每一个环节着手，然后根据外包单向供应商提出外包。

1）外包计划的拟定步骤

要做好外包计划，外包计划人员与销售计划、生产计划、库存管理等整个产销活动环节人员需要密切配合。在拟定外包计划时，建议考虑下列步骤。

（1）根据销售预测拟定销售计划。

（2）拟定制成品库存计划。

（3）拟定生产计划。

（4）拟定厂内自制计划。

（5）拟定外包计划。

2）外包计划的处理程序

在制订好外包计划后，企业再根据发包计划开立外包单，开展采购活动。外包计划的处理程序包含拟定销售计划、成品库存计划、生产计划、厂内自制计划、外包计划、外包品库存计划、发包计划和开立外包单这几个步骤。

外包计划必须配合企业生产计划，发包计划则依据外包品库存计划，在外包计划的基础上进行拟订。

## 第四节　采购的组织管理

采购部在一定程度上决定了采购流程的顺畅度，并对后续加工生产等工作产生重要的影响。因此，采购部的组织管理工作，必须在采购工作开展前规划到位。

## 一、采购部的组织架构

采购部组织架构的设定决定了在采购过程中权力分配的模式。一般而言,企业采购部的组织架构可分为直线制、直线职能制、事业部制和矩阵制四种类型。

### 1. 直线制组织架构

采购部的直线制组织架构,即由一名采购经理直接领导多名采购人员的模式,如图 1-10 所示。

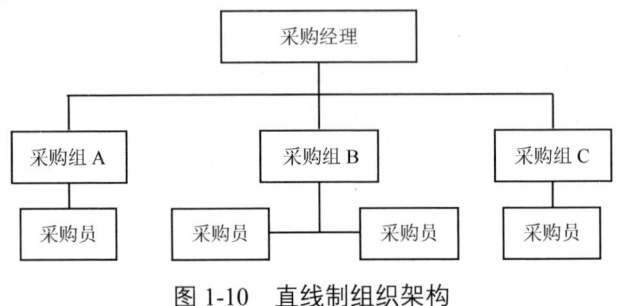

图 1-10　直线制组织架构

这种直线制组织架构主要适用于中小企业的采购部,采购人员数量较少,由采购经理直接领导,便于分散采购活动的开展。

### 2. 直线职能制组织架构

采购部的直线职能制组织架构是建立在直线制组织架构的基础上的,再加上相应的职能管理部门承担管理的职能,如图 1-11 所示。

这种组织架构要求采购经理将相应的管理职责和权力下放给采购员或采购组,各职能机构依据授权对下级单位发号施令。该组织架构主要适用于中等规模的企业。

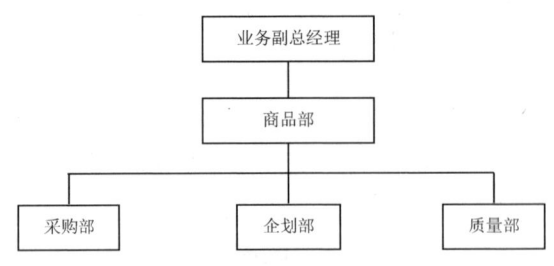

图 1-11　直线职能制组织架构

### 3. 事业部制组织架构

这种组织架构一般按地区或产品全面承担企业下达的采购任务。事业部制组织架构如图 1-12 所示。

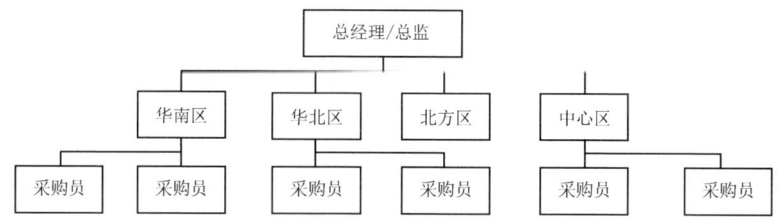

图 1-12 事业部制组织架构

各事业部要遵从企业的要求，对企业而言，是分散采购，但对各事业部而言则是集中采购。这种组织架构适用于规模较大、有跨地市业务的企业。

### 4．矩阵制组织架构

矩阵制组织架构的最大特点是"集中力量办大事"，它整合了企业中各部门的优秀人才，在完成一次采购后，这些优秀人才回到原单位工作。矩阵制组织架构如图 1-13 所示。

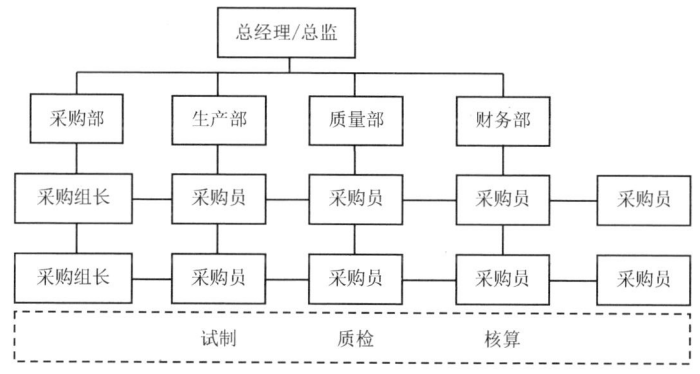

图 1-13 矩阵制组织架构

该组织架构的采购目的性强，组织柔性好，能够有效提高企业采购效率，并突破采购人员知识与技能不足的障碍。

以上各组织架构各有利弊。采购部的组织架构的优缺点对比如表 1-7 所示。

在进行采购部的组织架构设计时应注意，要根据采购部的管理职能、采购拼配多寡、采购责权利等设计组织架构。

表 1-7 采购部的组织架构的优缺点对比

| 采购部组织架构 | 优　　点 | 缺　　点 |
|---|---|---|
| 直线制组织架构 | ● 能保证统一指挥<br>● 可以发挥职能管理部门的参谋、指导作用，弥补不足 | ● 横向联系、协作困难 |

续表

| 采购部组织架构 | 优 点 | 缺 点 |
|---|---|---|
| 直线职能制组织架构 | • 结构简单，指挥系统清晰、统一<br>• 责权关系明确<br>• 横向联系少，内部协调容易<br>• 信息沟通迅速，解决问题及时，管理效率比较高 | • 缺乏专业化的管理分工<br>• 当企业规模扩大时，管理工作会超过个人能力所限，不利于集中精力研究企业管理的重大问题 |
| 事业部制组织架构 | • 权力下放，有利于高层管理人员从日常行政事务中摆脱出来<br>• 有助于增强员工的责任感，发挥主动性和创造性<br>• 实现高度专业化<br>• 各事业部经营责任和权限明确，物质利益与经营状况紧密挂钩 | • 容易造成机构重叠，管理人员膨胀<br>• 各事业部独立性强，考虑问题时容易忽视企业的整体利益 |
| 矩阵制组织架构 | • 将企业横向、纵向进行了很好的联合<br>• 能在不增加人员的前提下，将不同部门的专业人员集中起来<br>• 较好地解决了组织架构相对稳定和管理任务多变的矛盾<br>• 实现了采购综合管理与专业管理的结合 | • 组织关系比较复杂 |

## 二、采购部的角色

传统采购视角下的采购部工作是事务性的工作，即下单、跟催、验货、付款等，被动执行需求部门提出的采购需求。现在，采购部的职能逐渐转向战略采购，即采购部的角色由被动执行到主动参与。华为总裁任正非在与华为的采购干部座谈时对采购提出了几点要求。

第一，采购一定要有战略纵深，不要仅仅盯着供应商谈判等细节。一是要深入研发领域，加快对产品的熟悉；二是看看世界级的科学论文、行业动向，增加对整个生态环境的理解及对世界未来发展趋势的预判；三是加强对生产和制程工艺的理解。

第二，我们要实现科学性采购，继续提高计划性。我们可以招进一些系统工程学、统计学、控制论等专业的优秀硕士、博士，让他们先在基层实践 3~5 年或更长时间，然后把他们分散到自己喜欢的工作岗位去，促使整个企业的工作更加具有计划性、合理性。

第三,持续加强风险管理,在任何情况下都要保证供应安全。

第四,要与世界最优秀的供应商建立战略合作伙伴关系。

任正非抓住采购的几个关键环节进行分析,既有战略层面的考虑,又有对如何实践给予的指导。采购部在定位角色方面,既要发挥主观能动性,又要明确自身的责权利。

采购部作为企业正常运行的保障部门,需要被合理赋予权力,以发挥采购的主动性。采购部的权力如表1-8所示。

表1-8 采购部的权力

| 序 号 | 权 力 |
|---|---|
| 1 | 代表企业选择、评估、确定、发展合格的供应商的权力 |
| 2 | 对于评审不合格的供应商,有索赔、解除供应关系的权力 |
| 3 | 对请购权限、请购方式、进度控制有监督权 |
| 4 | 在计划范围内,代表企业对外签署采购合同的权力 |
| 5 | 在不影响企业利益的前提下,有对外进行物料调配的权力 |
| 6 | 有权力建立采购部规章制度,并对企业的发展、规划提出建议 |
| 7 | 具有设定采购方式、支配额度内资金的权力 |
| 8 | 对本部门员工的职位调动、奖惩、晋级及工作任务的重新分配有建议权 |
| 9 | 具有处理企业废旧物料、已损坏物料的权力 |
| 10 | 其他相关权力 |

"没有无责任的权力"。采购部承担的职责始于接收请购单之前,并延至填写订单之后,包括审核采购申请、采购谈判、采购议价、订货、验收、退货等环节。采购部的职责如表1-9所示。

表1-9 采购部的职责

| 序 号 | 职 责 |
|---|---|
| 1 | 根据生产计划和安全库存设计不同时期的物料采购计划,经批准后实施 |
| 2 | 做好供应商资料的收集、整理工作,建立供应商管理档案,定期评估供应商 |
| 3 | 做好市场供求信息及价格调查,实现优质采购,满足生产及经营活动的需要 |
| 4 | 做好物料消耗分析,在确保生产及经营需要的基础上减少库存 |
| 5 | 采购活动包括询价、比价、议价、签订合同、下订单、跟单、催货和检验等 |
| 6 | 收集市场价格信息,通过各种途径降低成本,完成采购成本控制指标 |
| 7 | 编制采购预算,经批准后实施 |
| 8 | 审查各类请购单,核查采购的必要性、采购规格与数量是否属实 |
| 9 | 负责境外采购进口许可申请、公证、结汇、保险、运输及报关等事务处理工作 |
| 10 | 其他相关职责 |

采购部在明确自身职责的同时，还要做好与其他部门的协调工作。采购工作牵涉的部门较多，采购部不仅要和外界的供应商、中间商等交涉，还要与企业内部的生产部、质检部、库管部等往来密切，这就要求采购部的成员具备出色的采购管理能力。

### 三、采购人员的能力要求

华为总裁任正非指出采购人员应具备的几个基本能力，一是采购人员要苦练内功，踏实提升专业技能；二是采购人员要清楚战略结构，有意识地培养战略洞察能力和战略管控能力；三是采购人员要具有广博的知识，所触及的领域要博采众家之所长；四是采购人员要深入现场了解业务，踏踏实实地提高专业技能。

在一般情况下，采购部的工作人员主要包括采购总监、采购经理、采购主管和采购员。各级工作人员的工作职责不同，其相应的能力要求也有所不同，但在战略采购模式下，都应具备上述四个基本能力。

#### 1. 采购总监的能力要求

采购总监作为采购部的最高行政人员，其能力要求主要体现在对管理能力、协调能力的要求，以及在职业性格中对战略思维能力、沟通和交际能力等的要求。具体而言，采购总监的能力要求如表1-10所示。

表1-10 采购总监的能力要求

| 能力要求 | 说　　明 |
|---|---|
| 职业性格 | <ul><li>工作细致、严谨</li><li>具有战略前瞻性思维</li><li>具有较强的管理能力、判断和决策能力</li><li>具备较强的人际沟通与协调能力</li><li>具备较强的计划与执行能力</li><li>具有高度的工作热情和责任感</li><li>具备较强的创新能力</li></ul> |
| 专业技能 | <ul><li>熟悉现代管理模式</li><li>能够结合企业发展状况和市场发展趋势制定有效的采购战略</li><li>熟悉组织架构设计和流程优化</li><li>熟悉工业制造的采购流程</li><li>掌握物流管理、商务谈判、采购技术等知识</li><li>熟悉项目管理、采购管理、经济法等专业知识</li><li>具备优秀的目标管理能力，确保采购部的采购指标符合企业发展要求</li><li>具备优秀的市场拓展、项目协调、谈判能力</li><li>具备良好的口头及书面表达能力</li><li>熟练使用计算机及采购软件</li></ul> |

## 2. 采购经理的能力要求

采购经理主要负责合同报价的核对，供应商的开发与维护，工作周报、月报的总结，督促供应商在规定时间内送料，完成上级领导交办的其他工作等。

采购经理的能力要求主要体现在职业性格中的合作能力、与上下级的沟通和协调能力，以及专业技能中的采购管理能力、执行能力等。采购经理的能力要求如表 1-11 所示。

表 1-11 采购经理的能力要求

| 能力要求 | 说　　明 |
|---|---|
| 职业性格 | <ul><li>严谨、细心</li><li>具有良好的抗压能力</li><li>具有较强的服务意识</li><li>人际关系处理能力强</li><li>乐观、善于激励自己</li><li>具有良好的团队合作精神</li><li>具有较强的管理能力、判断和决策能力</li><li>具备较强的创新能力</li><li>具有高度的工作热情和责任感</li></ul> |
| 专业技能 | <ul><li>熟悉行业市场发展现状，并有独特的见解</li><li>具备良好的价值分析能力</li><li>具备较强的计划、组织与执行能力</li><li>具备较强的团队管控能力</li><li>具有良好的沟通和协作能力</li><li>具有出色的流程管理技能</li><li>熟悉采购管理模式</li><li>具有良好的市场信息收集、分析和决策能力</li><li>具有良好的采购成本分析与控制能力</li><li>熟悉供应渠道开发与管理办法</li><li>具有较强的谈判能力，能够主持企业大型采购项目的谈判工作</li><li>具有良好的会议主持能力和汇报能力</li><li>具有良好的口头及书面表达能力</li><li>能使用计算机及各种办公软件</li></ul> |

## 3. 采购主管的能力要求

采购主管主要负责市场信息的收集、采购员的培训、采购情况的监督、建立并维持应急采购渠道等工作。

采购主管的能力要求主要体现在职业性格中的合作能力、沟通能力，以及专业技能中的判断能力、执行能力等。采购主管的能力要求如表1-12所示。

表1-12 采购主管的能力要求

| 能力要求 | 说 明 |
| --- | --- |
| 职业性格 | <ul><li>遵纪守法</li><li>思维缜密，条理清晰</li><li>处事干练，责任心强</li><li>具有良好的团队合作精神</li><li>诚实、正直、敬业，不以权谋私</li><li>坚毅，有耐心</li><li>具有创新精神</li><li>应变能力强，善于处理意外事件</li><li>控制能力强</li></ul> |
| 专业技能 | <ul><li>熟练掌握国家、行业及企业的相关采购规章制度</li><li>熟悉（与产品有关）物料行情</li><li>质量观念强</li><li>熟悉采购流程及采购程序</li><li>具有良好的市场策划能力</li><li>具有良好的采购计划制订能力</li><li>具有良好的采购过程监控能力</li><li>具有良好的计划执行能力</li><li>具有良好的成本意识</li><li>具有较强的管理能力、判断和决策能力</li><li>熟悉供应渠道的开发与评估</li><li>善于指导、培训和激励下属</li><li>具有较强的谈判能力</li><li>具有ISO9000体系运作能力</li><li>具有良好的汇报能力和团队会议主持能力</li><li>具有良好的口头及书面表达能力</li><li>能熟练使用计算机及各种采购软件</li></ul> |

### 4．采购员的能力要求

采购员主要负责采购工作的实施、采购物料的装卸和点收、物料暂存的管理等相对烦琐的工作。

由于采购工作的特殊性和市场外部环境的复杂性，合格的采购员需要具备良好的综合素质和技能。采购员的能力要求如表1-13所示。

表 1-13 采购员的能力要求

| 能 力 要 求 | 说　　明 |
|---|---|
| 职业性格 | - 具备吃苦耐劳的精神<br>- 自信，敢于挑战<br>- 能够承受较大的工作压力<br>- 具备良好的团队合作精神<br>- 善于沟通<br>- 适应性强，能够迅速融入团队<br>- 具备较高的工作热情<br>- 做事条理清晰<br>- 对企业忠诚<br>- 坚持公平、公正的采购原则<br>- 诚实、守信 |
| 专业技能 | - 熟悉企业的相关采购政策和采购程序<br>- 熟练掌握与采购有关的法律法规<br>- 熟悉国内外采购市场环境及企业内部环境<br>- 熟练掌握所在企业的规章制度<br>- 具有较高的采购技巧，善于处理采购过程中出现的各种问题<br>- 熟悉形象礼仪和沟通礼仪<br>- 具有优秀的管理、沟通与协调能力<br>- 熟悉采购市场行情<br>- 具有优秀的沟通能力与谈判技巧<br>- 了解物料市场行情<br>- 熟练操作计算机常用软件<br>- 了解 ISO9000 质量管理体系 |

为适应竞争日益激烈的市场需求，紧跟采购管理的发展趋势，企业应对采购人员的能力要求做出相应的调整。

# 第二章 供应商的选择与认证

供应商的选择与认证是供应链管理的关键环节。如果供应商选择不当，就很容易造成生产计划中断、存货成本增加、成品运送延迟等不良后果。反之，若企业建立了完整的供应商选择与认证体系，则会为供应商管理打下坚实的基础。

## 第一节 供应商的筛选

选择一个或多个合格的供应商，是确保企业生产顺利进行的前提。对供应商的了解和评估既是定量的客观评价的过程，也是定性的思考的过程。

### 一、供应商的类型和功能

根据供应商的潜在价值和风险，供应商可分为不同类型。供应商的四种类型如表2-1所示。

表2-1 供应商的四种类型

| 类　　型 | 特　　点 | 说　　明 |
| --- | --- | --- |
| 风险价值型 | 高风险、低潜在价值 | 高风险指对供应商的要求很高，产品的价值也很高，但生产能力（产能）有限。在一般情况下，企业不宜选择这类供应商，但是当其他固定供应商的产品供应出现问题时，也可以将此类供应商作为备选 |
| 交易价值型 | 低风险、低潜在价值 | 这类供应商的物料交易成本高，风险低，对企业的价值也低。一般不宜选择这类供应商，但可将其作为备选供应商 |

续表

| 类　　型 | 特　　点 | 说　　明 |
|---|---|---|
| 价格价值型 | 低风险、高潜在价值 | 这类供应商的物料交易成本低，对企业的价值比较高。企业应重点选择这类供应商，与之保持长期合作关系。不过，这类供应商的物料价格往往较高 |
| 伙伴价值型 | 高风险、高潜在价值 | 与这类供应商交易的风险比较高，但对企业的价值较高。这类供应商有一定的生产能力，可以推动双方共同发展，合作关系相对稳定 |

价格价值型供应商和伙伴价值型供应商对企业发展的影响更大，因此，企业对这两类供应商的依赖较大。为了防止现有供应商对企业产生约束，企业有必要在维持与各供应商关系的基础上发展新的（区域外、境外）供应商。

## 二、供应商的开发管理

扩大供应商的来源主要指开发新的合作伙伴。维持单一供应商或缺少竞争力的供应商对企业来说具有很大的风险，因此，企业需要定期开发新的供应商。

### 1. 供应商开发的影响要素

企业在开发供应商之前需要明确企业需要怎样的供应商。我们归结了六个要素来帮助大家分析。供应商开发要素如图 2-1 所示。

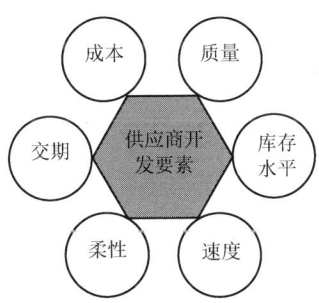

图 2-1　供应商开发要素

供应商开发要素的具体内容如下。

（1）成本：在整个供应链中采购的成本。

（2）质量：设计、销售、生产、交付的产品质量，以及售后服务质量等。

（3）库存水平：原材料库存，以及生产过程中的样品、半成品、成品库存。

（4）速度：供应商的产品调整响应速度，如工艺调整速度、订单处理速度等。

（5）柔性：响应市场需求变化的能力，包括设计和生产柔性。

（6）交期：产品的交付率，以及交期延误的处理方式和售后服务。

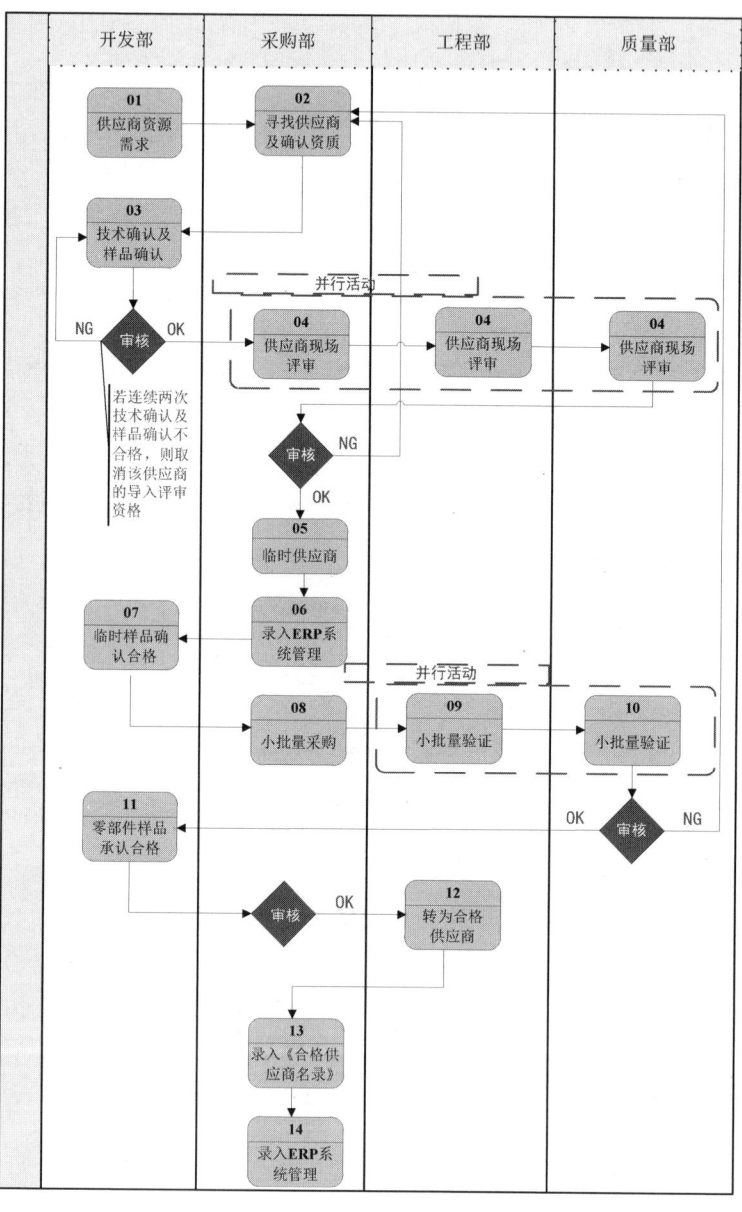

**2．供应商的开发流程**

供应商的开发流程如图 2-2 所示。

图 2-2　供应商的开发流程

在供应商开发的实施过程中需要有企业相关文件的具体指导。供应商开发指导（文件）如专栏 2-1 所示。

专栏 2-1　供应商开发指导（文件）

1. 目的

本文件是为了实现对供应商资源的有效控制，以保证所采购的物料都符合规定的质量要求，对供应商的选择、导入评审等相关操作程序进行规范，确保供应物料在技术、品质、价格、交期及服务等方面满足我司要求。

2. 适用范围

适用于我司所有供应商的选择、导入评审和管理。

3. 职责权限

3.1　采购部

3.1.1　负责新供应商的开发和供应商资质文件等相关资料的收集和审核工作。

3.1.2　负责组织并参与新供应商导入时的评审和前期工作安排。

3.1.3　负责组织供应商进行相关协议签署工作。

3.1.4　负责跟催供应商样品送样进度和小批量验证后合格物料的承认进度。

3.1.5　参与对合格供应商的定期评审和专项考核评估工作。

3.1.6　负责辅助对供应商的质量、环保等相关体系的辅导。

3.1.7　负责辅助对供应商所有管理体系执行状况的审查。

3.1.8　负责临时供应商与合格供应商的录入和 ERP（Enterprise Resource Planning，企业资源计划）系统维护工作。

3.2　质量部

3.2.1　负责制定新供应商及合格供应商的定期现场评审管理规定、流程、标准，作为供应商现场评审的指导性文件。

3.2.2　参与供应商的现场评审工作，对新供应商的品质保证能力、环保监控能力及我司要求的其他管理体系进行考察。

3.2.3　参与新物料小批量验证的相关工作和品质跟进。

3.2.4　负责组织并参与对合格供应商的定期评审和专项考核工作。

3.2.5　负责对供应商的质量、环保等相关体系的培训和辅导。

3.2.6　负责对供应商所有管理体系执行状况的审查。

3.3　开发部

3.3.1　负责新物料供应商资源需求的提出。

3.3.2　负责新物料的相关设计技术资料的制定和设计资料的输出。

3.3.3　负责供应商提供的新物料相关设计技术资料的确认和样品承认工作。

3.3.4　负责小批量验证合格后新物料的零部件样品承认工作。

3.4　工程部

3.4.1　参与供应商的现场评审工作，对供应商的工程能力、生产制造能力及工艺控制能力等体系进行考察。

3.4.2　负责主导新物料小批量验证的相关工作和品质跟进。

3.4.3　参与对合格供应商的定期评审和专项考核评估工作。

3.4.4　负责辅助对供应商的质量、环保等相关的辅导。

3.4.5 负责辅助对供应商所有管理体系执行状况的审查。
4. 术语和定义

SCAR（Supplier Corrective Action Request）：供应商改善行动要求。

SIQ（Supplier Information Questionary）：供应商信息调查表。

AVL（Approved Vendor List）：合格供应商名录。

VAR（Vendor Assessment Report）：供应商评估报告。

新供应商：指未在我司合格供应商名录内，我司计划评审合格后让其具有供货资格的生产厂家/代理商。

合格供应商：指已通过资料评审、现场评审，物料样品承认合格，具有供货资格的供应商。

评审小组：由质量部、采购部、工程部组成的现场评审小组，负责对新供应商导入现场评审、原有合格供应商导入新物料的现场评审，以及原有合格供应商出现重大质量问题或环保问题时的现场评审。

5. 工作程序

5.1 供应商应具备的必要条件

5.1.1 供应商在具备以下基本条件的前提下，方能对其进行评估或进一步合作

5.1.1.1 必须有工商行政管理部门签发的营业执照，正规、合法经营，财务健全、信誉好。

5.1.1.2 满足我司对物料的技术参数、品质标准、结构尺寸的要求。

5.1.1.3 生产设备、检验设备能满足产能和品质标准的要求，具有完善的检验规范。

5.1.1.4 供应商质量管理体系、组织架构、管理制度完善。

5.1.1.5 关键工序控制能力和管理能力能满足我司质量要求。

5.1.1.6 同意与我司签订涉及合作的相关协议。

5.1.1.7 有品牌厂家代理授权书的代理商可不需满足 5.1.1.3 和 5.1.1.5 的条件。

5.1.2 供应商的竞争条件

5.1.2.1 同等条件下价格具有竞争优势。

5.1.2.2 通过国内、国际质量体系认证，产品有相关认证，系统化管理。

5.1.2.3 良好的服务和配合，良好的原材料、零部件或代理供货能力。

5.1.2.4 在其所处的行业中居于领先地位或具备完善的生产工艺。

5.2 新供应商导入程序

5.2.1 新供应商导入时机如下

5.2.1.1 现有合格供应商资源难以满足目前的采购需求。

5.2.1.2 当有新物料需求，现有资源无法满足需求时。

5.2.1.3 当供应商品质、环保符合性、价格或其他方面难以达到企业要求时。

5.2.2 新供应商导入申请与评审

采购员根据企业物料状况来评估是否需要开发新供应商资源，若需要导入新供应商，则由采购员填写《新供应商开发申请表》，由采购部、开发部、工程部、质量部的负责人进行评价及审核，由总经理批准。

5.2.3 新供应商资源开发及资质审查

5.2.3.1 采购部在开发供应商资源时，需选择合适的供应商，让其填写《供应商基本信息调查表》并提交供应商相关资质证明。

5.2.3.2 对供应商调查结束后，采购员根据供应商填写的《供应商基本信息调查表》、提供的相关资质及合法性证明等文件进行审查，由采购经理审批。

a.对企业规模、供货优势、商务条件、相关证书等进行审核。

b.对供应商营业执照、税务登记证等财务及供应商合法性信息进行审核。

5.2.3.3  开发部根据供应商提供的物料相关技术资料及样品进行确认（包含自制设计件及外部设计件），并填写《样品评估确认报告》，将样品评估确认结果告知采购部的对应采购员；连续两次样品及技术确认非我司内部原因结果为"不合格"的，则取消该供应商导入评审资格，6个月内不可再次提出申请。

5.2.3.4  采购部接收开发部对新供应商样品评估结果为"合格"的，计划时间，组织工程部、质量部对新供应商实施现场评审的相关活动。

5.2.3.5  如新供应商样品评估确认为"合格"，对于不需要进行现场评审的供应商依 5.2.4.2 条款执行，经总经理批准后，应由采购部组织签订相关协议；对于需要进行现场评审的供应商，应按 5.2.4 条款执行，评审合格后由采购部组织签订相关协议。

5.2.4  供应商现场评审

5.2.4.1  在供应商资质评审合格后，采购部提出现场评审申请，并提供该供应商的导入资料：

  a.《新供应商开发申请表》；
  b.《供应商基本信息调查表》；
  c.《供应商现场审核表》；
  d.《样品评估确认报告》。

5.2.4.2  对于是否需要对供应商进行现场评审，质量部应根据供应商基本资料调查的实际情况，以及各部门的相关要求来确定是否进行现场评审，并在《新供应商开发申请表》中备注说明。

  a.原则上，代理商不需要参加现场评审，但须提供相关资质证明、服务承诺及相关协议和相关证明文件，由总经理审核批准。
  b.资质评审部门可以在资质评审记录中对供应商是否需进行验厂提出要求。当任何一个部门提出合理的验厂需求时，采购部应根据具体情况组织相关部门进行现场评审。

5.2.4.3  采购部根据供应商提供的完整自评内容及基本资料，安排评审小组进行现场评审。在特殊情况下，供应商如需调整现场评审的日程安排，则要提前通知评审小组各成员。

5.2.4.4  评审小组各成员依据《供应商现场审核表》对供应商进行现场评审。

5.2.4.5  评审小组成员在进行现场评审时须关注环保内容，应根据供应商在环保方面的控制方法、实际执行情况、环保检测设备的配备，以及物料的材料构成等方面来综合判断此供应商的供货资格的高低风险，并将其作为供货环保监控的依据。

5.2.4.6  在现场审核结束后的两个工作日内，评审小组成员对各自审核的内容给出具体评审意见，并提供《供应商评审报告》，经对应评审部门经理审核确认后汇总至采购部；当任意部门意见不一致时，则由总经理裁决，所有新供应商均由总经理审批合格后才能导入为临时供应商，并由采购部录入 ERP 系统管理。

5.2.4.7  供应商现场评审结果分为合格、整改和不合格。

5.2.4.8  对于评审结果为"整改"的供应商，质量部或采购部将《供应商改善行动要求》发给供应商，要求其在 5 个工作日内回复问题点原因和纠正预防措施，并提供相应的证明文档；应在 1 个月内整改完毕，整改完毕后由采购部组织工程部、质量部对第一次审核时所发现的问题再组织人员进行追踪验证，并出具《供应商评审报告》；经整改第二次审核仍无法满足"合格"判定标准要求的，则取消该供应商导入资格，1年内不得再次提出导入申请。

5.2.4.9  对于评审结果为"不合格"的，则取消该供应商导入资格，6 个月内不得再次提出导入申请。

5.2.4.10  新供应商评审合格后暂先导入为临时供应商，采购部可对临时供应商进行小批量物料采购，同时须控制采购量，跟进品质。临时供应商供应物料必须经小批量验证合格后，方可安排进行零部件样品承认。在零部件样品经开发确认"合格"后，采购部对该供应商进行现场评审,若结果为"合格",则可转换导入为"合格供应商",并加入《合格供应商名录》,同时将该供应商在 ERP 系统中删除,更改为"合格供应商",并在 ERP 系统开通管理该供应商权限。

5.3 供应商现场审核得分细则(总分为 100 分)

 5.3.1 供应商考核项目及得分权重

  5.3.1.1 质量部考核项目:质量、环保及其他体系考核占 30 分。

  5.3.1.2 工程部考核项目:生产能力、生产工艺、生产设备考核占 30 分。

  5.3.1.3 采购部考核项目:产品价格、交货及服务考核占 40 分。

  5.3.1.4 项目总得分=项目得分÷考核总分×权重×100%;考核总得分=各部门项目总得分之和。

 5.3.2 新供应商评审结果判定标准

  5.3.2.1 各部门考核项目得分≥80 分,总得分≥85 分,评审结果为"合格"的,可直接导入为临时供应商。

  5.3.2.2 各部门考核项目得分<75 分,总得分<80 分,评审结果为"整改"的,不可导入为临时供应商。

  5.3.2.3 各部门考核项目得分<65 分,评审结果为"不合格"的,取消导入资格。

 5.3.3 合格供应商考核得分评级原则判定标准

  5.3.3.1 各部门考核项目得分≥85 分,总得分≥90 分,即评为 A 级。

  5.3.3.2 各部门考核项目得分≥80 分,总得分≥85 分,即评为 B 级。

  5.3.3.3 各部门考核项目得分≥75 分,总得分≥80 分,即评为 C 级。

  5.3.3.4 各部门考核项目得分≥70 分,总得分≥75 分,即评为 D 级,限期整改。

  5.3.3.5 各部门考核项目得分<70 分,即评为"不合格"供应商。

5.4 现场指导

对于一些容易出问题的供应商(塑胶、五金、包材等供应商),质量部、开发部、工程部可同供应商协商,必要时到供应商处进行现场指导和技术支持。

5.5 合格供应商变更申请

变更内容包括企业名称、企业性质、企业法人、使用的关键物料、生产地、证书等所有变更。

 5.5.1 企业名称变更,需提前通知我司采购部,由采购部填写《供应商变更申请表》,组织质量部、开发部、工程部进行评估,确定变更影响及做出最终决定。

 5.5.2 如变更内容涉及产品质量,则由质量部、工程部、开发部评估是否按新物料或按新供应商进行重新导入。

5.6 合格供应商年度审核和专项审核

 5.6.1 年度审核

  5.6.1.1 质量部制订年度审核计划,并依据审核计划组织评审。原则上,对关键元器件供应商须一年审核一次(代理商、客户指定供应商不列入评审范围);对于整个年度供货没有任何质量问题或上一年度平均供货金额小于人民币 5 万元者,可以免去次年的年度审核。

  5.6.1.2 审核内容主要依据《供应商年度评审表》。

  5.6.1.3 对于每次审核所发现的不符合项,质量部发出改善通知,要求供应商限期改善。

  5.6.1.4 对于定期审核结论为不合格者,将给予一个月的整改期,经整改且重新审核合格后可对其恢复正常采购,否则将取消其合格供应商资格。

5.6.2 专项审核

在生产过程中及供货检验环节出现重大质量问题，质量部据此可以对供应商提出专项审核要求，采购部负责配合落实。

5.7 合格供应商绩效考核

5.7.1 质量部依据《供应商绩效考核评估细则》的规定组织进行供应商的定期评估。

5.7.2 对于评估数据及记录，质量部按《供应商绩效考核评估细则》统计考核分数，制定《合格供应商名录》，并发放。

5.7.3 《合格供应商名录》每月更新一次，必须包括新导入供应商清单，以及取消资格的供应商清单，以作提醒。

5.8 供应商资格取消

5.8.1 当供应商出现重大品质问题和环保问题，或者在年度审核中被评为"不合格"、绩效考核结果为"取消资格"时，采购部在 ERP 系统中立刻取消其资格。

5.8.2 对于暂不能取消供应商资格的，采购部进行评估，说明原因，给出过渡的时间，在约定的时间内取消其供应商资格。

6. 相关文件

6.1 《供应商绩效考核评估细则》

7. 相关记录

7.1 《供应商基本信息调查表》

7.2 《供应商评审导入报告》

7.3 《供应商改善行动要求》

7.4 《合格供应商名录》

7.5 《新供应商开发申请表》

7.6 《样品评估确认报告》

7.7 《供应商年度评审报告》

7.8 《临时供应商名录》

7.9 《供应商变更申请表》

7.10 《供应商年度评审表》

7.11 《供应商现场审核表》

7.12 《供应商评审报告》

8. 流程图（略）

## 三、供应商的实况调查

企业可以从多个途径进行资料搜集，如供应商提供的产品目录、行业期刊、商业介绍、互联网、销售代表等，筛选几家较为合适的供应商，与之联系并进行实地调查。

企业一般从两个方面了解供应商：一是要掌握供应商的基本信息；二是要掌握供应商的生产现场情况。

### 1．供应商基本信息调查

《供应商基本信息调查表》如表 2-2 所示。

表 2-2 供应商基本信息调查表

| | | | | | |
|---|---|---|---|---|---|
| 供应商基本信息 | 企业名称 | | | | |
| | 税务登记证号 | | | | |
| | 营业执照号码 | | | | |
| | 企业性质 | | 注册资金 | | |
| | 成立时间 | | 年销售额 | | |
| | 企业详细地址 | | | | |
| | 邮政编码 | | 企业网址 | | |
| | 业务联系人 | | 联系电话 | | |
| | 电子邮箱 | | 传　　真 | | |
| | 结算方式 | | | | |
| 企业规模 | 其他信息 | 厂房面积 | 员工总人数 | 研发人员数量 | |
| | | | | | |
| | 设备状况 | 设备名称 | 型号 | 品牌 | 数量 | 投入使用年份 |
| | 备注：可根据企业实际情况添加 | | | | |
| 主营产品 | 产品名称 | | 是否已实现无铅生产 | 货期 | |
| | | | | | |
| | | | | | |
| | 备注：可根据企业实际情况添加 | | | | |
| 生产过程 | 采用何种精益制造工具、工艺及过程控制 | | | | |
| | □ 5S　　　　　□ JIT　　　　　□ 其他 | | | | |
| | 是否具备批次跟踪能力 | | | | |
| | □ 是　　　　　□ 否 | | | | |
| 信息系统能力 | 是否运用条码标识产品 | | □ 是 | □ 否 | |
| | 是否运行 FTP（File Transfer Protocol，文件传输协议）站点 | | □ 是 | □ 否 | |
| 体系认证情况 | 是否获得 ISO9001 体系认证证书 | | □ 是 | □ 否 | |
| | 起始年： | 有效期至： | | 签发单位： | |
| | 是否获得 ISO14001 体系认证证书 | | □ 是 | □ 否 | |
| | 起始年： | 有效期至： | | 签发单位： | |
| | 其他证书 | | | | |
| | □ CCC　　　　　□ UL　　　　　□ CE | | | | |
| 质量管理机构 | 是否设立质量管理机构 | 是否有内部质量审查 | 质量管理人员数量 | 负责人 | 电话 |
| | □是　□否 | □是　□否 | | | |

第二章　供应商的选择与认证　41

续表

| 客户关系管理 | 是否具有改进客服的措施 | 是否有专职经理负责并支持目标客户 | 多长时间做一次客户满意度调查 | |
|---|---|---|---|---|
| | □是　□否 | □是　□否 | | |
| 物流 | 是否有进出口许可证 | | 是否有自己的运输车辆 | |
| | □是　□否 | | □是　□否 | |
| 保密管理 | 对保密信息及资料保证不对外泄露是否有文件规定 | | □是　□否 | |
| 知识产权 | 是否拥有专利、商标、软件著作权或集成电路布图设计等知识产权 | | □是　□否 | |
| | 是否与第三方存在知识产权侵权纠纷 | | □是　□否 | |
| | 是否承诺承担其销售产品知识产权侵权责任 | | □是　□否 | |
| 检测设备 | 仪器名称 | 检测精度 | 型号 | 厂家 |
| | | | | |
| 主要客户 | 客户名称 | 供货名称 | 最近一次供货时间 | 年供货量 | 年交易额 |
| | | | | | |
| 环境保护责任 | 符合 RoHS 指令的无铅证明文件 | | | |
| | 无铅检测报告 | □均质 | □非均质 | |
| | 原材料生产商的无铅声明 | □均质 | □非均质 | |
| | 其他 | | | |
| | 提供的材料宣告表是否均质 | □均质 | □非均质 | |
| | 是否与我司签订环保协议书（内容见附件） | □是 | □否 | |

注：1. UL 是美国保险商试验所（Underwriter Laboratories Inc.）的简写。

2. CE 标志是一种安全认证标志，被视为制造商打开并进入欧洲市场的护照。

3. RoHS 是由欧盟立法制定的一项强制性标准，它的全称是《关于限制在电子电气设备中使用某些有害成分的指令》（*Restriction of Hazardous Substances*）。

4. "5S" 是整理（Seiri）、整顿（Seiton）、清扫（Seiso）、清洁（Seiketsu）和素养（Shitsuke）这 5 个词的缩写。

企业在集齐各备选供应商相关信息后，就可根据企业或行业规定，对供应商的一些属性进行定位和筛选。

### 2. 供应商生产现场调查

这主要指企业针对供应商的现场情况进行调查，确认供应商的主要加工设备及工艺装备是否能够满足企业所需物料的生产。供应商生产现场调查表如表 2-3 所示。

表 2-3 供应商生产现场调查表（示例）

| 基本情况 | 企业名称 | ××有限公司 | 企业性质 | 私营 | 固定资产 | |
|---|---|---|---|---|---|---|
| | 职工人数 | | 工程技术人员数 | | 质检人员数 | | 年销售额 | |
| 主要销售产品名称 | | | | | | |
| 主要设备和装置 | 设备名称 | | 数量/条 | | 完好情况 | 装置名称 | 数量/台 | 完好情况 |
| | 主要加工设备 | | | | | | | |
| | 及工艺装备 | | | | | 主要监控和测量装置 | | |
| 质量管理体系及机构设置情况、质量管理制度 | | | | | | |
| 质量控制手段与检测方法 | | | | | | |
| 公司（工厂）发展前景 | | | | | | |
| 评价与结论 | 我公司填写 | | | | | |
| | ■ 符合要求　□ 不符合，重新选择<br>采购负责人/时间： | | | | ■ 符合要求　□ 不符合，重新选择<br>主管领导/时间： | |

备注：当调查内容填写不完时，可以另附相关表格；请填写完后返回我公司销售部

在对供应商进行实况调查时，企业应要求供应商做出承诺，并提供相应的证件、证书等。

## 四、建立供应商筛选标准

考虑到竞争因素及市场的瞬息万变，制定初步筛选标准来确定备选供应商可在一定程度上确保供应商初选结果的客观与公正。

评价供应商的潜在因素有很多，企业需要从中筛选出评估要素，以建立供应商初步筛选标准，如图2-3所示。

| 生产能力 | 合作/服务 | 时间 | 质量 | 价格/成本 | 其他 | 对应市场分析 |
|---|---|---|---|---|---|---|
| ■研发<br>■厂房与设备<br>■有效产能<br>■质量计划<br>■财务<br>■供应商<br>■地理位置<br>■业务发展<br>■物流<br>■流程革新<br>■信息系统 | ■管理层的承诺<br>■销售服务<br>■技术支持<br>■投诉回应<br>■行政服务<br>■组织架构 | ■准时交货<br>■准时投标<br>■送货时间的弹性<br>■投诉回应<br>■减少周转时间 | ■退货<br>■维修保养<br>■质量体系<br>■控制计划 | ■原材料<br>■毛利<br>■经常性支出<br>■劳动力<br>■库存 | ■环保计划<br>■劳动力稳定性<br>■汇率风险<br>■电子数据交换系统<br>■轮班作业系统<br>■保证/惩罚<br>■检查服务<br>■道德<br>■交易风险 | 挑选评估要素<br>■可取得的产能<br>■质量体系<br>■设定成本<br>■产品范围<br>■企业发展策略<br>■劳动力结构<br>■配套范围<br>■国际化能力（语言、物流等）<br><br>评审小组分析 |

图2-3 供应商评估要素筛选

在挑选筛选标准或评估要素时，通常会出现的错误是，挑选出的标准通常使得现有供应商更符合自己的要求。

因此，在制定供应商筛选标准时一定要客观、公正，并经小组讨论通过。

## 五、判定供应商的竞争力

企业应综合各方面的因素，准确判定供应商的竞争力。供应商的竞争力决定了企业的采购策略。例如，比价、在谈判中获得议价能力，或者确定合作深度等。分析供应商的竞争力一般使用波特五力模型，它是迈克尔·波特于20世纪80年代初提出的。波特五力模型主要用于分析行业竞争态势，认为行业中存在决定竞争态势的五种力量，这五种力量综合影响着产业的吸引力和竞争策略。

（1）供应商的议价能力：供应商主要通过其提高投入要素价格与降低单位价值质量的能力来影响行业中现有企业的盈利能力与产品竞争力。

供应商的高投入带来或保持某方面的领先，使其具有较高的议价能力；供应商所提供的投入要素的价值对企业主产品的生产过程非常重要，或者严重影响企业主产品的质量，因而导致议价话语权在供应商一方。

（2）购买者的议价能力：购买者通过压价、要求提供高质量产品或服务的能力来影响行业内企业的盈利能力。

（3）行业内竞争者的竞争力：行业内企业采用多种竞争策略给企业、行业带来的威胁程度。

（4）新进入者的进入能力：行业内新进入企业对现有企业的市场占有率、利润率的威胁程度。

（5）替代品的替代能力：企业现有产品在市场上被替代品取代或挤压的威胁程度。

企业可以借助波特五力模型来判断供应商在当下或未来一段时间内的综合竞争能力，进而确定正确的采购策略。波特五力模型分析如图2-4所示。

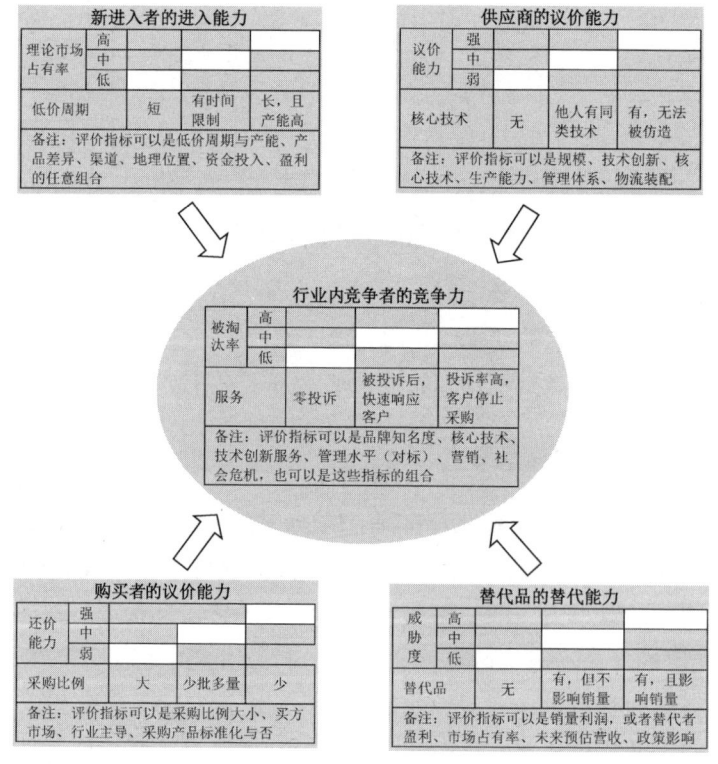

图2-4 波特五力模型分析

# 第二节 供应商的评审与认证

供应商选择是企业供应商管理中的一项重要决策。一般来说，同一产品的供应商数量越多，选择过程就越复杂，而且部分企业有时会根据对供应商的总体印象来进行供应商的评选。为了确保评选结果的客观、公正，企业应建立一套规范的供应商选择程序。

## 一、明确供应商评价标准

审核供应商会耗费企业大量的人力与物力，且无法针对所有的初选供应商进行。企业应在对潜在供应商已做初步筛选的基础上，有针对性地对入选名单上的供应商进行审核。

### 1. 确定供应商审核的程序

供应商审核有赖于制定一套固定而又简练的审核程序。某电子企业的供应商审核流程如图2-5所示。

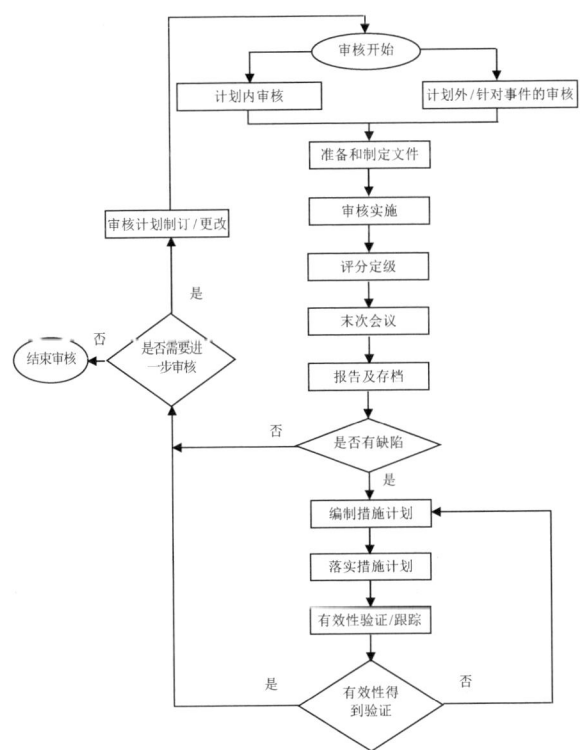

图2-5 某电子企业的供应商审核流程

在通常情况下，企业应将供应商审核安排在供应商认证之前进行，其目的在于确认、筛选出优质供应商。

**2．确定供应商审核的标准**

在对供应商进行审核时，应确保公正、客观，按照事先制定的审核标准对供应商进行审核。《供应商评审标准》是将对供应商审核时应注意的各要素加以量化的评审工具，如表2-4所示。

表2-4　供应商评审标准（示例）

| 新供应商评审内容（评价指标及权重） | | | | |
|---|---|---|---|---|
| 供应商名称 | | | 产品类别 | |
| 供应商地址 | | | 评审日期 | |
| 序号 | 评审项目 | 权重 | 考核得分/分 | 稽核得分/分 |
| 1 | 质量管理 | 45% | 45 | |
| 2 | 产品开发、制程管理 | 30% | 30 | |
| 3 | 价格、交货及服务 | 25% | 25 | |
| | 合计得分 | | | |
| 评审结果： | | | | |
| 评审成员 | | | | |
| 评审组长 | | | | |
| 批准人 | | | | |

| 新供应商评审内容 | | | | | |
|---|---|---|---|---|---|
| 质量部 | | | 评审人/日期： | | |
| 序号 | 评审项目 | 评审内容 | 评审记录 | 评分/分 | |
| | | | | × | 考核得分 | 稽核得分 |
| 1 | 管理审核 | 是否通过ISO9001/ISO14001/QC080000等体系认证 | | | 2 | |
| | | 是否定期进行内部稽核及环境管理评审？稽核时的问题点是否有改善措施 | | | 2 | |
| | | 是否做质量周报、月报？是否定期召开会议检讨质量状况 | | | 2 | |
| | | 企业组织架构是否完整，质量部能否监控生产质量状况 | | | 2 | |
| | | 是否制定质量目标并持续改善 | | | 2 | |
| 2 | 供应商管理 | 是否对供应商进行评审和定期稽核 | | | 1 | |
| | | 是否对供应商进行评比并针对较好和较差的供应商进行相应处理 | | | 1 | |
| | | 是否与供应商明确材料质量要求、设计变更等 | | | 1 | |

第二章 供应商的选择与认证

续表

| 序号 | 评审项目 | 评审内容 | 评审记录 | × | 评分/分 考核得分 | 稽核得分 |
|---|---|---|---|---|---|---|
| 2 | 供应商管理 | 是否确定关键物料，并对关键物料进行重点控制 | | | 1 | |
| | | 是否要求供应商改善材料不良问题？改善对策是否及时回复并确认效果 | | | 1 | |
| | | 对于厂商的连续不良表现是否有良好的处理方法或采取处罚措施 | | | 1 | |
| | | 安规认证是否符合我司要求 | | | 1 | |
| | | 是否进行有害物质管控？其供应商名称与提供给我司的材料宣告表中的名称是否一致 | | | 1 | |
| 3 | 来料控制 | 来料检验区域是否进行划分，物料检验状态是否进行标识 | | | 1 | |
| | | 来料检验标准和抽样水准是否明确 | | | 1 | |
| | | 检验员是否依检验标准和检验水准进行检验？检验结果是否记录并进行存档 | | | 1 | |
| | | 是否制定材料可靠性测试标准并进行测试记录存档 | | | 1 | |
| | | 针对来料异常是否进行有效评审并给出处理意见 | | | 1 | |
| 4 | 制程控制 | 《作业指导书》是否悬挂在作业现场？作业员是否按照《作业指导书》的规定作业 | | | 1 | |
| | | 作业现场是否有产品检验标准？是否按规定要求做检验并保存记录 | | | 1 | |
| | | 制程是否有质量人员进行首件巡检和抽检确认？是否填写检验报告 | | | 1 | |
| | | 制程使用的仪器/设备是否都有《操作指导书》？是否定期进行校正 | | | 1 | |
| | | 制程中的治具和设备是否定期保养？是否有保养记录 | | | 1 | |
| | | 不良品和良品是否被隔离和标识？QA（Quality Assurance，质量保证）批退是否有明确的返工方案并及时处理 | | | 1 | |
| | | 制程5S是否有效进行控制 | | | 1 | |
| | | 制程物料是否进行批次管理，是否具有可追溯性 | | | 1 | |
| 5 | 出货控制 | 出货检验标准是否完善？是否依标准实施检验并制作《出货检验报告》 | | | 1 | |
| | | 成品是否进行可靠性测试并对测试记录进行保存、归档 | | | 1 | |
| | | 包装能否对产品进行有效防护？是否满足产品包装需求？包装标志是否详细无误 | | | 1 | |

续表

| 序号 | 评审项目 | 评审内容 | 评审记录 | × | 评分/分 考核得分 | 评分/分 稽核得分 |
|---|---|---|---|---|---|---|
| 6 | 异常处理 | 是否明确质量异常处理机制和重大质量异常处理机制 | | | 1 | |
| | | 是否对质量异常分析根本原因并给出有效对策？是否确保对策被有效实施 | | | 1 | |
| | | 是否有专人跟进验证有效性？异常问题相关资料是否进行变更 | | | 1 | |
| | | 异常处理资料是否分类汇总，并定期进行检讨，以提升质量 | | | 1 | |
| | | 产品异常处理是否有相关记录？记录是否可追溯结案 | | | 1 | |
| | | 对产品关键工艺是否进行管控 | | | 1 | |
| | | 对产品可靠性是否进行测试？有无测试报告 | | | 1 | |
| | | 对重大质量异常问题是否进行专案改善并对类似机型进行验证和确认 | | | 1 | |
| 7 | 客诉处理 | 是否确定客诉质量目标并定期检讨 | | | 1 | |
| | | 是否成立小组处理客诉问题并回复客诉报告？客诉问题是否及时处理并确认效果 | | | 1 | |
| | | 是否很好地将客诉问题传达给全员并对在制物料和库存物料进行全检 | | | 1 | |
| | | | | 合计 | 45 | |
| | | | | 得分率 | | |

注："×"表示不适用

评审小结（包括优缺点）

新供应商评审内容

开发部　　　　　　　　　　　　　　　　　评审人/日期：

| 序号 | 评审项目 | 评审内容 | 评审记录 | × | 评分/分 考核得分 | 评分/分 稽核得分 |
|---|---|---|---|---|---|---|
| 1 | 设计技术能力 | 是否有良好的自主研发能力（包括研发人员资质、研发软硬件设备等） | | | 1 | |
| | | 硬件或软件资源配置是否符合客户要求（包括环境、负荷、物质）或产品的需求 | | | 1 | |
| 2 | 开发系统管理 | 是否对产品开发进行可行性评审并明确客户需求 | | | 2 | |
| | | 输出资料（包括材料清单、设计规格、产品判定标准、操作重点指导等）是否满足输入的要求 | | | 2 | |

续表

| 序号 | 评审项目 | 评审内容 | 评审记录 | × | 评分/分 考核得分 | 评分/分 稽核得分 |
|---|---|---|---|---|---|---|
| 2 | 开发系统管理 | 是否制定可靠性测试标准？试验项目是否与客户要求（承认书）相符合 | | | 2 | |
| | | 是否具有标准的 DCN（Design Change Notice，设计变更通知）、ECN（Engineering Change Notice，工程变更通知）管控机制，且有效执行 | | | 2 | |
| | | 样品的制作、确认是否符合要求 | | | 2 | |
| | | 是否进行产品的环保符合性管理，以满足客户要求 | | | 1 | |
| 3 | 设备 | 设备数量是否满足生产需求 | | | 1 | |
| | | 设备是否有点检及保养记录 | | | 1 | |
| | | 设备防护安全性是否符合要求 | | | 1 | |
| | | 设备是否有《操作指导书》 | | | 1 | |
| 4 | 工艺 | 产品生产是否有《作业指导书》及生产流程 | | | 1 | |
| | | 检测工位是否进行良率统计并记录 | | | 1 | |
| | | 员工作业是否有防护措施 | | | 1 | |
| | | 员工是否根据指导书作业 | | | 1 | |
| 5 | 人员资质 | 检测岗位、关键岗位员工是否有上岗证？是否有培训记录 | | | 1 | |
| | | 生产管理人员及关键岗位人员比例是否正常 | | | 1 | |
| 6 | 生产现场管理 | 生产现场物料是否有状态标识 | | | 1 | |
| | | 现场人员流动性是否太大？新老员工是否能区分 | | | 1 | |
| | | 生产现场是否有消防设施且符合消防要求？是否有应急药箱 | | | 1 | |
| | | 产品的存储环境是否符合要求 | | | 1 | |
| | | 现场管理/技术人员配置是否合理 | | | 1 | |
| | | 对现场化学品是否有管理及防范机制 | | | 1 | |
| | | 现场工作环境是否进行5S管理 | | | 1 | |
| | | | 合计 | | 30 | |
| | | | 得分率 | | | |

注："×"表示不适用

评审小结（包括优缺点）

新供应商评审内容

| 采购部 | | | | 评审人/日期： | | |
|---|---|---|---|---|---|---|
| 序号 | | 评审内容 | 评审记录 | × | 评分/分 考核得分 | 评分/分 稽核得分 |
| 1 | | 企业规模是否符合我司对供应商的要求 | | | 1 | |

续表

| 序号 | 评审内容 | 评审记录 | 评分/分 | | |
|---|---|---|---|---|---|
| | | | × | 考核得分 | 稽核得分 |
| 2 | 配合我司打样的时间效率如何 | | | 2 | |
| 3 | 是否有多余的产能满足我司的生产需求 | | | 2 | |
| 4 | 是否能配合我司做物料的备货 | | | 2 | |
| 5 | 物料的交货周期能否满足我司的要求 | | | 2 | |
| 6 | 物料单价是否符合我司的成本需求 | | | 2 | |
| 7 | 是否能配合我司做年度、季度降价计划 | | | 2 | |
| 8 | 是否接受我司付款方式 | | | 2 | |
| 9 | 能否预先通知客户潜在的交期延误,并告之确切交期以征得客户同意 | | | 2 | |
| 10 | 是否有同知名厂商配合的经历 | | | 1 | |
| 11 | 是否收集客户的满意度调查表 | | | 1 | |
| 12 | 高层对客户满意度调查是否重视 | | | 2 | |
| 13 | 仓储管理是否符合要求 | | | 2 | |
| 14 | 能否对我司反馈之问题派专人配合处理 | | | 2 | |
| | | 合计 | | 25 | |
| | | 得分率 | | | |
| 注:"×"表示不适用 | | | | | |
| 评审小结(包括优缺点) | | | | | |

评审标准不是一成不变的,企业可根据实际情况及外部环境的变化不断修订并逐步完善供应商评审标准,使之更容易操作。

## 二、判断供应商的交付能力

供应商的交付能力是采购的重中之重,因为如果供应商不能按时向企业交货,那么即使一颗小螺丝,也会导致严重的后果——停线。所以,企业在评审供应商时,应将交货能力纳入考核范围。

### 1. 考察零库存下的交货能力

当下许多企业都在追求零库存,以打造精益生产系统。这对供应商按时交货能力有很高的要求。我们在考察供应商的交付能力时应考虑自己企业的库存管理目标,确认供应商是否有能力按时交货,最好设置按时交货率指标。需要指出的是,衡量交货率的标准不同,反映出来的实际交付能力也不同,如按件交货、按订单交货等。这就要求我们预先确定使用哪一种交货率指标来判断供应商的交货能力。

## 2. 判断供应商能否按时交货

给供应商准确的需求预测是保证按时交货的前提。供应商能否按时交货不能以百分比来定义。一个订货至交货的时间为 10 天的机加工件，另一个订货至交货的时间为 90 天的控制部件，若都延迟 5 天交货，则反映出的供应商的交付能力有很大的不同。我们假定供应商的交付能力计算公式如下。

交付能力=目标交付时间÷(目标交付时间+延迟时间)×100%

由公式可得，机加工件供应商的交付能力=10÷(10+5)×100%=67%（四舍五入）；控制部件供应商的交付能力=90÷(90+5)×100%=95%（四舍五入）。

企业在判断供应商的交付能力时应以实际交付的类型来确定其交付及时率。此外，供应商能否按时交货我们还要考虑以下几点。

- 一是供应商备有的安全库存。
- 二是供应商的生产能力。
- 三是突发事件的影响。
- 四是运输过程中的意外延迟。

面对这些不确定的因素，企业可借助数字化订单交付体系，发现延迟交付的各种原因，制定合理的交付周期。

## 3. 不能忽略交货准确率

企业在考察供应商交付及时率的同时，还应关注供应商的交货准确率，如数量是否准确、物料规格是否准确、是否有混料现象等，这些都在一定程度上反映了供应商的交付能力，以及供应商的工厂管理能力。

## 三、供应商样品试制认证

在进行供应商样品试制认证时，企业会对供应商提供的一件或少数几件样品进行结构、性能和主要工艺等多方面的验证，以检验其设计的可靠性和合理性。样品试制认证的目的是验证系统设计方案的可行性，同时达成在企业与供应商之间的技术折中方案。例如，汽车制造企业通常会与钢铁厂签署汽车板材试制认证协议，并进行汽车板材的冲压成型性能、表面质量、焊接性能、涂装质量等实际应用能力方面的合作。

样品试制认证分为对试制认证过程进行协调控制和样件评审两个阶段，如图 2-6 所示。

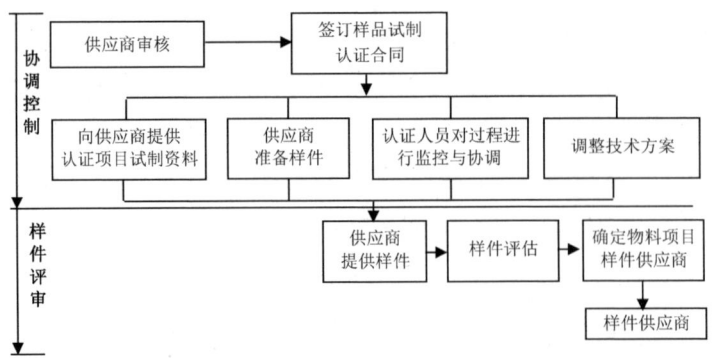

图 2-6　样品试制认证程序

### 1．协调控制

样品试制认证第一阶段的主要工作是企业认证部门与供应商保持协调与沟通，并做好样品试制认证的准备工作，从而确保试制认证工作的顺利进行。协调控制的主要步骤及关键点如下。

#### 1）签订样品试制认证合同

与初选供应商签订样品试制认证合同，目的是确保初选供应商在规定的时间内提供符合要求的样件。样品试制认证合同中应包括保密内容，即供应商应该无条件遵守企业的保密规定。

#### 2）向供应商提供认证项目试制资料

在签订样品试制认证合同后，企业要向供应商提供更为详尽的资料，并发送《样品试制通知单》，如表 2-5 所示。

表 2-5　样品试制通知单

编号：

| 名称 | | □主材 | □副材 | □成品 |
|---|---|---|---|---|
| 供应商 | | 料号 | | |
| 预期完成日期 | | 确认日期 | | |
| 应用产品类型 | | 试验负责人 | | |
| 资料 | 成分表：<br>型号目录： | | 成绩单：<br>抽样： | |
| 说明： | | | | |
| 试制确认流程 | 工程部 | | 试验部门 | □试验报告<br>□经理<br>□发行 |
| | 经办 | 主管 | 经理 | 经办 | 主管 | |

注：本通知单一式四份，一份资材部存，一份工程部存，一份试验部门存，一份总经理室存。

在这个过程中，企业所提供的资料可能包括了一些机密材料。因此，保密条款的规定非常重要。

### 3）供应商准备样件

供应商在获得试制资料后便可开始着手进行样件准备工作。样件准备工作需要一个周期，不同认证项目的周期是不同的。对于那些要求较高或全新产品的样件，准备时间往往需要几个月甚至一年，而对于那些只需稍加改动的产品，其样件的准备时间则较少。在同样的情况下，电子件、机械件的准备周期相对较短，而组合设备的准备周期相对较长。

### 4）认证人员对过程进行监控与协调

对于准备周期较长的认证项目，认证人员应该对过程进行监控，当遇到突发事件时，应及时提出解决对策。

### 5）调整技术方案

在个别情况下，可能需要进行技术方案的调整，这属于正常现象，认证人员不能因此怀疑供应商的能力。

## 2. 样件评审

样品试制认证第二阶段的主要工作由认证部门会同设计、工艺、质量管理等部门的相关人员对样件进行评审，核查其是否符合基本规格和质量要求。样件评审的主要步骤及关键点如下。

### 1）供应商提供样件

在样件完成之后，供应商将样件送交企业的认证部门进行认证。对于体积较小的样件，可运送至企业；对于体积巨大的样件，则需要采用其他方式带给认证人员或由认证人员前往供应商处进行检查。

### 2）样件评估与承认

在样件送达后，认证人员组织并协调相关部门一同制定认证项目的评估标准，对样件进行综合评估（见表2-6）。样件评估包括对性能、质量、外观等的评估。一般需要参加评估的人员包括设计人员、工艺人员、质量管理人员、认证人员、订单人员及计划人员等。待评估完成后，企业出示《样件承认书》（见表2-7），表示供应商样品试制认证合格。

表 2-6  样件评估记录

| 供应商 | | 产品名称 | | 测量仪器 | | 测量仪器代码 | |
|---|---|---|---|---|---|---|---|
| 模具生产厂家 | | 图号 | | 测量仪器代码 | | | |
| 产品材料 | | 试模日期 | | 测量仪器 | | | |
| 工程名 | | 测量员 | | | | | |

| 序号 | 是否重要尺寸 | 图区 | 尺寸类型 | 测量工具 | 图纸尺寸 | | | | 样件1 | 样件2 | …… | 样件9 | 样件10 | 平均值 | 结论 | 备注 |
|---|---|---|---|---|---|---|---|---|---|---|---|---|---|---|---|---|
| | | | | | 下公差 | 上公差 | 下限值 | 上限值 | | | | | | | | |
| 1 | | | | | | | | | | | | | | | | |
| 2 | | | | | | | | | | | | | | | | |
| 3 | | | | | | | | | | | | | | | | |
| 4 | | | | | | | | | | | | | | | | |
| 5 | | | | | | | | | | | | | | | | |
| 6 | | | | | | | | | | | | | | | | |
| 7 | | | | | | | | | | | | | | | | |
| 8 | | | | | | | | | | | | | | | | |
| 9 | | | | | | | | | | | | | | | | |
| 10 | | | | | | | | | | | | | | | | |
| 11 | | | | | | | | | | | | | | | | |

表2-7 样件承认书

标准:
限度:

| | | 承认确认 | 负责人 | 经理 |
|---|---|---|---|---|
| 机种 | | | | |
| 品名 | 发行日 | | | |
| 样本编号 | 供应商会议 | | | |
| 规格 | 管理责任者 | | | |
| | 保管条样 | 接收确认 | 负责人 | 经理 |

特殊事项:

## 四、供应商能力的审核与认证

供应商能力的审核与认证主要是对现有供应商的日常表现、年度质量体系考评及审核，其目的在于持续监督供应商的生产或服务能力、生产质量、交付及时性等，以有效控制供应质量。若在审核中发现供应问题，企业应及时督促供应商解决，并帮助供应商进行自我改善。我们建议对供应商能力审核与认证从三个方面展开，一是供应商环境质量体系审核，二是供应商质量保证体系审核，三是供应商准入认证。

### 1. 供应商环境质量体系审核

企业对供应商进行环境质量体系审核可参照表2-8。

表 2-8 环境质量体系检查表

■最初认证评价　　　　□在此认证评价

| 项目 | 评价工程 | 所占分值/分 | 评价分数/分 | 水准分数占比 | 达标线 |
|---|---|---|---|---|---|
| 体系 | 环境方针 | 15 | 10 | 67% | 80% |
| | 教育训练 | 5 | 5 | 100% | 80% |
| | 内部审查 | 10 | 10 | 100% | 80% |
| 过程 | 原材料管理 | 20 | 17 | 85% | 80% |
| | 供应商管理 | 10 | 10 | 100% | 80% |
| | 变更点管理 | 5 | 5 | 100% | 80% |
| | 入库检查 | 10 | 10 | 100% | 80% |
| | 工程管理 | 5 | 5 | 100% | 80% |
| 产品 | 发货检查 | 10 | 10 | 100% | 80% |
| | 不合格品管理 | 10 | 10 | 100% | 80% |
| 处罚 | 检查不合格 | -10 | | | |
| 合计 | | 100 | 92 | 92% | 80% |
| | | | | 通过 | |

| 评价工程 | 确认项目 | 具体确认内容 | 配分 | 评分 | 确认指南 | 备注 |
|---|---|---|---|---|---|---|
| 1.1 环境方针 | 环境方针管理状态 | | | | | |
| | 环境管理物质/管理标准运营状态 | | | | | |
| | 产品环境负责人运营管理 | | | | | |
| | 信息共享 | | | | | |
| 1.2 教育训练 | 教育训练管理状态 | | | | | |
| 1.3 内部审查 | 内部审查实施状态 | | | | | |
| 合计 | | | | | | |

续表

| 评价工程 | 确认项目 | 具体确认内容 | 配分 | 评分 | 确认指南 | 备注 |
|---|---|---|---|---|---|---|
| 2.1 原材料管理 | 材料保管状态 | 长期库存保管状态 | | | | |
| | 分析数据管理状态 | | | | | |
| 2.2 供应商管理 | 供应商管理状态 | | | | | |
| 2.3 变更点管理 | 新规承认/变更点管理 | | | | | |
| 2.4 人库检查 | 人库配件监控检查运营 | | | | | |
| 2.5 工程管理 | 工程运营状态 | | | | | |
| | 生产设备和计量仪器状态 | | | | | |
| 合计 | | | | | | |
| 3.1 发货检查 | 发货检查运营状态 | | | | | |
| | 发货Lot档案管理状态 | | | | | |
| | 完成品管理状态 | | | | | |
| 3.2 不合格品管理 | 不合格品处理程序的制定和运营状态 | | | | | |
| | 改善进行状态 | | | | | |
| 合计 | | | | | | |

注：部分数据为四舍五入的结果；Lot，是一个常用词，指一个批次、一套、大量、一组。

## 2. 供应商质量保证体系审核

《供应商质量保证体系审核表》如表2-9所示。

表2-9　供应商质量保证体系审核表

| 供应商 | | 审核实施部门 | | | 实施日期 | |
|---|---|---|---|---|---|---|
| 受检者 | | 审核人 | | | 分值 | |
| 过程 | 序号 | 评价项目 | 整体 | | 评分 | 基准 |
| | | | 配点 | 得点 | | |
| 开发保证 | 1 | 开发业务 | 11 | | | 90% |
| | 2 | 开发验证 | 12 | | | 90% |
| | 3 | 量产验证 | 4 | | | 90% |
| | | | | | 100% | |

续表

| 过程 | 序号 | 评价项目 | 整体 | | 评分 | 基准 |
|---|---|---|---|---|---|---|
| | | | 配点 | 得点 | | |
| 量产保证 | 4 | 系统共同 | 4 | | | 90% |
| | 5 | 初、中、终物检查 | 6 | | | 90% |
| | 6 | CTQ工程管理 | 6 | | | 90% |
| | 7 | 工程巡查 | 5 | | | 90% |
| | 8 | 工程检查 | 5 | | | 90% |
| | 9 | 当日维修分析 | 4 | | | 90% |
| | 10 | 审核运营 | 5 | | | 90% |
| | 11 | 环境有害物质管理 | 8 | | | 90% |
| 出货保证 | 12 | 出货业务 | 12 | | | 90% |
| | 13 | 检查事务 | 11 | | | 90% |
| | 14 | 首批次管理 | 3 | | | 90% |

| 序号 | 过程 | 检查细则 | | 判断 | 备注 |
|---|---|---|---|---|---|
| 1 | 开发保证 | **1.1 新产品开发业务规则的适合性** | | | |
| | | 新产品开发业务规则改正是否合理 | | | |
| | | 开发阶段设计验证、小批量验证、量产验证相关部门的责任和业务内容是否明确定义 | | | |
| | | 各部门是否按照基准上的内容承担责任，以及是否管理相关整理好的记录 | | | |

续表

| 序号 | 过程 | | | 检查细则 | 判断 | 备注 |
|---|---|---|---|---|---|---|
| 1 | 开发保证 | | | 各阶段移交基准是否明确，是否在相关部门的合议下进行移交（审查会是否召开，相关部门是否发行通行证并确认）| | |
| | | 目标 | 评分 | 1.2 失败案例是否运营和管理（略）| | |
| | | 业务规则 | 4 | 1.3 可靠性实验组织的运营状态（略）| | |
| | | 失败案例 | 4 | 1.4 开发验证阶段（略）| | |
| | | 可靠性 | 3 | 1.5 量产验证阶段 | | |
| | | 开发验证 | 12 | 量产验证审查时的良品率对比基准是否良好 | | |
| | | 量产验证 | 4 | 《出货检查基准书》是否在量产验证出货检查前制定并合议完 | | |
| | | 合计 | 27 | 检查基准书中是否明确标示客户的重点管理项目 | | |
| | | | | 承认书及限度样本客户是否承认完 | | |
| 2 | 量产保证 | | | 2.1 质量保证系统共同项目 | | |
| | | | | 是否建立对量产质量保证七大项目负责的专门组织，业务分配是否合适（各项目树立运营基准）| | |
| | | 目标 | 评分 | 是否对负责量产质量保证七大项目运营的经营者进行定期点检 | | |
| | | 状态 | 4 | 对量产质量保证实际的效果是否按照防止失败费用的金额来使用并申报告到最高经营者 | | |
| | | 系统 | 6 | 2.2 初、中、终物管理（略）| | |
| | | 初、中、终物 | 6 | 2.3 CTQ 工程管理（略）| | |
| | | CTQ | 5 | 2.4 工程巡查（略）| | |
| | | 巡查 | 21 | 2.5 工程检查（略）| | |
| | | 合计 | | 2.6 当日维修及分析体系（略）| | |
| | | | | 2.7 审核运营（略）| | |
| | | | | 2.8 环境有害物质管理（略）| | |

续表

| 序号 | 过程 | 检查细则 | 评价 | 备注 |
|---|---|---|---|---|
| 3 | 出货保证 | **3.1 出货检查业务管理**<br>出货检查业务规则制定后是否按照履历进行改善活动（确认客户要求事项记录，如 2 倍检查，严格度变更）<br>● 对于客户确认的不良品，严格度是否加强<br>● 业务基准确认（发生问题时样品数增加 2 或 3 批次适用），检查记录基准确认<br>● 处理检查实施前，是否确认基准品<br>出货检查时对于工程巡查脱离管理的批次，是否按照 2 倍样品数检查<br>出货检查时对于工程巡查脱离管理的批次，是否按实际检查<br>对于工程巡查脱离管理的批次不良品率管理图脱离管理<br>出货检查工数是否合适？（全月实际÷可用产能=10%以上的多余工数）<br>● 可用产能=检验员数×检查时间（标准业务时间-休息时间+标准外上班时间）× 全月上班日数<br>● 全月实际：1 批次 1 台检查需要时间（包含报告书输入）× 全月出货批次数<br>**3.2 出货检查事务管理**（略）<br>**3.3 首批改**（略）<br>**3.4 工程自动化**（略） |  |  |

| 状态 | 目标 | 评分 |
|---|---|---|
| 检查事务 | 9 |  |
| 首批次 | 3 |  |
| 自动化 | 2 |  |
| 合计 | 14 |  |

注：CTQ（Critical To Quality，关键质量特性）；各项目评价分合格与不合格，评价栏中合格为"Y"，不合格为"N"，无相应内容为"NA"

### 3. 供应商准入认证

企业一般使用《供应商准入认证评定表》进行评定。《供应商准入认证评定表》如表 2-10 所示。

表 2-10 供应商准入认证评定表

单位：分

| 供方名称 | | | | 认证编号 | | | |
|---|---|---|---|---|---|---|---|
| 通信地址 | | | | 联系人 | | | |
| 产品类别 | | | | | | | |
| 序号 | 评价项目 | 权重 | 主要指标（分数） | 评价标准 | 评价得分 | 项目得分 | 评价人 |
| 1 | 总体情况（战略采购经理） | 20% | 企业知名度（15分） | A.相关领域的国际、国内知名企业（15分）<br>B.相关领域的省市知名企业（10分）<br>C.以上都不是（0分） | | | |
| | | | 代理资质（制造商与加工商本项为满分）（15分） | A.原厂（15分）<br>B.代理商（10分）<br>C.授权经销商（5分）<br>D.以上都不是（0分） | | | |
| | | | 主要客户群提供情况（10分） | A.提供前三大客户的联系方式（10分）<br>B.不提供前三大客户的联系方式（0分） | | | |
| | | | 供货能力（20分） | A.具备全系列供货能力（20分）<br>B.具备部分产品的供货能力（10分）<br>C.仅具备少量产品的供货能力（0分） | | | |
| | | | 地理位置（15分） | 注塑、钣金、包装材料类：<br>A.20千米以内（15分）<br>B.50千米以内（10分）<br>C.50千米以外（5分）<br>其他类：<br>A.200千米以内（15分）<br>B.1000千米以内（10分）<br>C.1000千米以外（5分） | | | |
| | | | 市场接受程度（10分） | A.相关产品向国际、国内知名企业供货（10分）<br>B.相关产品向与自己企业规模类似的企业供货（5分）<br>C.相关产品向微小企业供货（0分） | | | |

第二章 供应商的选择与认证

续表

| 序号 | 评价项目 | 权重 | 主要指标（分数） | 评价标准 | 评价得分 | 项目得分 | 评价人 |
|---|---|---|---|---|---|---|---|
| 2 | 综合情况（战略采购经理） | 15% | 样品（15分） | 样品提供的准时性<br>A.准时提供（15分）B.推迟1周（10分）<br>C.推迟2周（5分） D.推迟2周以上（0分） | | | |
| | | | 交货（15分） | 交货期能否满足供方的要求<br>A.是（7.5分） B.否（0分）<br>交货是否可靠——准时、准确（提供可靠的交货记录）<br>A.是（7.5分） B.否（0分） | | | |
| | | | JIT的可能性（15分） | 是否具备实时供货（JIT）的能力<br>A.是（15分） B.否（0分） | | | |
| | | | 库存（15分） | 是否可以根据客户的要求维持一定的库存<br>A.是（15分） B.否（0分） | | | |
| | | | 合同期限（15分） | 供应商是否愿意签订比较长期的采购协议<br>A.是（15分） B.否（0分） | | | |
| | | | 成本结构（15分） | 供应商是否能够且愿意提供完整的成本结构<br>A.能完全提供（15分）<br>B.部分提供（10分）<br>C.否（0分） | | | |
| | | | 客户联系（10分） | 是否可以通过网络（网页、邮箱）与客户联系<br>A.是（10分） B.否（0分） | | | |
| 3 | HSF资质（战略采购经理） | 15% | 环保协议书（30分） | A.同我司签订环保协议书（30分）<br>B.不同我司签订环保协议书（0分） | | | |
| | | | 有害物质证明文件的提供（40分） | A.按照《环境有害物质管理标准》提供《均质检测有害物质检测报告》（40分）<br>B.提供的检测报告不为均质材料或提供声明（专指国际知名大企业）（20分）<br>C.不能提供（0分） | | | |
| | | | 产品宣告表（30分） | A.提供的宣告表为均质材料（30分）<br>B.提供的宣告表不为均质材料（15分）<br>C.不能提供宣告表（0分） | | | |
| 4 | 生态、质量管理（质量工程师） | 30% | 环境认证（10分） | 是否通过ISO14000认证（提供有效证书）<br>A.是（10分） B.否（0分） | | | |
| | | | ★环境保护（15分） | A.提供的废气、污水监测报告符合国家标准要求（15分）<br>B.提供的废气、污水监测报告不符合国家标准要求（0分） | | | |

续表

| 序号 | 评价项目 | 权重 | 主要指标（分数） | 评价标准 | 评价得分 | 项目得分 | 评价人 |
|---|---|---|---|---|---|---|---|
| 4 | 生态、质量管理（质量工程师） | 30% | ★安全体系认证（15分） | 关键件供应商是否通过安全体系认证<br>A.是（15分）　　B.否（0分） | | | |
| | | | 质量体系认证（10分） | 是否获得ISO9000系列认证<br>A.是（10分）　　B.否（0分） | | | |
| | | | 质量改进计划（10分） | 未来有没有质量改进计划（提供计划书）<br>A.有（5分）　　B.没有（0分）<br>是否愿意同客户一起制订质量改进计划并负责实施<br>A.是（5分）　　B.否（0分） | | | |
| | | | ★现场考察（30分） | 供应商现场考察的实际得分为本项的评价得分 | | | |
| | | | 客户服务（10分） | 是否愿意与客户签订质量协议<br>A.是（10分）　　B.否（0分） | | | |
| 5 | 研究开发（研发工程师） | 20% | 样品（30分） | 样品满足研发要求<br>A.一次（30分）　　B.两次（15分）<br>C.三次（0分） | | | |
| | | | 技术资料的完备性（25分） | A.提供的技术资料符合研发要求（25分）<br>B.提供的技术资料不完全符合研发要求（15分）<br>C.不能提供技术资料（0分） | | | |
| | | | 技术参数（25分） | 关键技术参数是否完全满足要求（得分=20×满足要求的参数个数÷总参数个数） | | | |
| | | | 客户服务（20分） | 能否根据用户的特殊要求开发新产品<br>A.能（8分）　　B.否（0分）<br>能否模拟用户的使用状态对产品进行验证<br>A.能（6分）　　B.否（0分）<br>能否为客户的技术开发提供技术支持<br>A.能（6分）　　B.否（0分） | | | |
| 备注 | 1.打★号的为必评价项，如★号项任一项得分为0分都不能评为合格供应商。<br>2."环境保护"项指对环境施加影响的供应商；"安全体系认证"项指产品认证一览表中的供应商；"现场考察"项指根据《供应商认证管理规定》需进行现场审核的供应商。不需评价的供应商该项为满分。<br>3.计算方法。<br>（1）各项指标均以100分制进行打分，再计算加权平均值，并根据得分确定供应商的等级。<br>（2）计算公式：供应商得分=$R_{总体情况}×20\%+R_{综合情况}×15\%+R_{HSF资质}×15\%+R_{生态质量管理}×30\%+R_{研究开发}×20\%$ ||||||||

续表

| 序号 | 评价项目 | 权重 | 主要指标（分数） | 评价标准 | 评价得分 | 项目得分 | 评价人 |
|---|---|---|---|---|---|---|---|
| | | | 4.具体说明。<br>（1）每项得分均需要有足够的数据/资料支撑，并随打分结果一起提交。<br>（2）评分由战略采购经理、质量工程师、研发工程师组成小组，以研讨会的形式公开进行。<br>（3）对不能明确做出评分决定的项（如数据不足等），由小组讨论后确定，并进行补充说明。<br>（4）供应商等级划分如下。<br>90~100 分：A 级供应商；75~89 分：B 级供应商；60~74 分：C 级供应商；<br>45~59 分：D 级供应商；45 分以下：不予考虑。 | | | | |
| 认证部门 | | | 意见 | 签名 | | 时间 | |
| 战略采购中心 | | | | | | | |
| 质量部 | | | | | | | |
| 技术中心/研发部 | | | | | | | |
| 批　准 | | | | | | | |
| 评价意见 | | | □合格 | □不合格 | □不予考虑 | | |

注：HSF 是英文 "Hazardous Substances Free" 的缩写，意思为无有害物质、有害物质减免，主要用在工业和消费产品生产领域。

此外，我们在现场审核中要设置否决条款，当出现两项及以上满足否决条款时，审核结论为"不合格"。当出现一项满足否决条款时，若供应商无整改计划，则审核结论为"不合格"；若供应商承诺在规定的时间内完成整改，则审核结论为"限制接受"。

### 五、选择合格的供应商

合格的供应商，是指经过调查与评审（为验证供应商基本资料的可靠性而对其进行的调查求证），能够提供符合标准的物资或服务能力的供应商。采购部要会同质量部、研发部对供应商进行综合评审，确定是否将所考察的供应商纳入合格供应商行列。企业在选择合格的供应商后应注意以下三个方面的内容。

#### 1. 供应商数量

一般企业会确定二至三家同种物料的供应商，并把供应商分为 A、B、C、D 四个等级，A、B 级供应商可获得企业的主要订单，C 级供应商可获得企业的次要订单，D 级供应商可作为替补或备用供应商。企业可以向 D 级供应商采购物料，但必须控制采购量，并注意跟进供货品质。

## 2. 优先的供应商

企业对有价格、技术等优势的新供应商可优先采用；对于微电子元器件类产品，在使用前须进行小批量试产，数量控制在 1000 件以内，且开发部需在 3 个工作日内完成小批量样品确认；在新供应商首次订单小批量生产最终结论未提供前，不能再次采购。

## 3. 特殊要求

当对供应商物料的包装方式、封装方式、标识有特殊要求时，采购部应以联络函或邮件等方式通知供应商。

当供应商通过现场审核与准入审核后，企业应将其相关信息及时、准确地录入《合格供应商名录》中。采购部负责维护所有合格供应商档案，各分公司需对各自的合格供应商档案进行维护及管理。

# 第三节　发展合作伙伴关系

与供应商建立合作关系仅意味着工作的开始，后续要做好供应商管理维护、改进，发展合作伙伴关系，同时不断优化供应商结构和供应配套体系。

## 一、分析与供应商的关系

企业和供应商之间的关系，除了各种明显的互补关系，还有其他的表现形式，如产品和服务的相互适应、运营衔接及共同的战略意图。企业与供应商的关系直接影响供应关系的后续发展。

### 1. 供应商关系管理的误区

供应商关系管理涉及方方面面。我们在进行供应商关系管理时，需要先厘清供应商关系管理的几个误区。

#### 1）无节制压低采购单价

由于制造业的成本构成中的原材料或零部件占有很高的份额，因此企业将降低成本的重心放在了降低原材料或零部件的采购单价上。这本无可厚非，但一些企业一味地降低采购价格，以降低经营成本。这种行为会让企业陷入一个误区，即只要维持低价采购，企业就会获得竞争优势。实际上，这会给企业带来严重的后果。供应商在面临利润被严重挤压的时候，势必缩减研发、生产改善等费用，甚至用廉价的替代品进行生产。从长远来看，企业的产品反而会丧失竞争优势，如产生质量降低等。无限压缩供应商利润还会导致双方关系不融洽，尤其当企业经营遇到困难时，供应商往往不会与企业共渡难关。可见，依靠压低采购单价来获得成本优势的做法有可能让企业付出沉重的代价。

**2）以审核的方式来提高供应商的交付能力**

笔者经常看到，企业为了提高供应商的效率、质量、交货率等，不断强化对供应商的绩效考核，出现问题即重罚，却忽略了对供应商的辅导。在一定程度上，尤其是在供应商管理前期，这种方式可以提高供应商的现场管理能力，对增加产能等也有很大的帮助。不过，当企业生产发生变化，需要大幅度增加产能、响应技术变革时，供应商方面的交付能力就会下降，无论如何考核，也无法完成目标。其背后的原因就是供应商无法突破现有的管理瓶颈，如生产工艺、新的管理体系、人员配备等。此时，考核越频繁，供需双方之间的矛盾就越大。

作为供应商管理典范的丰田，其做法值得我们学习。丰田每年会根据供应商的考核结果，派出专业人员长期进驻供应商工厂，为其提供专业的辅导。丰田会结合供应商的特点，实施合同研究、自主研究、交流研究三种辅导方式，且都是免费的。在丰田看来，企业有责任辅导供应商，而不只是处罚供应商。

**3）"一刀切"的供应商管理模式**

一些企业采用单一模式来管理供应商。例如，只依据库存采购、一种供货模式、单一的付款方式、常年固定的供应商供货等。这种"一刀切"的思路和做法，看似简化了管理，但在实际操作中可能适得其反。

笔者曾经见过一家大型企业为了确保库存能够满足生产，会将需要的所有零部件预先进行采购，不论是高价值的零部件，还是低价值的螺丝钉、包装箱等。我们在做库存分析时发现该企业的库存成本很高，许多零部件虽然不是本月或本期生产订单急需使用的，但依旧进行了采购，这无形中增加了库存成本，也增加了物流成本和损失成本。此后在我们的建议下，该企业改为按订单采购，避免了所有零部件按库存采购的方式。

**4）采购是采购部的事情**

这是一个经常被采购经理所抱怨的问题。许多企业将采购交由采购部负责，各部门认为供应商关系也应由采购部负责维护。

实际上，企业成本的降低和供应链优化单靠采购部是无法实现的。这需要企业中的每个部门的参与。例如，样品试制、交期缩短、产能提升、供应商质量改进等，需要研发部、生产部、计划部、质量部共同配合采购部来完成。只有这些部门共同面对供应商、共同维护供应商关系，才能实现企业的采购目标。

### 2. 供应商关系的类型

常见的供应商关系有九种类型，不同的供应商关系决定了企业的采购策略。供应商关系及对应的采购策略如图2-7所示。

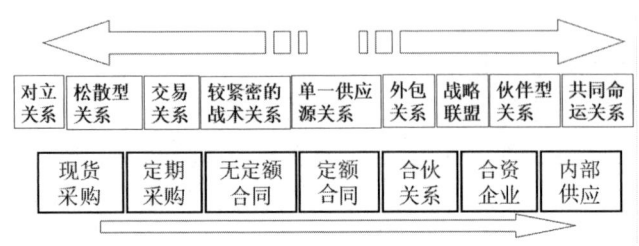

图2-7　供应商关系及对应的采购策略

企业与供应商的关系由松散关系逐渐向紧密关系发展是最好的选择。在很多情况下，双方的实力、订单量决定了双方的关系。无论是哪一种关系，只要满足企业的实际发展需求都是可以的。

## 二、实施供应商分级管理

为了更好地发展与供应商的伙伴关系，企业需要对现有供应商进行分级管理。如今，企业与供应商之间的关系不再局限于单纯的买卖关系——以交易价格为磋商焦点，双方的供应与持续发展已被作为现代供应链管理的重点。从供应商对企业的重要性和企业对供应商的重要性上分析，企业与供应商之间的关系如图2-8所示。

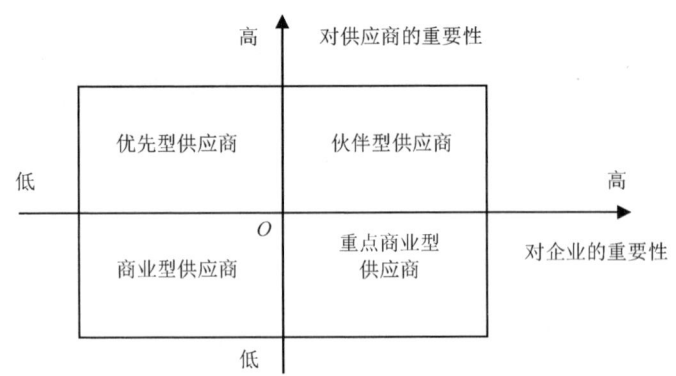

图2-8　企业与供应商之间的关系

在图 2-8 中，企业与供应商之间的关系被划分为四个等级。企业与供应商的分级关系划分如表 2-11 所示。

表 2-11 企业与供应商的分级关系划分

| 级别划分 | 特征说明 | 管理要点 |
| --- | --- | --- |
| 优先型供应商 | 采购业务对于供应商非常重要，但对于企业并不十分重要 | 这类供应商对企业有利，应优先发展 |
| 重点商业型供应商 | 采购业务对供应商无关紧要，但对企业十分重要 | 这类供应商需注意对其进行辅导和改进 |
| 商业型供应商 | 采购业务对供应商和企业来说均不是很重要 | 可进行选择更换，较随意，双方为普通的关系 |
| 伙伴型供应商 | 采购业务对于供应商非常重要，且供应商有很强的产品开发能力，同时，采购业务对于企业也很重要 | 应发展为战略合作伙伴关系 |

如此将企业与供应商之间的关系进行等级划分，会使企业在处理与供应商之间的矛盾、冲突、是否延续合作关系等日常或战略问题时有更全面的考虑。

## 三、确定双方的合作深度

使企业与供应商由买卖中的敌对关系转变成双赢的合作关系，这需要付出一定的时间和努力。科学评估与供应商的关系可以帮助企业有效设置更适宜的合作深度，进而规避合作风险。

### 1．供应商关系的发展阶段

供应商管理是企业采购活动中的重要内容。从企业与供应商关系的转变过程来看，供应商关系的发展会因双方合作的不断深入而经历五个阶段，如图 2-9 所示。

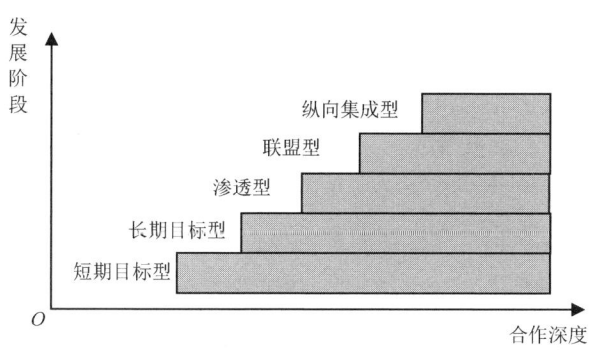

图 2-9 供应商关系的发展阶段

1）短期目标型

短期目标型关系是指企业和供应商之间是交易关系，即一般的买卖关系，双方的交易只停留在短期的供货合同上。企业更多地考虑如何谈判、如何提高议价能力，从而在谈判中占据优势地位；供应商则根据合同条款提供标准化的产品或服务，维护自己企业的信誉。

一旦交易完成，供需双方的关系即终止。双方之间的联系只局限于企业的采购人员和供应商的销售人员之间，其他人员一般不会参与，双方也很少有业务活动。

2）长期目标型

长期目标型关系是指企业与供应商保持长期的关系，双方会为了共同的利益而改进各自的工作，并以此为基础建立起超越买卖关系的合作，即建立合作伙伴关系，双方从长远利益出发，相互配合，共同降低成本，共同提高竞争力。

双方合作的范围遍及双方企业内部的多个部门。例如，企业对供应商提出新的技术要求，而供应商目前还不具备这个能力，在此种情况下，企业有可能对供应商提供技术上和资金上的支持。当然，供应商的技术创新也会给企业的产品改进提供契机。

3）渗透型

渗透型关系是在长期目标型关系的基础上建立起来的，其主要特征是把对方看成自己企业的一部分。为了积极参与对方的运营活动，企业与供应商会在产权上采取一些措施，如相互投资、参股等，以确保双方利益的共享与一致性。

与此同时，双方在组织上也会采取相应的措施，如双方派人参与对方的有关业务。这样做，供应商可以了解自家产品在采购企业中所起的作用，便于发现改进的方向；而企业也可以了解供应商是如何生产与制造产品的，并提出可行的改善建议。

4）联盟型

联盟型关系是指企业与供应商之间的关系是一种结盟关系。双方为了共同的市场利益而结成联盟，彼此建立了一种长期依存的关系。其主要特征是企业与供应商之间的关系要服从供应链管理。

在此种合作关系下，企业要在更长的纵向链条上管理与供应商之间的关系。双方维持关系的难度变大。

5）纵向集成型

纵向集成型关系是最为复杂的类型，也是合作最为密切的类型，即把供应链上的各节点企业整合起来，构筑一个完整的供应链体系。

在此种合作关系下，各节点企业都要充分了解供应链的目标、要求，在充分掌握信息的条件下，自觉做出有利于供应链整体利益的决策。

确定与供应商的合作关系，对评估经营机会及促进企业发展具有重要意义。企业需要衡量供应商对于企业的重要程度，确定供应商应承担的角色，并选择不同的关系管理模式。

### 2．从产品层面确定合作深度

生产制造企业在分析所采购零部件与供应商关系时，可从产品标准化、技术专有性及工艺要求三个方面确定供应商的重要程度。评估供应商重要性的因素如表 2-12 所示。

表 2-12　评估供应商重要性的因素

| 因　素 | 说　明 |
|---|---|
| 产品标准化 | 若所采购的零部件的商业化、标准化程度较高，互换性较强，那么这类供应商显然也会较多，不应重点发展 |
| 技术专有性 | 有些零部件需要专门的技术（或专利产品）制造，供应商对这些产品拥有绝对的优势，这类供应商无疑对企业是重要的 |
| 工艺要求 | 有些零部件的工艺（如需要电镀等）必须依靠供应商提供，那么，企业对这些供应商自然要小心搞好关系 |

企业可以通过综合考虑上述几个因素来界定供应商的重要性。比较简单的做法是依据 80/20 法则将供应商分成普通供应商和重点供应商，即将占有 80% 的采购金额的 20% 的供应商划为重点供应商，而将其余只占 20% 的采购金额的 80% 的供应商划分为普通供应商。企业对重点供应商投入 80% 的时间和精力进行管理，对普通供应商则只需投入 20% 的时间跟踪其交货等。

### 3．根据供应商类型确定合作深度

企业应依据供应商关系对供应商进行分类，以确定双方的合作深度，如表 2-13 所示。

表 2-13　供应商类型与合作深度

| 层　次 | 类　型 | 采购战略 | 合作深度 |
|---|---|---|---|
| 第一个层次 | 已认可的、触手可及的供应商 | 询价、比价 | 市场供应商 |
| 第二个层次 | 需持续接触的供应商 | 竞争性招标 | 潜在合格供应商 |

续表

| 层次 | 类型 | 采购战略 | 合作深度 |
|---|---|---|---|
| 第三个层次 | 双方运作相互联系的供应商 | 筛选供应商，优化供应链 | 阶段性合作的供应商 |
| 第四个层次 | 优势互补的供应商 | 强化合作，资源整合 | 长期合作的供应商 |
| 第五个层次 | 战略伙伴型供应商 | 优化协作，共同开发，协同发展 | 长期合作的伙伴型供应商 |

第一个层次的供应商与企业之间为已认可的关系，因采购价值低，供应商对企业显得不是很重要。对这一层次的供应商的管理，企业只需通过询价、比价，选择价格低的采购渠道买进现货即可。

第二个层次的供应商与企业之间为需持续接触的关系。由于供应商供应的产品受供求关系影响大，因此企业与其签订长期采购合同的风险较大。对这一层次的供应商的管理，企业通过供应商评审，建立潜在合格供应商档案，适时通过招标采购的方式选择合适的供应商。

第三个层次的供应商与企业之间为运作相互联系的关系，其特征是公开、互相信赖，可从阶段性合作向长期合作发展。这一层次的供应商一旦被选定，双方会以坦诚的态度在合作过程中降低成本。但这类供应商并不唯一，企业应有替代供应商可供选择。

第四个层次的供应商与企业之间为优势互补的关系，双方处于一种专业配套的长期合作关系中，其重要特征是双方都力求强化合作。对于这一层次的供应商的管理，企业可通过合同等方式将关系长期固定下来。

第五个层次的供应商与企业之间为战略合作伙伴关系。这种关系意味着双方有着共同的目标，双方都期望通过把"蛋糕"做大而获得双赢。在这种关系下，双方会为了长期的合作而不断地优化协作。

## 四、建立战略合作伙伴关系

与供应商建立战略合作伙伴关系，已经成为许多企业获取信息、资源等的主要手段，也是实现双赢的商业策略。双赢对企业和供应商的表现是不同的，具体如图2-10所示。

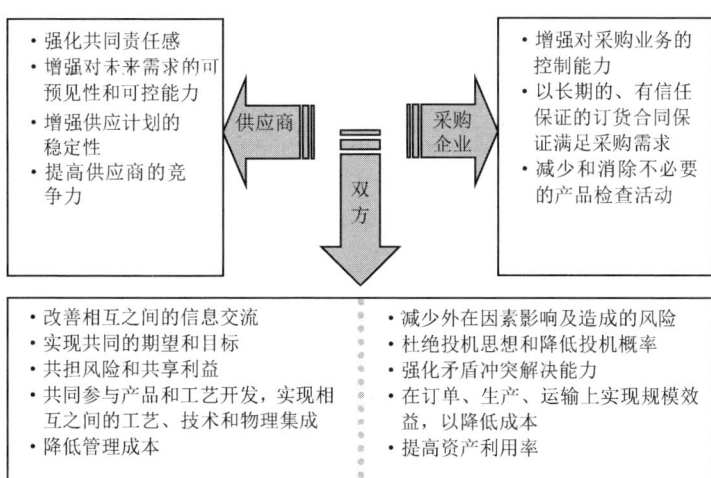

图 2-10　企业和供应商的战略合作伙伴关系

企业与供应商之间建立战略合作伙伴关系的基础是相互信任，在这一基础上，双方为共同的目标而建立一种长期的合作关系，从而使双方利益最大化。

思科于 1984 年 12 月在美国成立，是全球领先的互联网设备供应商。1986 年，思科第一台多协议路由器面市；1993 年，由 1000 台思科路由器连成的互联网络面市。

如今，思科已经成为全球网络和通信领域公认的领先企业，其提供的解决方案构成了世界各地成千上万的大学、企业和政府部门的信息通信基础设施，用户遍及电信、金融、制造、物流、零售等行业，以及政府部门和教育科研机构等。

思科为何能如此快速地发展呢？这与思科建立、维护和完善、发展供应商关系是分不开的。思科全球管理副总裁对思科战略合作伙伴关系做了比较全面的概述。

（1）思科将保护供应商关系作为自己的义务。必要时，思科还会对其战略伙伴型供应商进行适当的投资，用自己充分的现金资产缓和供应商的某些风险。例如，思科会设定积极的支付条款，以便对供应商的现金流有所帮助，使供应商消除资金的后顾之忧，而专心于产品质量稳定性和交货及时性。

（2）思科与战略伙伴型供应商关系密切，以确保供应商能够满足企业需要。即使供应商一时没能达到要求的速度，企业依然可以向供应商转让知识资本，以达到信息共享。

（3）思科在人力资本和信息系统方面进行大幅度投资，以保证与供应商的共同进度。例如，向供应商询问实际的交货提前期，以便更有效地制订计划。供应商必须知道如何在不确定中做出预测，并能对苛刻的交货提前期应对自如。

若某项采购业务取消，思科则会迅速寻找另一个项目交给该供应商，使其不至于有过多的损失。

（4）在维护与战略伙伴型供应商关系方面，思科制定出合适的标杆，当发现原有供应商已没有竞争力时，思科会如实地把实情告诉该供应商，避免将原有供应商置于竞争性投标的尴尬境地。

（5）思科利用技术路径图鼓励供应商参与新品研发，并将信息及技术与供应商一起分享。例如，向供应商公布思科的发展方向、技术革新，并鼓励供应商努力调整自身以顺应新技术的变化。

思科通过获取外部战略资源，即战略伙伴型供应商，增强了自己的竞争力，使供需双方保持目标及运作方式一致，相互依存，共同发展，实现双赢。

我们大体上可总结出建立、维护、发展与供应商战略合作伙伴关系的方法，如表2-14所示。

表2-14 建立双赢的战略合作伙伴关系的方法

| 具体表现 | 说明 |
| --- | --- |
| 长期合作关系 | 与供应商之间保持长期的合作关系，构建坚实、稳定的供应基地 |
| 精简供应商 | 考察供应商的成本，舍去附加值较少的供应商，维持固定的供应商关系，保持产品开发并控制制造成本 |
| 共担风险 | 与供应商一起承担风险，加强与供应商之间的密切合作关系 |
| 保护供应商利益 | 对战略伙伴型供应商进行适当投资，运用自己充分的现金资产缓和供应商的某些风险 |
| 高效的信息传递 | 及时向供应商转让知识资本，使供应商了解需求信息，从而满足企业的物资需求 |
| 保持同步前进 | 了解供应商的实际状况（如实际的交货提前期），以便更有效地制订计划，共同灵活应对不确定的环境变化 |
| 共同参与产品开发 | 向供应商公布企业的发展方向、技术革新，并鼓励其努力调整自身以顺应新技术的变化，共同参与新产品研发 |

企业与供应商建立战略合作伙伴关系，是一个长期的过程，在这个过程中，需要双方共同努力和维护。

## 第四节 供应关系网络建设

推动供应关系网络建设可以加强供应商关系管理，这对于企业增强成本控制、提高资源利用率、改善服务和增加收益有着积极的作用。

## 一、供应商关系管理的功能

为了在竞争中立于不败之地,越来越多的企业,包括世界上许多著名的跨国企业,如戴尔、沃尔玛、耐克和丰田等企业,都在通过科学的供应商关系管理来获得在国际市场上领先的竞争优势。

在构建供应商关系网络这一系统工程时,大多数企业会借助专业的软件来进行。SRM(Supplier Relationship Management,供应商关系管理)的功能及具体说明如表2-15所示。

表2-15 SRM的功能及具体说明

| 功　能 | 具体说明 |
| --- | --- |
| 改进采购战略 | 促进供应流程的合理化,更好地获取供应商绩效数据,提高供应质量,降低风险 |
| 缩短采购周期时间 | 简化供应流程,加快采购执行过程 |
| 降低流程成本 | 减少单独采购,通过采购内容合并降低采购的复杂程度,提高采购效率,降低采购程序占用的成本 |
| 降低单位价格 | 实现多业务单位的需求合并,降低库存理成本,并通过竞争报价获得优惠价格 |
| 提高生产质量 | 提高原材料和零部件的质量 |
| 提高材料需求精度 | 加强与供应商之间的沟通,改善订单处理过程,提高材料需求精度 |
| 缩短产品开发周期 | 共享供应商革新成果与技术,缩短产品开发周期,加快产品开发速度 |
| 提高管理水平 | 与供应商共享管理经验,促进企业整体管理水平的提高 |

为确保实现这些功能,一些企业还专门开发了SRM软件系统。SRM软件系统的主要功能模块说明如表2-16所示。

表2-16 SRM软件系统的主要功能模块说明

| 功能模块 | 功能细分 | 具体说明 |
| --- | --- | --- |
| 战略外购与采购 | 供应战略的制定 | 利用新工具进行需求合并、组合分析、类别(商品)管理和采购控制,制定合理的供应战略 |
| | 花费分析 | 整理供应商与产品信息,将信息分配给内部系统、数据仓库和电子目录,提高对采购花费和供应基础数据的洞察力 |
| | 供应商选择 | 采用电子拍卖、投标工具与预先选择供应商协作,最大限度地降低采购风险,增强供应监控,并评估供应商绩效 |
| | 合同管理 | 确保企业遵守商定的条件和条款,将现有合同用于整个企业内共享的特定产品类别 |
| | 目录管理 | 使用工具从外部导入数据、维护统一的方案,之后通过产品索引加快搜索而创建和管理统一的电子商务目录 |

续表

| 功能模块 | 功能细分 | 具体说明 |
| --- | --- | --- |
| 运作采购 | 自助服务采购 | 允许员工采用符合企业政策的工具采购物料 |
|  | 计划驱动的采购 | 通过供应链管理系统与采购的集成，实现对核心业务流程中物料采购的流程化和自动化 |
|  | 服务采购 | 降低与多种服务采购相关的管理成本 |
| 供应商协作 | 供应商注册 | 允许采购人员获取供应商的企业信息，以制定更好的采购决策 |
|  | 订单协作 | 允许供应商接入企业内部订单管理系统，理顺采购流程 |
|  | 设计协作 | 允许外协员工共享相关的产品和项目信息，缩短产品开发周期 |
|  | 协作补库 | 允许供应商接入客户库存数据，以及时补货 |
|  | 供应商连接 | 与不同规模和能力的供应商保持连接 |

通过使用 SRM 软件系统内置的以上几大模块，企业较易实现缩短采购周期、降低流程成本、降低产品单价等目的。

当然，要使供应商管理的各项功能更好地发挥作用，不仅仅是使用 SRM 系统这么简单，企业还必须优化供应商管理的过程、做好供应商的分级别管理、建立与供应商的战略合作伙伴关系等。

## 二、供应商关系的维护

供应商关系的维护是采购企业与供应商在合同、合约的执行过程中，为巩固和完善供货、合作甚至联盟关系而做出的所有努力。

### 1. 定期监督检查

企业定期指派技术人员或专家对供应商进行监督检查，全面掌握供应商的综合能力，及时发现其薄弱环节并要求其改善，从体系上保证供应质量稳定。监督检查的主要内容包括采购合同的执行情况、外包品的质量情况。各阶段监督检查的重点如表 2-17 所示。

表 2-17 各阶段监督检查的重点

| 阶　段 | 监督检查的重点 |
| --- | --- |
| 生产前 | 监督检查主材、辅材及外购零件的质量状况 |
| 生产中 | 监督检查各工序半成品的质量状况 |
| 生产后 | 监督检查成品的检验、试验及包装情况 |

企业在无法指派专人进行定期监督检查时，可通过设立监督点对供应商的关键工序或特殊工序进行监督检查，也可要求供应商报告生产条件情况、提供制造过程检验记录，通过分析评议等办法实现监督控制。

### 2. 深化技术与信息交流

企业的采购人员与供应商定期或不定期的技术交流对维护双方关系大有好处。对于供应商在供货过程中表现优秀的方面、不尽如人意的地方，以及出现的纰漏和造成的损失，企业都有义务及时与供应商进行交流。这种交流有助于改善供货绩效。

### 3. 定期召开供应商大会

企业应定期召开供应商大会，加强企业与供应商，以及供应商与供应商之间的信息交流。供应商大会的组织流程如图 2-11 所示。

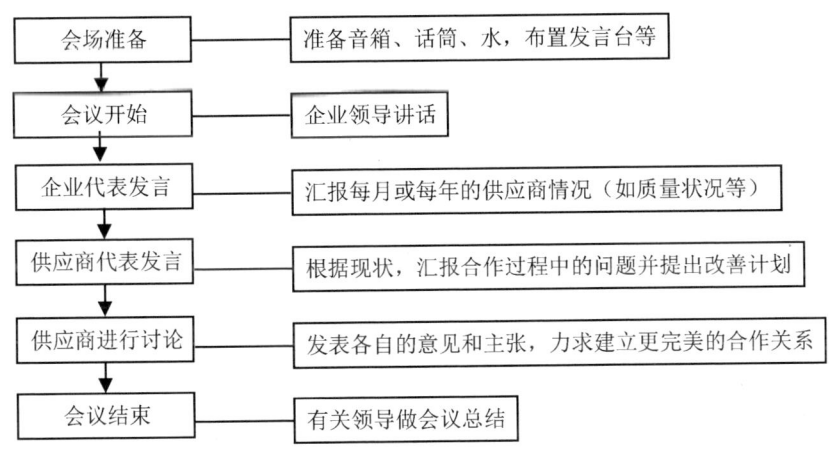

图 2-11　供应商大会的组织流程

在会议结束之后，企业应评估此次会议是否达到了召开供应商大会的目的，如是否加深了双方的相互理解、供应商是否了解了企业对其质量改善的期望，以及企业是否了解了双方进一步深化合作的可能性等。

## 三、建立供应商履历表

采购部有责任做好供应商网络的建设（尤其是供应商履历的建设），以及定期开发和管理新供应商。即使当前不需要引入新供应商，采购部也要积极进行供应商开发，选择优质供应商作为备选。当某些供应商评价结果为 C 级或 D 级时，或者企业需要加急订单时，企业应向备选供应商分配一定比例的订单配额，以维护双方的良好关系。供应商履历表（示例）如表 2-18 所示。

## 四、持续完善供应商资源池

采购具有很多不确定性，尤其是中小企业，可能面临交期风险、原材料涨价、断货、扩大生产等情形，这些都会导致企业的产能不稳。因而，企业需要不断地扩展供应商资源池，以确保供应稳定。

企业可以将发现的供应商进行初步筛选分类，依据公开信息或经过调查的信息，将它们标记分类，包括 A、B、C 类，以方便在不同场景下选择。例如，A 类可替代现有不合格供应商，B、C 类可作为应急采购对象。

供应商资源池需要依据产品分类，如按照一件产品的备品、备件统计不同的供应商，这样方便快速查阅和管理。

小米公司旗下的飞米科技在新成立时就建立了庞大的供应商资源池。当企业快速发展时，这些供应商就被纳入了采购名录，而飞米科技的采购部也无须频繁地筛选和开发供应商。

某款无人机零部件供应商资源池的建设方法如表 2-19 所示。

表 2-18 供应商履历表（示例）

| 序号 | 供应商名称 | 供应商性质 | 联系人 | 可供货类别 | 可供货明细 | 无铅证明文件 ||||  是否签署环保书 | 风险等级 | 施加环境影响供应商 | 编号 | 评定通过日期 | 首次评定得分 | 首签合同日期 | 当前合同的有效期 | 评定等级 ||||
|---|---|---|---|---|---|---|---|---|---|---|---|---|---|---|---|---|---|---|---|---|---|
| | | | | | | 是否提供检测报告 | 均质/非均质 | 声明 | 是否提供材料宣告表 | | | | | | | | | XX年一季度 | XX年二季度 | XX年三季度 | XX年四季度 |
| | | | | | | | | | | | | | | | | | | | | | |
| | | | | | | | | | | | | | | | | | | | | | |
| | | | | | | | | | | | | | | | | | | | | | |

注："是"用"Y"表示，"否"用"N"表示，"缺"用"N*"表示。

表 2-19　某款无人机零部件供应商资源池的建设方法

| 供应商 | 零部件 | | | | | | | | 组装厂 |
|---|---|---|---|---|---|---|---|---|---|
| | PCB | 连接器 | SMT贴片 | 模具 | 五金 | 充电器 | 电池 | 包材 | |
| 名称 | | | | | | | | | |
| 联系人 | | | | | | | | | |
| 职务 | | | | | | | | | |
| 联系方式 | | | | | | | | | |
| 供货类型 | | | | | | | | | |
| 供应商简介 | | | | | | | | | |
| 附件 | | | | | | | | | |

注：PCB（Printed Circuit Board，印制电路板）。

我们看到飞米科技的无人机供应商资源池的管理是分门别类的，同一类型的零部件配备相对应的供应商。在一般情况下，飞米科技对每个零部件都会常年保持三至五家有效的供应商，以备不时之需。

供应商资源池需要不断扩充、更新，即便是当年不会合作的供应商，企业也要将其纳入供应商资源池。

# 第三章 采购策划与合同管理

科学合理的采购计划是企业生产正常进行的基础,也是采购活动得以顺利进行的前提。

## 第一节 采购物料确认

采购人员在实施采购计划之前需要与技术部、仓储部和质量部确认物料的相关信息,以保证所采购物料的品类符合、数量合适、质量稳定。

### 一、与技术部确认物料明细

申请人向采购部提出物料需求,负责维系本企业料号与供应商料号的对应。同时,采购部需要与申请人确认物料明细,包括物料的规格型号、性能、价格等。这样做是为了保证所采购物料的准确度、标准件被使用等。

#### 1. 保证所采购物料的准确度

技术部根据物料相关负责人提交的电子档或纸质的《物料编码申请表》,按照编码规则给予物料编码,负责除包材及说明书外的其他物料的承认工作,同时负责验证和审核物料、资料是否符合企业要求,如功能、性能、外观、环保、法律法规和包装符合性等,并给出物料的承认结果,告知相关人员(以采购人员为主)。

### 2. 保证标准件被使用

在与技术部确认中，要格外注意所采购的物料是标准件还是非标准件。若是标准件则无须再次进行开发，从而节省额外的研发费用；若是非标准件，则应参与到物料的开发中来，就采购成本、开发成本等问题达成一致。这里所指的非标准件是开发部自行设计的电子元器件（如拨码开关）、线材、结构件、PCB 等，以及相关部门设计的标贴、说明书、彩盒等包装物料。

### 3. 确保物料分级

与技术部确认所采购物料的等级，以便于在后续采购中平衡资金的使用额度。可根据物料的关键性将物料划分为 A、B、C 三个等级，这主要由物料使用部门根据物料技术规格及物料的使用需求来判定。

A 级：风险较大的物料或其他有特殊要求的物料，精度要求较高，价格较高，如重要微型电子器件类、可充电锂电池及申请人认为重要的物料等。

B 级：有一定风险的物料，精度要求不高，价格一般，如开关插件类、小微型电子器件等。

C 级：风险比较小的物料，除 A、B 等级外的普通物料，如一般用途的电阻、电容及电感等。

### 4. 保证新物料承认工作

当引入新的元器件、备份供应商和替换原厂商（供应商或制造商）、更换品牌、设计或材质变更时，采购部必须对该物料进行送样承认，且要与技术部联合进行。

如果涉及 A 级物料改变制造商或 B、C 级物料改变型号，那么，只有在征得技术部同意，且成本评估可行的前提下才能进行物料的承认工作，如有必要可立项并按项目流程进行。在供应商的材料、部品、生产工艺、辅助材料、生产设备、生产地点等发生变更可能影响物料的环保性能时，供应商应该通知采购企业，并且由供应商重新送样承认，同时提供最新的《RoHS 检测报告》。对于供应商私自变更而发生的一切后果将由供应商按照当初签署的《环保承诺书》中的有关条款执行。

采购部在与技术部确认的同时，还应与仓储部确认物料的库存情况。

## 二、与仓储部确认物料的库存情况

采购部在采购前应与仓库确认安全库存量、损耗率,防止因过量采购或不必要的采购导致库存增加,同时,明确有无特采物料、甲供材及相关规格、数量。采购部与仓储部可以通过定期采购和定量采购来确认采购量和时间。

### 1. 物料的定期采购

定期采购控制法是以固定盘点和订购周期为基础,按预先确定的订货周期进行采购,以补充库存的一种采购成本控制方法。

#### 1)定期采购控制法的原理

企业根据过去的检验或经营目标预先确定一个订货间隔时间,每经过一个订货周期($T$),就周期性地检查库存,发出订货申请。订货量($Q$)的大小就是最高库存量($Q_{max}$)与当时的实际库存量的差。定期采购控制法的原理如图 3-1 所示。

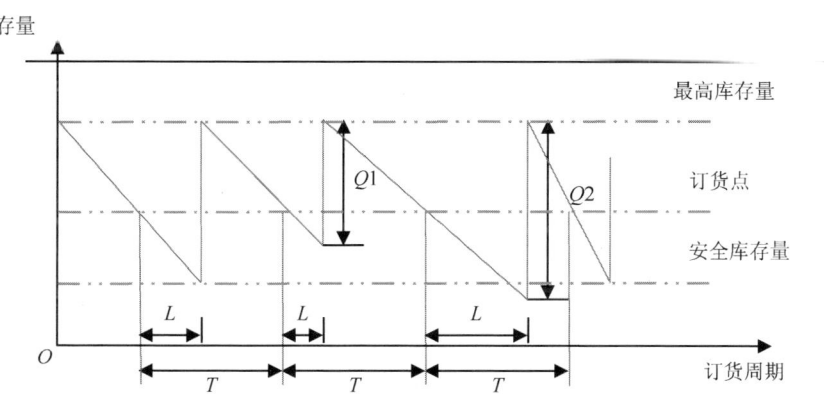

注:$L$ 为订货提前期;$T$ 为订货周期;$Q1$、$Q2$ 为不同的订货量。

图 3-1 定期采购控制法的原理

定期采购控制法的关键在于确定订货周期($T$)、最高库存量($Q_{max}$)及第 $i$ 次订货量($Q_i$),具体计算方法如表 3-1 所示。

表 3-1 定期采购控制法关键数据的计算方法

| 关 键 数 据 | 计 算 方 法 |
| --- | --- |
| 订货周期($T$) | <ul><li>订货周期一般根据经验确定,主要考虑制订生产计划的周期,常取周、旬、月、季、年等为时间单位</li><li>订货周期以供应商的生产周期或供应周期为准</li><li>以经济订货周期为准</li></ul> |

续表

| 关 键 数 据 | 计 算 方 法 |
|---|---|
| 最高库存量（$Q_{max}$） | 计算公式如下：<br>$Q_{max}=(T+L)r+ZS_2$<br>● $r$ 为平均日需求量<br>● $Z$ 为服务水平保证的供货概率查正态分布表对应的 $t$ 值<br>● $S$ 是订货期加提前期内的需求变动的标准差<br>若给出需求的日变动标准差 $S_0$，则 $S_2=S_0 \times \sqrt{T+L}$ |
| 第 i 次订货量（$Qi$） | 计算公式如下：<br>订货量=最高库存量-现有库存量-订货未到量+客户延迟购买量 |

**2）定期采购控制法的特征**

定期采购控制法适用于销售量不稳定的产品，它只预测较短时期内的需求量，根据盘存量确定日订货数量，可保持经营的灵活性，降低采购风险。其主要特征如下。

（1）物料订购周期固定，订购量随需求量的变化而变化。

（2）根据未来需求量或根据目前库存量与最高库存量的比较计算每次订购的数量。

（3）根据订购周期确定订购时间，以最高库存量为订购数量基准，要考虑安全库存量。

定期采购是很多企业选择使用的采购策略，但是并不是所有物料的采购都适用该策略。对于一些特殊的物料，采用定量采购的方法可能更能降低采购成本，为企业生产提供更好的服务。

**2．物料的定量采购**

定量采购控制法是指当库存量下降到预定的最低库存数量（订货点）时，按规定数量（一般以经济批量为标准）进行采购补充的一种采购成本控制方法。

**1）定量采购控制法的原理**

预先设定一个订货点（$R$）和订货量（$Q$），在生产过程中随时检查库存，当库存量下降到订货点（也称为再订货点）时马上按预先确定的订货量发出订购单，经过前置时间（$LT$），收到订货，库存水平上升。定量采购控制法的原理如图 3-2 所示。

由图 3-2 可知，采用定量采购控制法必须预先确定订货点和订货量。定量采购控制法关键数据的计算方法如表 3-2 所示。

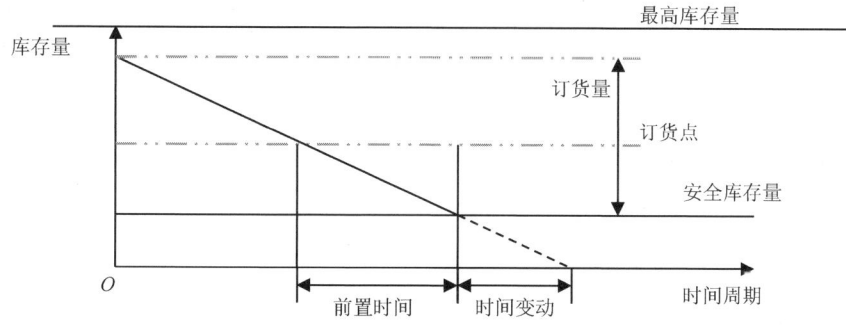

图 3-2 定量采购控制法的原理

表 3-2 定量采购控制法关键数据的计算方法

| 关 键 数 据 | 计 算 方 法 |
|---|---|
| 订货点 | 订货点的确定主要取决于需求率和订货、到货间隔时间两个要素。<br>● 在采购需求固定、均匀，且订货、到货间隔时间不变的情况下，无须设定安全库存量，订货点计算公式如下：<br>订货点（R）=前置时间（LT）×年需求量÷365<br>● 当需求发生波动或订货、到货间隔时间有变化的情况，确定订货点时，需考虑安全库存量 |
| 订货量 | 依据经济批量法确定，即以总库存成本最低时的经济批量为每次订货时的订货数量。计算公式如下：<br>订货量=平均每天使用量×一个生产周期的天数 |

**2）定量采购控制法的特征**

定量采购适用于采购品种少但占用资金多的产品。定量采购控制法的主要特征包括以下几个方面。

（1）每次的订货量是固定的，根据订购期间的变化调整采购需求。

（2）当库存量达到订货点时即进行订购，每次订购的数量一定，但订购周期不定。

（3）以订货点决定订购时间，以总库存成本最低时的经济批量确定每次订货时的订购数量。安全库存量用以防止因需求量过大而导致的缺货情况。最高库存量仅为决策者提供参考。

与定期采购控制法相比，定量采购控制法具有一些独特的特点。定量采购控制法和定期采购控制法的优缺点对比如表 3-3 所示。

表 3-3 定量采购控制法和定期采购控制法的优缺点对比

| | 优　点 | 缺　点 |
|---|---|---|
| 定量采购控制法 | • 每次订货前都详细检查和盘点库存，可及时了解和掌握库存动态<br>• 订货数量固定，操作方法简便，节省了搬运、包装等费用<br>• 充分发挥了经济批量订货的作用，可以使平均库存量和库存费用最低 | • 须随时进行详细检查和盘点，花费大量人力和物力，增加了维持成本<br>• 该方法须对每个品种单独进行订货，增加了订货成本和运输成本<br>• 订货模式过于机械化<br>• 难以预先做出较精确的人员、资金、工作等的安排计划 |
| 定期采购控制法 | • 管理人员不必每天检查库存，减少了经常检查和盘点的费用<br>• 通过订货周期控制库存，合并订购或进货以减少费用<br>• 周期盘点较彻底、精确，能预先制订订货计划和工作计划<br>• 订货周期确定，多种物料可同时采购 | • 安全库存量比定量采购控制法下的高<br>• 不能体现经济批量订货比较经济的优越性<br>• 对物料库存状态掌握不及时，若遇紧急生产，则容易造成缺货损失 |

企业在计划进行定量采购之前，需要对采购物料的使用时间、数量等信息进行详细分析，确认是否符合定量采购的一些特征，以确保企业采取的方法切实可行。

### 三、与质量部确认质量稳定性

质量部在接到采购部的邀请后，对库存物料或供应商样本进行检验，确认在运输途中、生产过程中、存储中物料有无发生质量问题，以及发生质量问题的概率，并将检验结果递交采购部，由采购部确认是否继续进行采购。这些数据来自外购原材料异常处理台账——由质量部对台账数据进行汇总分析。

#### 1．外购原材料异常处理台账

质量部门负责外购原材料异常处理台账的建立和管理工作，在本部门或其他部门需要时能够立即提供，并为各种决策提供数据支撑，如物料稳定性的确认、质量改善、供应商评价等。外购原材料异常处理台账（示例）如表 3-4 所示。

质量人员选取某产品某一批次或某一阶段的外购原材料异常处理台账内容进行汇总分析，确认零部件异常类型及数量。

表 3-4 外购原材料异常处理台账（示例）

| 序号 | 数据来源 | 日期 | 班组/客户 | 计划号/订单号 | 产品名称 | 物料名称 | 物料编号 | 检验员 | 发生次数 | 不良描述 | 批次数量 | 样品数/上线使用数 | 不良数量 | 不良率 | 无效工时 | 厂商信息 | 原因分析 | 临时措施 | 纠正措施 | 跟踪验证 | 责任部门 | 责任人 | 是否关闭 | 物料类别 | 物料次类别 | 原因类别 |
|---|---|---|---|---|---|---|---|---|---|---|---|---|---|---|---|---|---|---|---|---|---|---|---|---|---|---|
| | | | | | | | | | | | | | | | | | | | | | | | | | | |
| | | | | | | | | | | | | | | | | | | | | | | | | | | |
| | | | | | | | | | | | | | | | | | | | | | | | | | | |
| | | | | | | | | | | | | | | | | | | | | | | | | | | |
| | | | | | | | | | | | | | | | | | | | | | | | | | | |

## 2. 外购原材料异常问题汇总

外购原材料异常问题汇总（示例）如表3-5所示。

表3-5　外购原材料异常问题汇总（示例）

单位：个

| 序号 | 物料分类 | 总数 | 关闭 | 未关闭 | | |
|---|---|---|---|---|---|---|
| | | | | 质量部 | 战略采购中心 | 技术中心 |
| 1 | 摄像头 | 9 | 1 | 8 | | |
| 2 | 电磁锁 | 7 | 2 | 5 | | |
| 3 | 主板 | 6 | 0 | 6 | | |
| 4 | 网络录像机 | 5 | 1 | 3 | 1 | |
| 5 | 路由器 | 4 | 0 | 4 | | |
| 6 | 加工件 | 4 | 0 | 4 | | |
| 7 | 电源插座 | 4 | 0 | 1 | 1 | 2 |
| 8 | 标签 | 3 | 0 | 2 | | 1 |
| 9 | 加热器 | 3 | 1 | 2 | | |
| 10 | 液晶屏 | 2 | 1 | 1 | | |
| 11 | 触摸屏 | 1 | 1 | | | |
| 12 | 连接线 | 1 | 0 | | | 1 |
| 13 | 包装 | 1 | 0 | 1 | | |
| 14 | 标准件 | 1 | 1 | | | |
| 15 | LED显示屏 | 1 | 0 | 1 | | |
| 16 | 喇叭 | 1 | 0 | 1 | | |
| 17 | 辅料 | 1 | 0 | | 1 | |
| | 合计 | 54 | 8 | 39 | 3 | 4 |
| | 比例 | | 14.81% | 72.22% | 5.56% | 7.41% |

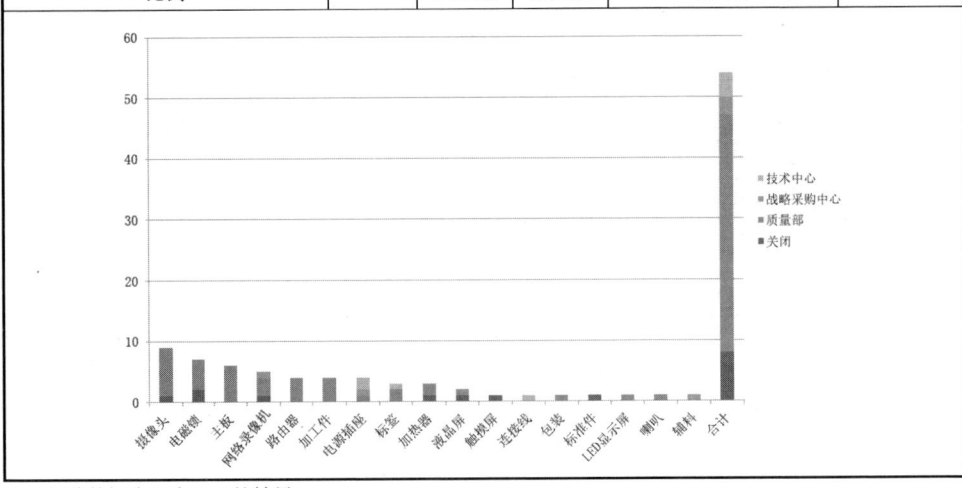

注：部分数据为四舍五入的结果。

通过分析发现,摄像头、电磁锁、主板、网络录像机、路由器、加工件的不良率较高。质量人员将这一信息反馈至采购部,采购人员可以及时进行采购策划。

# 第二节 采购量确认

采购量过多会导致库存积压,增加库存成本;采购量过少则会影响正常生产。采购人员在进行采购策划时要确认物料损耗与供应周期。

## 一、确认物料损耗率

企业在计算采购量时需要将物料损耗计算在内。物料损耗来源于来料不良、自己的工艺报废、特殊物料损耗等。总之,企业要分析和统计自来料检验开始至投入使用后物料的损耗数据。想要做到这一点,采购部要与生产部、来料检验单位、仓储部确认各自的物料损耗率。

### 1. 物料损耗率

物料损耗率指制造企业在生产过程中,投入一个或几个批次采购的原材料、零部件发生不良的比率。

### 2. 物料损耗率计算公式

$$物料损耗率=物料不合格数÷物料总使用量×100\%$$
$$物料损耗率=来料不良率+工艺报废率+特殊物料损耗率$$
$$实际采购量=订货量×(1+物料损耗率)$$

在计算物料总使用量时,要将生产过程中的物料损耗计算在内。

### 3. 物料损耗率在物料清单的表示

我们来看看物料损耗率反映在物料清单(Bill of Material,BOM)是如何运行的。

损耗率(BOM 中)指一个子件被用来制造父件过程中,变成不良品的概率。同一子件被用来生产不同父件时可能发生不同的报废概率,因而将报废率定义在物料清单中。

物料需求计划(Material Requirement Planning,MRP)利用物料清单将物料计划订单发出,展开计算它的子件总需求时,会自动除以(1-损耗率),以扩大子件的总需求。

通常,企业允许的物料损耗率为1%或2%,若超过这个比率就要实施改善,如供应商质量改善、工艺改善、存储改善等。

## 二、供应周期评估与管理

供应周期与企业的销售计划、生产计划、库存、生产效率,以及物流配送有密切关系。企业提前将自己的产能、物料需求计划通知供应商,这样,供应商就可以预先进行相关的增产准备或排产,出货后通过物流快速配送至企业。

三星通过"1日确定体制"优化供应周期的管理。"1日确定体制"保证在一定区域内的当日生产计划不会发生变动。三星通过每日制订并修订计划,打破了生产部和销售部的部门墙。销售部依据生产现状数据和库存数据做出决策;生产部依据销售部提供的销售数据调整日程;供应商根据三星提供的采购计划备料、排产;物流企业准时将产品送达,减少销售机会的损失;前端市场实时反馈销售数据。

我们通过三星的"1日确定体制"可以发现,供应周期形成了一个良性的供应循环,信息准确、及时、流畅地传递。

采购部应就影响供应周期的因素进行评估,并进行合理化管理,消除不利因素,确保物料准时供应。影响供应周期的因素主要包括企业的年度销售计划、年度生产计划、实际库存量、实际用料量、生产效率、物料配送、供应商的产能瓶颈、信息流等,具体说明如表3-6所示。

表3-6 影响采购计划制订的因素及具体说明

| 影 响 因 素 | 具 体 说 明 |
| --- | --- |
| 年度销售计划 | 除非市场需求出现大的波动,否则企业的年度经营计划多以年度销售计划为起点,而年度销售计划的拟订又受到销售预测的影响。<br>诸如外界的不可控制因素(如GDP、失业率、存款利息、物价、人口增长速度、政治体制、文化及社会环境、技术发展、竞争者状况等)、内部的可控制因素(如企业的财政状况、技术水准、厂房设备、原材料和零部件的供应情况)等,都会影响企业的销售计划,间接地也会影响到采购计划 |
| 年度生产计划 | 在一般情况下,企业的采购计划源于生产计划。若生产计划过度保守、消极,产量将不足以满足客户所需;若生产计划过于乐观,则多余产量可能变成存货。市场的不稳定性,常常使生产人员不得不做出修改,这也使得采购计划必须时常做出调整 |

续表

| 影响因素 | 具体说明 |
|---|---|
| 实际库存量 | 如果不能对库存量有清醒的认识，采购量势必与企业实际需求量存在偏差。若当前库存中并非全数皆为规格正确的物料，或者账目数量与实际库存量不符，则库存量低于实际的可取用量，而预计的采购量也会相对偏低 |
| 实际用料量 | 随着客户对产品性能需求的多样化，企业的产品工程变更频率日益频繁，用料订单也需要随之做出修订。若用料订单不准确，则会导致根据用料量推算出来的物料需求数据失真 |
| 生产效率 | 生产效率的经常变动将使预计的物料需求量与实际的耗用量出现误差。在同样的生产环境和生产条件下，如果产品的生产效率出现降低趋势，则意味着原物料的单位耗用量和废品率提高，从而导致采购量不能满足生产所需。所以，当生产效率降低时，采购计划必须将额外的耗用率计算进去，避免物料短缺现象的出现 |
| 物料配送 | 高效的物流系统可以缩短物料的在途时间 |
| 供应商的产能瓶颈 | 供应商的产能瓶颈决定了产量。产能瓶颈主要来自需求的突然增加却无法扩大生产 |
| 信息流 | 在供应商产能协同方面，信息的集成与流畅与否决定了供应周期的长短 |

由于影响供应周期的因素颇多，因此，在确定采购计划之前，必须与供应商，以及企业的销售部、生产部等部门针对实际状况做出合理规划，给供应商足够的准备、排产和生产时间。

## 三、采购量的确认流程

采购量的确定与采购信息和采购清单息息相关。这里先介绍一下与采购量的确定相关的几个因素，这些因素的分析顺序和采购量的确定过程是对应的。与采购相关的因素分析如表3-7所示。

表 3-7　与采购相关的因素分析

| 序号 | 因素 | 具体说明 |
|---|---|---|
| 1 | 销售计划/生产计划 | 销售计划主要根据销售预测、现有订单拟订，它可以表明产品在不同时期的预期销售数量。<br>根据生产计划，销售数量加上预期期末存货，减去期初存货所得出的数值，为生产所需的数量 |
| 2 | 物料清单 | 采购计划只列出产品的数量，无法直接从中知道某一产品需用的物料及数量的多少，这就需要借助物料清单。<br>物料清单是由市场部配合采购部所拟订的，列示出各种产品由哪些基本的部件组合而成，据之可以精确计算出某种产品生产所需的安全库存量 |

续表

| 序号 | 因素 | 具体说明 |
|---|---|---|
| 3 | 存量管制卡 | 若物料仍有存货，则采购量不一定等于销售量，也不一定等于根据物料清单所计算的基本需求量。此时，采购人员应先依据实际和计划物料需求量，并考虑采购的安全在途时间和安全库存量，来计算正确的采购量，然后开具请购单，实施采购活动 |

以上因素都可以由各部门的需求计划获得。我们可以绘制出采购量的确定过程，如图 3-3 所示。

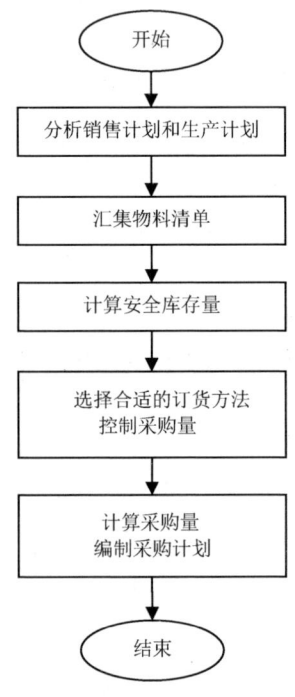

图 3-3　采购量的确定过程

需要注意的是，虽然采购量的确定过程是一致的，但是，如果采取不同的采购策略，那么便会得到不同的采购量计划，也会出现不同的库存量动态变化。因此，在确认了采购量的确定过程之后，采购人员要选择合适的采购策略。

## 第三节　采购计划确认

企业高层、采购部应对采购计划有清晰的认识。华为总裁任正非曾对华为的采购队伍说，采购的难点在于计划、平衡、选择等一系列复杂问题，希望大家学会在确定性工作中找到不确定性，在不确定性工作中找到确定性，这样采购才能做到心中有数，做好系统性规划。

## 一、供应商产能规划

供应商的产能是制约企业扩大生产规模的瓶颈。最明显的表现就是当企业需求激增时，供应商无法在短时间内提供企业生产所需的原材料和零部件。要解决这一问题，企业需要先就供应商的产能进行分析。

销售部在制订销售计划时，往往考虑的是市场需求及销售额，很少会顾及供应商的问题。而生产部在制订生产计划时，会以销售计划确定排产计划、人员规模等，将所需的原材料和零部件需求计划发一份给采购部。

如果不将销售计划和生产计划反馈给供应商，那么可能导致供应商无法满足企业的物料需求，使得采购部不停地追料，或者找新供应商。这样做等同于把所有的问题都丢给了采购部。

在一般情况下，在企业物料需求计划出来后，采购部就可以确定供应商的产能了。业界普遍的做法是峰值乘以安全系数1.2，峰值以周或月计算。

例如，汽车企业当前以JPH（Job Per Hour，单位时间工作量）和UPH（Units Per Hour，每小时产出）来替代传统的粗犷型产能规划。

一般汽车企业以每小时生产30台车作为标杆进行产能规划。全年的产量为30（台/小时）×8（小时）×2（班）×300（天）=144000台车。此时，供应商提供的零部件产能，如车前大灯产能为144000（对）×1.2=288000（对），即理论上要生产这么多车前大灯。

生产节拍结合设备综合效率90%或85%，设备综合效率结合企业生产线实际情况分析和设定。生产节拍=3600（秒）÷30（天）×0.85=102（秒）。

供应商依据企业的产能规划自己的产能，通常要细化自己的日产能，当产能不足时要投入模具、改造设备或增加人员。

以上是理想状态下的产能规划。但实际上有很多产品销售、消费者需求存在很大变数，这时企业就会调整产品品类或产品数量以适应市场需求。前端市场的这种变动会逐级传递到后端市场或上下游，直至供应商，此时就会出现供应链普遍存在的问题，就是信息不能被迅速、有效地传递下去。从产能角度来讲，供应商的产能无法跟上企业产能的节拍，始终慢一步。

当前较好的解决方案就是供应商协同管理，最终实现产销平衡。供应链产销平衡与生产供应要素分析如图 3-4 所示。

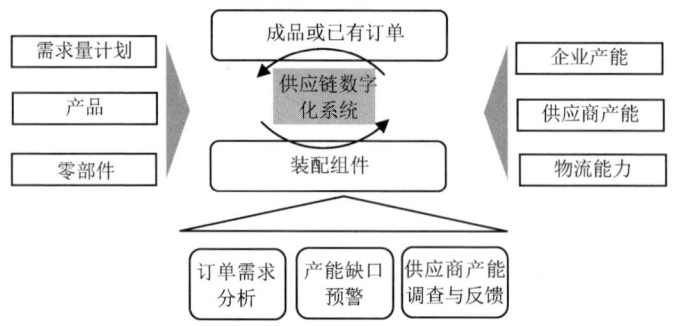

图 3-4　供应链产销平衡与生产供应要素分析

将供应商产能协同管理作为供应链风险管理的最重要环节，从供应商产能风险识别到日常跟踪管理工作，企业都需要围绕这个核心开展工作。

东风日产在搭建数字化供应链时发现，作为中间环节的供应商产能协同管理存在数据流短板，即单纯从微观供应商生产准备的角度出发，只盯着单个企业，没有把供应商生产整体运营提升到业务流、数据流的高度。

具体而言，东风日产引入国内外先进的技术管理方法，如日产标准生产管理系统（the Construction of Advanced Total System，CATS）和智能供应链协同平台（Smart Coordination Management Platform，SCMP）等，但是这些都是主机厂内部管控系统，其特点是以工程师或车型项目组为单位，通过线下或邮件的方式获取供应商当前产能信息。

在生产计划分解方面，其严重依赖工程师经验和个人水平。从生产计划的需求数据获取，到零部件需求分解，再到下发至供应商，以及供应商产能分析结果反馈都是离散的，缺乏整合。而工程师之间又没有形成信息共享，向下发布的供应商产能管理交付物没有统一管理，使得上述弊端更加凸显。

在试作阶段，从上游设计、采购、工艺获取的试作数据也是离散的，供应商需要应对多个业务窗口完成信息管控，对供应商生产能力的管理没有形成协同的数据流集成管理。

对此，东风日产开启了产能协同数字化转型的变革。

一是产销协同可视化管理，通过 CarFlow（汽车流量）数字系统平台，直观了解各车型的最新销售计划与商业计划的差异，确认生产计划波动幅度和库存。东风日产各车型生产计划以企业的事业计划、商业计划为基础，根据最新的销售需求、工厂产能、供应商当下产能、库存等影响因素，综合平衡后确定各车型的月度生产总量，指导短期、中期、长期的供应商产能协同准备。当生产变动大于20%（常规），通过各供应商产能协同数字化平台反馈瓶颈项目，生产管理团队成员及时修订 CarFlow 计划。

二是新车试作零部件的供应协同管理，通过新车供应协同系统生成限定调查清单，并依据清单要求计算结果生成内示订单，向供应商发起零部件供货能力调查。供应商登录系统，即可在反馈页面填报信息后提交，从而实现供应商新车试作协同管理。

三是量产（国产）零部件的产能协同管理，建立先进的供应商产能管理体系，以确保整体销售与运营计划（Sales and Operations Planning，S&OP）可以快速响应市场变化。当车型需求出现波动时，该系统利用系统数据和条件参数快速定位波动对象对供应商及零部件需求变化的影响。供应商在收到系统发出的邮件提醒后，按周次更新有影响的零部件的供应量，以及部分需要额外追加供应的数量。产能系统会汇总零部件的供应情况，分析出无法满足销售的车型及成本，供、产、销团队制订出产销平衡的可执行生产计划。

东风日产集成了产销系统，与供应商协同管理不再是分散的、碎片式的，保证所有产能信息都能准确、直观地传递到所有环节。供应商产能规划是建立在企业自身产能准确规划的基础上的。只有企业产能明了，采购计划才能准确，供应商的产能也才能得到保证。

## 二、供应商组合研判

企业给供应商分级后应进行资源规划，这是制订采购计划的重要环节之一，它关系到采购订单的分配合理与否。企业找出几家同一类别产品的供应商，分析怎样组合可以更好地满足购买需求。良好的供应商组合可以产生 1+1 大于 2 的效果。

### 1. 供应商组合的误区

研判供应商组合，我们应先厘清企业在供应商组合中的一些误区。

#### 1）成本越低越好

低的采购价格可以扩大企业的利润空间，这本无可厚非。但在实际操作中，以成本竞标的供应商往往质量、服务、交期相对欠佳。企业选择这样的供应商虽然在短期内可以获利，但长此以往则会拉低企业产品的质量水平，使企业的产品

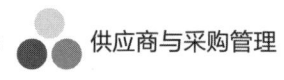

设计、技术创新的路越走越窄，从而丧失在市场上的竞争力。

**2）几家供应商最好一样优秀**

笔者认识一家企业的老总，其企业发展不错，一心要做最好的产品，于是指示采购部要用最好的供应商。这本无可厚非，优秀的供应商会成为企业的竞争力。不过，采购经理却抱怨采购成本经常超标。原来，合作的几家供应商凭借自己的优势很少降价，导致采购价格降不下来，而产品又因竞争激烈而不断降价。后来笔者建议，保留一家优质供应商即可，同时选择两家能够满足企业基本需求的供应商。

**3）供应商多多益善**

有些企业为了让供应商充分竞争，引入了大量的供应商。笔者之前在W集团公司做供应链改善时就发现了一个问题：电表的供应商有几十家，电表所需的螺丝供应商有五六家，不仅生产成本没有降低，反而增加了管理成本。在笔者团队的建议下，W集团公司将螺丝进行标准化设计以减少螺丝品类，最终保留两家供应商。

现在，我们要建立一个供应商组合的理论模型。

**2. 供应商组合模型**

我们基于供应商的影响力（参考波特五力模型），以及对企业的影响程度，搭建供应商组合模型。

**1）定位供应商的影响力**

业界通用的做法是将供应商影响力分为先进的（Advance，A）、基础的（Basic，B）、低成本的（Low-cost，C）三类。

先进的：质量好，交期准时，议价能力强，技术和规模比采购企业强，属于行业的佼佼者。

基础的：质量、交期、成本工艺等符合采购企业的需求，处于行业中等水平。这类供应商数量多，竞争激烈，议价能力一般。

低成本的：成本优势明显，部分供应商为新进入者，各方面有很大的上升空间；部分供应商本身就定位低成本策略，议价能力低。采取低成本策略的供应商可能存在交期、服务和质量欠佳的问题，对此，企业在实际采购中需要加大监督和辅导力度。

2）输出供应商组合模型

供应商组合模型是以同一个品类为基准设计的。供应商组合模型如表 3-8 所示。

表 3-8 供应商组合模型

| 影响力组合 | 适 用 范 围 | 目　　的 |
|---|---|---|
| AA+B | 高价值产品 | 用供应商提升竞争力 |
| AB+B/C | 新产品开发 | 技术、工艺对标，减少质量成本 |
| BB+C | 自行装配通用品/零部件 | 获得稳定的质量、交期避险 |
| BC+C | 标准件 | 获得还价能力 |
| A | 委托设计 | 独家协议 |
| CC | 行业通用件 | 低价采购 |

当然，这只是一个理论指导模型，企业可依据实际情况确定适用范围。此外，企业还需要进行进一步的成本分析。

### 3. 供应商组合模型应用

某企业决定开发一款无人机，定位为低档。供应商组合模型应用如表 3-9 所示。

表 3-9 供应商组合模型应用

| 采 购 品 | 质量/技术 | 成本需求 | 交期需求 | 组合方式 | 备　　注 |
|---|---|---|---|---|---|
| 芯片 | 高价值 | | | ABB | |
| PCB | 高价值 | | | BBC | |
| 连接器 | 常规 | | | BBC | |
| SMT 贴片 | 常规 | | | BBC | |
| 模具 | 廉价 | | | BC | |
| 五金 | 廉价 | | | BCC | |
| 充电器 | 常规 | | | BB | |
| 电池 | 常规 | | | BB | |
| 包材 | 廉价 | | | CC | |

实际上，供应商组合并不是绝对的，只要供应商组合在可以满足企业购买的基本需求的情况下，能促使供应商降低成本，改善质量就可以了。

## 三、制订采购计划

采购计划的编制主要包括准备认证计划、评估认证需求、计算认证容量、制订认证计划、准备订单计划、评估订单需求、计算订单容量和制订订单计划这几个环节。

## 1. 采购计划的编制流程

采购计划的编制流程如图 3-5 所示。

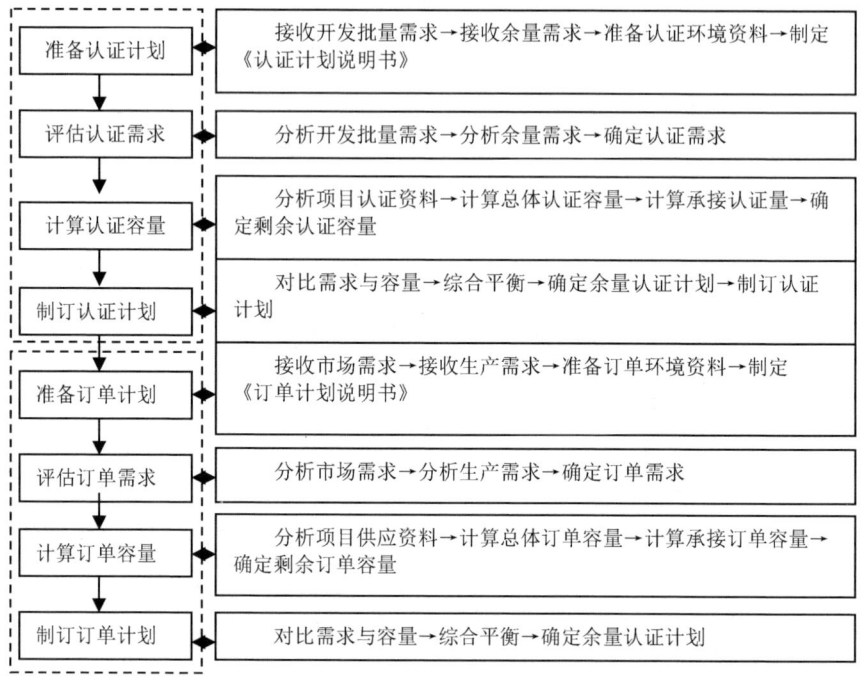

图 3-5　采购计划的编制流程

为了便于理解，我们可以将图 3-5 中的前四步工作称为采购计划编制的认证，后四步的工作称为采购订单的制定。

## 2. 采购计划编制的认证

采购计划编制认证环节的工作内容如表 3-10 所示。

表 3-10　采购计划编制认证环节的工作内容

| 环　节 | 细分步骤 | 具　体　说　明 |
| --- | --- | --- |
| 准备认证计划 | 接收开发批量需求 | 开发批量需求包括两种情况：一种是在现有采购环境中能够获取的物料供应；另一种是企业采购的新物料是原有采购环境不能提供的，需要采购部寻找新物料的供应商 |
| | 接收余量需求 | 余量需求来自两个方面：一是旧的采购环境容量不足以支持企业的物料需求；二是物料的采购环境容量逐渐缩小，无法满足采购需求。这就产生了对采购环境进行扩容的要求。采购环境容量信息一般由订单人员和认证人员提供 |

续表

| 环 节 | 细分步骤 | 具 体 说 明 |
|---|---|---|
| 准备认证计划 | 准备认证环境资料 | 采购环境包括认证环境和订单环境两部分。有些供应商的认证容量比较大，但其订单容量比较小；有些供应商则恰恰相反。因此，企业在对环境进行考察时，还要对供应商所提供数据的真实性进行核实 |
| | 制定《认证计划说明书》 | 将认证计划所需材料准备好，主要包括《认证计划说明书》（物料项目名称、需求数量、认证周期等），附有开发需求计划、余量需求计划、认证环境资料等 |
| 评估认证需求 | 分析开发批量需求 | 分析对需求物料的量的需求，并掌握物料的技术特征等信息 |
| | 分析余量需求 | ● 对市场需求原因造成的，可通过生产需求计划及市场得到各种物料的需求量及时间<br>● 对因供应商萎缩造成的，可通过分析现实采购环境的总体订单容量与原订单容量的差别得到余量<br>这两种情况的余量相加即可得到总的需求容量 |
| | 确定认证需求 | 认证需求是指通过认证手段，获得具有一定的订单容量的采购环境 |
| 计算认证容量 | 分析项目认证资料 | 分析项目所需的机械、软件、设备等物料 |
| | 计算总体认证容量 | 在供应商认证合同中，应说明订单容量与认证容量的比例 |
| | 计算承接认证量 | 供应商的承接认证量等于当前供应商正在履行认证的合同量。最恰当的处理方法是借助电子系统，模拟供应商已承接的认证量，以便认证计划决策使用 |
| | 确定剩余认证容量 | 物料认证容量=物料供应商群体的总体认证容量-承接认证量。认证容量仅作为参考，指导认证过程的操作 |
| 制订认证计划 | 对比需求与容量 | 如果认证需求小于认证容量，则不必进行综合平衡，直接按照认证需求制订认证计划；如果认证需求远远超出供应商容量，则需要进行综合平衡，制订采购环境之外的认证计划 |
| | 综合平衡 | 从全局出发，综合考虑生产、认证容量、物料生命周期等要素，通过调节认证计划来尽可能地满足认证需求 |
| | 确定余量认证计划 | 对采购环境不能满足的剩余认证需求，应提交给采购认证人员分析并提出对策，同时确认采购环境之外的供应商认证计划 |
| | 制订认证计划 | 认证物料数量=开发样件需求数量+检验测试需求数量+样品数量+机动数量；<br>开始认证时间=要求认证结束时间-认证周期-缓冲时间 |

制定采购订单的核心工作是订单容量的计算，其准确性涉及企业后续工作，如生产和销售的顺畅性。

### 3．采购订单的制定

制定采购订单时的工作内容如表 3-11 所示。

表 3-11 制定采购订单时的工作内容

| 环 节 | 细分步骤 | 具 体 说 明 |
|---|---|---|
| 准备订单计划 | 接收市场需求 | 要想制订比较准确的订单计划,必须首先熟知市场需求计划 |
| | 接收生产需求 | 对采购而言,生产需求可以称为生产物料需求,其需求时间是根据生产计划确定的。通常,物料需求计划是订单计划的主要来源 |
| | 准备订单环境资料 | 订单环境资料主要包括订单物料的供应商消息、每个供应商分摊的下单比例、从下单到交货的时间间隔 |
| | 制定《订单计划说明书》 | 准备好订单计划所需要的资料:《订单计划说明书》(物料名称、需求数量、到货日期等)、市场需求计划、生产需求计划、订单环境资料等 |
| 评估订单需求 | 分析市场需求 | 仔细分析市场签订合同的数量与还没有签订合同的数量,同时分析其变化趋势,全面考虑要货计划的规范性和严谨性 |
| | 分析生产需求 | 在不同时期,企业产生的需求量和入库量是不同的,于是就产生了不同的生产需求 |
| | 确定订单需求 | 订单需求的内容是通过订单操作手段,在未来指定的时间内,将指定数量的合格物料采购入库 |
| 计算订单容量 | 分析项目供应资料 | 如果没有供应商供应物料,那么无论是紧急的市场需求还是日常生产需求都无从谈起。企业应充分利用供应商的供货情报,在下订单时做到有的放矢 |
| | 计算总体订单容量 | 总体订单容量一般包括两个方面的内容:一是可供给的物料数量,二是可供给物料的交货时间 |
| | 计算承接订单容量 | 某供应商在指定的时间内已经签下的订单量 |
| | 确定剩余订单容量 | 某物料所有供应商的剩余订单容量的总和:物料剩余订单容量=物料供应商群体总体订单容量-已承接订单量 |
| 制订订单计划 | 对比需求与容量 | 如果经过对比发现需求小于容量,则企业要根据物料需求来制订订单计划;如果供应商的容量小于企业的物料需求,则企业要根据容量制订合适的物料需求计划,并对剩余物料重新制订认证计划 |
| | 综合平衡 | 综合考虑市场、生产、订单容量等要素,分析物料订单需求的可行性,必要时调整订单计划 |
| | 确定余量认证计划 | 为了确保物料及时供应,可以简化认证程序,由具有丰富经验的认证计划人员进行操作。一份订单包含如下两个方面的内容:<br>下单数量=生产需求量-计划入库量-现有库存量+安全库存量;<br>下单时间=要求到货时间-认证周期-订单周期-缓冲时间 |

企业可以根据自身情况,在上述采购计划的编制流程的基础上增减程序,并确保计划的严谨性和可行性,以及引用数据信息的真实性,从而为确保采购预算符合采购需求奠定基础。

## 第四节　采购预算管理

采购预算是指采购部在既定的计划期间，包括年度、季度和月度，编制的物料采购的用款计划。

### 一、比价与高低搭配

比价即通过比较确定物料单价，以确保企业的采购价格是合理的；高低搭配指关键物料的采购价格可以采取高价与低价协同采购。

做采购预算时确定采购价格十分重要。企业在与供应商谈判时应先通过各种途径确认物料的单价，以及批量采购的价格。这样有助于企业核算出准确的预算，且可帮助企业在谈判中获得优势。

**1．比价的方法**

计算出物料价格的方法多种多样，笔者在这里推荐四种方法，分别是成本分析计算法、类似品比较法、报价比较法、市场价格比较法。

1）成本分析计算法

成本分析计算法是按供应商的《生产成本表》分析计算出标准购买原价。难点是数据的来源及数据的准确性，通常在企业与供应商关系十分密切的情况下较为容易获得。

2）类似品比较法

这需要找到类似的物料，采购部通过查阅以往的采购记录，在与以往类似品进行分析比较后决定价格。在市场行情波动不大的情况下，数据记录时间越近则确定的价格越准确。

3）报价比较法

在寻求新的采购物料时，企业可能无法通过上述两种方法获取价格。此时，建议采用报价比较法，即在供应商开发过程中，将两个以上的供应商的报价及成本明细进行分析比较后决定价格。

4）市场价格比较法

这是指以市场价格或本企业购买价格为参考进行价格确定。采购部要经常进行市场调查，研究基础性原材料的市场价格的变化，定期或不定期地进行单价下调，为企业节减原材料成本，创造效益；经常研究阅读国内外有关市场及物价方面的书籍，研究国内外市场中相关供应商的动向及资材的价格动向，并积极应对。

### 2. 物料的高低搭配

通常，关键物料的采购费用、成本创造和成本损失要远高于普通物料，因而应在预算、比价中优先考虑，让有限的预算发挥最大价值。

在很多情况下，关键物料的价格往往较高，这也推高了企业的生产成本。企业在采购中还应关注关键物料的高低搭配，即在平衡产品性能与价格的前提下选择不同价格的关键物料。

#### 1）看市场/客户需求

市场和客户需求决定着关键物料的高低搭配。以往我们讲一分钱一分货，高端产品质量好，价格高；反之则质量欠佳，价格低廉。如今，这一局面发生了改变，产品性能的高低搭配满足了不同层次、不同消费理念的客户群的需求。以手机设计为例，高端的芯片搭配高端屏幕，售价高，面向消费能力强、追求极致体验的客户群；高端芯片搭配低端屏幕，售价低，面向注重游戏体验，但消费能力一般的客户群等。手机芯片与手机屏幕高低搭配的必要性、必然性就显现出来了。

#### 2）看技术的创新

产品开发中使用新技术的成本高于使用现有技术的成本。在物料的使用上，使用新技术的产品的前期报废率高于后期。企业要慎重考虑能否承受高价值的关键物料的报废成本。业界通用办法是采用新技术的产品，核心部件使用关键物料，非核心部件降低技术标准，使用普通物料，满足基本性能即可。这样做可以极大地降低成本损失。

#### 3）看类似品的可通用性

不同国家、地区的供应商生产的相同种类、规格的物料，由于成本、技术等原因，它们的价格有所不同，但性能相差不大。例如，1080分辨率的高色域屏的笔记本电脑，三星的价格要高于友达，但二者都可以满足产品的技术规格、性能要求，可以通用，搭配使用可有效降低采购预算。

不论是何种情况，经综合考虑，企业都可以调整物料的高低搭配比例。

## 二、单型号采购比例确认

单型号采购是指在某阶段内，企业依据物料需求计划采购同一规格、型号的物料。单型号采购比例是指在某阶段内，企业出于某些方面的考虑，向几家供应商采购某单型号物料所设置的采购订单比例。

例如，企业要采购某配件 100000 件，若只向一家供应商采购，则单型号采购比例就是 100%；若向三家供应商采购，其中甲的订单为 50000 件，乙的订单为 40000 件，丙的订单为 10000 件，则三家供应商的单型号采购比例分别是 50%、40%、10%。

我们在采购中发现，如果只向一家供应商采购，那么企业的风险控制能力、博弈能力会变弱。此时，企业就会向多家供应商采购。那么，单型号采购的比例如何确定就成了一个必须考虑的问题。

**1. 确定单型号采购比例的基本要求**

确定单型号采购比例，对供应商而言，要有明确的规则，确保公平、公正，不能随意指定；对企业而言，更要透明、有规则。

**2. 单型号采购的必要性**

这里把订单比例和专业采购两人核心能力并列，说明采购订单比例在采购工作中的重要性。为什么要管理采购订单比例？笔者根据多年的经验，总结出以下几个方面的原因。

**1）订单准时交付**

物料采购首先要保证供应充足，而多方供应可以保证生产线不会因一家的交货延误而停线，不过前提是采购管理得当。

**2）质量水平的提升**

企业通过绩效考核评估供应商质量管理水平，并进行分级，给予优秀的供应商奖励，如物料直通车、更好的付款方式等。这样可以有效激发供应商之间的竞争意识，进而激励供应商做好质量管理，不断提升质量管理水平。

**3）获取理想的价格**

当企业提供大额订单时，供应商会多方竞价，从而降低价格。这样可以极大地降低企业的采购单价，减少采购支出。

**4）维持供应商关系**

企业要有备选的供应商，为了保持与备选供应商的关系，可将一定比例的采购订单交由备选供应商生产。当企业扩大生产，或者正在合作的供应商提价、无法按时交货时，企业可以紧急向备选供应商采购所需物料。

**5）防止采购舞弊**

确定明确的采购比例可以有效避免私下调整采购比例的行为，有助于维护采购的公平与公正。

合理设计单型号采购比例可以显著改善采购预算的编制。

### 3. 确定单型号采购比例

企业要建立一套完整的单型号采购比例管理方法，包括专门的流程、制度、奖惩措施和信息管理系统等。

#### 1）订单比例制定流程

采购、生产、仓储三个部门共同协商建立合理的管理流程，并输出相应的管理规范和工具，以指导实践落地。

#### 2）确定单型号采购比例的原则

确定单型号采购比例可遵守以下几个原则。

- 优价优先原则：原则上对价格在合理区间的供应商的采购比例大。
- 质量优先原则：符合质量要求的，采购比例大。
- 优秀供应商激励原则：增加对优秀供应商的采购比例。
- 供应商供应能力符合原则：采购量不超过供应商总产能的百分比。

#### 3）采购订单比例的管理

通常，企业通过 ERP 系统自动分配订单比例：将确认的订单比例、规则录入 ERP 系统中，系统就会直接输出供应商的订单数量。

采购预算除了要考虑前述内容，还要对采购的成本包进行分析和控制。

## 三、成品采购成本包控制

企业在完成某款产品的设计后，便进入采购阶段。这里需要注意一点，即考虑产品各种零部件的采购成本。笔者在许多企业做供应商成本优化时，发现有些企业只控制一个预算金额。例如，在一个成品里面有很多零部件，但只考虑产品的总成本，不考虑产品单个零部件的成本。这样做导致的最常见后果就是实际采购金额要高于采购预算。因为在采购中，如果常规物料采购多了，那么关键物料的预算就少了，从而形成预算分配不均的局面。

在笔者看来，分析一款产品的采购成本要深入分析零部件的价值，把所有零部件都做预算，最后汇总成一个成本包，并就预算金额进行相应的分配，做到物料预算金额向关键物料倾斜。

物料分类通常基于市场风险、复杂性与战略价值等方面，最终形成四种类型的采购物料，并在包括成品采购成本包控制、采购计划、采购成本管理等手段上采取与之相对应的策略。采购物料的类型如图3-6所示。

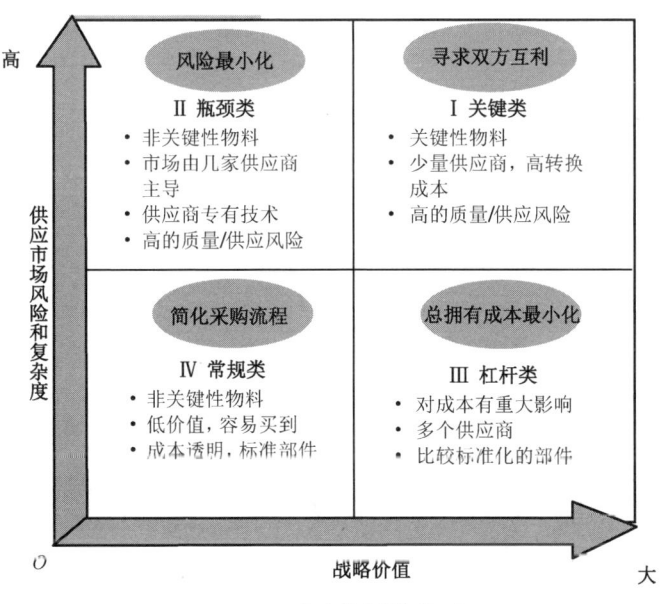

图3-6 采购物料的类型

成品所需零部件（物料）按照图3-6所示的物料分类标准进行划分，进而分析出某物料采购金额占全部采购金额的比重。在一般情况下，瓶颈类物料和关键类物料的资金预算要占成本包的70%~80%，常规类物料和杠杆类物料占成本包的20%~30%。其实主要依据的原则就是80/20法则，企业依据这个原则将预算金额细化到每个配件上面，输出一张《成品采购成本表》。

## 第五节 采购合同管理

采购合同管理是从决定采购时就需要的，而不是随着合同的签订才开始的。采购人员在管理采购合同时要考虑合同的复杂性、合同履行方式、合同管理的资源和成本，以及合同风险管理等。

### 一、采购合同的类别

采购合同属于经济合同，有一定的技术规范要求，签订合同的双方受法律保护，并承担相应的责任。

## 1. 采购合同的分类

采购合同大都根据采购物料的性质及采购方式而订立不同的条款。采购合同的常见种类如图 3-7 所示。

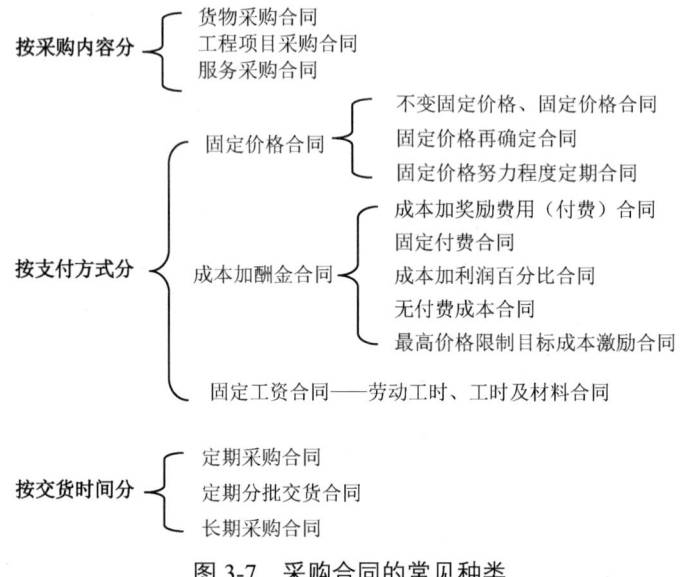

图 3-7　采购合同的常见种类

## 2. 采购合同的主要条款

采购合同主要包括数量、质量、价格、支付、包装、交货、检验、保险、仲裁、不可抗力、违约等条款。

### 1）数量与质量条款

数量与质量条款的内容如表 3-12 所示。

表 3-12　数量与质量条款的内容

| 条　　款 | 说　　明 |
| --- | --- |
| 数量条款 | 明确成交物料的数量和计算单位。若成交物料的数量需以重量计量，则需明确计量的办法，有时还需规定交货数量的机动幅度 |
| 质量条款 | 注明物料的名称、规格和等级等，或者说明物料的编号和日期，否则企业有权拒绝收货，甚至撤销合同。订立质量条款时应注意以下问题：<br>● 根据物料的特性确定统一的表示方法<br>● 用词应具体、明确，避免引起纠纷<br>● 条款应符合有关国家或相关国际组织的标准 |

## 2）价格及支付条款

价格及支付条款的内容如表 3-13 所示。

表 3-13 价格及支付条款的内容

| 条　　款 | 说　　明 |
| --- | --- |
| 价格条款 | 价格条款包括物料的单价和总值两项基本内容。物料的单价由计量单位、单位价格金额、计价货币和贸易术语四个部分组成；总值指单价与成交物料数量的乘积，即一笔交易的货款总金额 |
| 支付条款 | 支付条款规定货款的支付方式和结算期限。货款支付的方式包括以下三种：<br>● 现金支付：可在价格、交期或其他条件上获得优惠<br>● 月结或年结：适用于资金周转较为困难的时期<br>● 预付订金：适用于较难采购的物料 |

## 3）包装及交货条款

包装及交货条款的内容如表 3-14 所示。

表 3-14 包装及交货条款的内容

| 条　　款 | 说　　明 |
| --- | --- |
| 包装条款 | 包装条款规定物料包装的方式、材料、规格、标志和费用等内容。规定包装条款时应注意以下三个问题：<br>● 根据具体物料做具体、明确的规定，不能用"适合海运包装""习惯包装"等模糊字眼笼统说明<br>● 针对禁止或限制某种包装材料，或者对运输标志有严格规定等的国家，应按法律规定设定合适的包装条款<br>● 明确包装由哪方提供，包括由供应商提供、由供应商提供并收回和由企业提供三种情况 |
| 交货条款 | 注明交货方式、地点和时间。交货方式包括以下三种：<br>● 现场交货：供应商负责办理运输和保险，将物料运抵现场；有关运输和保险的一切费用由供应商承担；所有物料运抵现场的日期为交货日期<br>● 工厂交货：供应商负责代办运输和保险事宜；运输费和保险费由企业承担；运输部门出具收据的日期为交货日期<br>● 企业自提：企业在合同规定的地点自行办理提货，提货的日期为交货日期 |

## 4）检验条款

检验条款包括检验的时间与地点、检验机构、检验证书、检验依据、复验等内容，如表 3-15 所示。

表 3-15　检验条款的内容

| 内　容 | 说　明 |
|---|---|
| 检验的时间与地点 | 明确检验的时间和地点，确保检验工作的顺利进行 |
| 检验机构 | 可以由专业性的检验部门或检验企业负责检验，也可由供需双方自己检验 |
| 检验证书 | 在完成检验后，应出具能够证明检验结果的书面文件。这是确定供应商所交物料是否符合规定的凭证，也是企业向供应商或其他关系人提出异议和索赔的法律依据 |
| 检验依据 | 检验依据是衡量货物是否合格的标准，包括成交的样品、标样合同和信用证等 |
| 复验 | 企业可自由行使复验权，合同中应明确规定复验的期限、机构和地点等内容 |

### 5）保险条款

交易物料的保险由供应商负责，保险条款应明确规定保险金额和险别，如表 3-16 所示。

表 3-16　保险条款的内容

| 内　容 | 说　明 |
|---|---|
| 保险金额 | 保险金额是核算保险费的基础，由供需双方协商确定 |
| 险别 | 根据物料的性质与特点、运输的工具和路线、物料的残损规律与风险的程度，双方协商确定投保的险别 |

### 6）仲裁和不可抗力条款

仲裁和不可抗力条款的内容如表 3-17 所示。

表 3-17　仲裁和不可抗力条款的内容

| 条　款 | 说　明 |
|---|---|
| 仲裁条款 | 仲裁条款，即解决争议和纠纷的要求，包括仲裁地点的规定、仲裁机构的选择、仲裁程序的适用、仲裁裁决的效力、仲裁费用的负担等内容 |
| 不可抗力条款 | 不可抗力包括战争、水灾、台风和地震等因素。不可抗力条款应包括以下内容：<br>• 不可抗力事件的范围，尤其是双方需要特别排除的事件<br>• 事件发生后通知对方的期限及迟延通知的责任界定<br>• 出具证明文件的机构<br>• 不可抗力事件的后果，如哪些不可抗力事件导致合同解除，或者哪些不可抗力事件只需部分解除合同等<br>• 其他与不可抗力相关的事项，如减少损失的措施、费用承担、保险等 |

### 7）违约条款

在签订合同时，应明确规定供应商应付违约金或赔偿金的情况。

（1）未按合同规定的数量、品种、规格来供应货物。

（2）未按合同规定的质量标准交货。

（3）逾期发送。

另外，企业在有逾期结算货款或提货、临时更改到货地点等行为时，也应付违约金或赔偿金。下面提供某企业与其某供应商签订的物料采购合同（见专栏 3-1），仅供参考。

专栏3-1　××企业物料采购合同

（甲方）供方：　　　　合同编号：
（乙方）需方：　　　　签订日期：　　年　月　日
签订地点：
经充分协商，签订本合同，共同信守。

一、产品名称、数量、价格：

| 产品名称及牌号（商标） | 产地或国别 | 型号、规格或花色、品种 | 等级 | 计量单位 | 数量 | 单价 | 折扣 | 金额 |
|---|---|---|---|---|---|---|---|---|
|  |  |  |  |  |  |  |  |  |
|  |  |  |  |  |  |  |  |  |
|  |  |  |  |  |  |  |  |  |

二、质量、技术标准和检验方法：_____

三、交（提）货日期：_____

四、交（提）货及验收的方法、地点、期限：_____

五、包装的标准、要求及供应、回收、作价办法：_____

六、配件、备品、工具等供应办法：_____

七、超欠幅度：交货数量超欠在____%范围内，不做违约论处。

```
┌─────────────────────────────────────────────────────────────┐
│  八、合理磅差、自然减（增）量的计算：_____  │
│  _____ │
│  _____ │
│  _____ │
│                                                              │
│  九、给付定金的数额、时间、方法：_____ │
│  _____ │
│  _____ │
│  _____ │
│                                                              │
│  十、结算方式及期限：_____ │
│  _____ │
│  _____ │
│  _____ │
│                                                              │
│  十一、保险费：以____方名义，由____方按本合同总值____%投保， │
│  保险费用由____方负担。                                      │
│  十二、违约责任：若供方不能交货或需方中途退货，则需向对方偿  │
│  付不能交货或中途退货部分货款总值_____%的违约金。            │
│  十三、其他：_____ │
│  _____ │
│  _____ │
│  _____ │
│  _____ │
│  未尽事宜，按相关法律和条例规定执行。                        │
│  甲方单位名称（章）：         乙方单位名称（章）：           │
│  甲方签约代表（签字）：       乙方签约代表（签字）：         │
└─────────────────────────────────────────────────────────────┘
```

在交易开始前，为了消除误解，避免因争议而引发纠纷，任何口头承诺都要以书面的形式确定下来。

## 二、采购合同的风险规避

即便企业与供应商双方有签订采购合同的意向或双方已经签订采购合同，但由于一些主观因素（如人为失误、操作失误等）和一些客观因素（如时间紧迫、条款繁多等）的存在，企业在与供应商签订采购合同的过程中难免会存在一些潜在风险。这就需要企业采取一些有效的方法来加以规避。

## 1. 采购合同中的潜在风险

在采购合同中存在很多潜在风险,如果不注意,就可能给企业带来巨大损失。采购合同中的潜在风险如表 3-18 所示。

表 3-18 采购合同中的潜在风险

| 潜在风险 | 说明 |
|---|---|
| 供应商没有订立合同的资格,没有实际履行能力 | 该潜在风险即通常所说的"皮包公司"利用采购企业的轻信,骗取其预付款或货物。其主要表现形式如下:<br>● 供应商根本没有提供法人资格证明<br>● 供应商虽提供了营业执照,但只是副本(未年检)或复印件,其实为伪造的证明<br>● 供应商提供了正式的营业执照,但其虚报注册资本,并无实有资金,也没有实际履行能力<br>● 供应商在订立合同时虽提供了正式的营业执照,但因其他原因已歇业或已被吊销营业执照 |
| 合同内容出现漏洞,导致权利得不到保护 | 在签订合同时,合同内容中出现漏洞,常见漏洞如下:<br>● 质量约定不明确<br>● 履行地点不明确<br>● 付款期限不明确<br>● 违约责任不明确<br>● 付款方式不明确<br>● 履行方式不明确<br>● 计量方法不明确<br>● 检验标准不明确等 |

## 2. 潜在风险的规避方法

规避采购合同中的潜在风险的有效方法就是做好采购合同的审查工作,主要包括审查合同主体的资格和审查合同的内容。

### 1)审查合同主体的资格

合同主体资格的审查内容包括供应商基本情况、履约能力和签约人的资格,如表 3-19 所示。

表 3-19 合同主体资格的审查内容

| 审查内容 | 说明 |
|---|---|
| 基本情况 | 若供应商为自然人,主要审查当事人是否具有完全民事行为能力。若供应商为法人,包括企业单位、事业单位、机关、社团等,则需要审查营业执照 |

续表

| 审查内容 | 说　明 |
|---|---|
| 履约能力 | 调查供应商履约能力状况的调查内容如下：<br>● 经营状况：包括供应商的企业性质、产品所处的市场阶段、人员构成、营业额等<br>● 注册资本和净资产：注册资本为企业在政府主管机关注册的资本，净资产为企业实际存在的资产，这两项是供应商对外承担责任的财产基础<br>● 法定地址：指供应商经营活动的中心。有无法定地址能反映出供应商经营方面的一些情况，可为调查工作的全面开展提供线索<br>● 企业账号：这是保障企业在发生纠纷时，及时确定供应商的最有效途径 |
| 签约人的资格 | 合同经法定代表人签字或加盖单位公章生效。因此，必须确定签约人具有法定代表人的资格或公章具有法定效力 |

#### 2）审查合同的内容

这主要是审查合同中规定的产品规格、数量、质量、价款或酬金条款，履行的期限、地点和方式条款，违约责任及其他主要条款。对于一些存在歧义、表达不清的条款，一定要加以完善，以规避潜在风险。

### 三、采购合同的执行与变更

为确保采购合同得以有效执行，采购人员必须加强对履约过程的控制，对该过程中可能遇到的问题适时提出变更要求，并督促供应商做出变更和调整。

#### 1. 采购合同的执行点

在采购合同的执行过程中，企业不可能全天候地监控，这就需要规定执行控制点，以便对供应商的合同执行进行考核。采购履约检查的重点如表3-20所示。

表3-20　采购履约检查的重点

| 采购范围 | 履约检查重点 | 说　明 |
|---|---|---|
| 国内采购 | 检查生产计划与合同是否匹配 | 检查合同所列的品名、规格、数量是否与本企业的生产计划切实相符 |
| | 检查原料准备情况 | 检查供应商在生产执行的准备工作中，是否置办好生产合同规定产品所需的原材料、零部件等 |
| | 检查生产设备及工具 | 检查供应商是否具有生产合同规定产品的相应的机器设备及各种工具 |
| | 检查生产进度安排 | 检查供应商是否按照交期要求制订出了科学、合理的生产进度计划 |
| | 检查任务完成情况 | 定期检查供应商的生产情况 |
| | 检查产品质量情况 | 定期检查供应商生产出来的产品是否符合合同要求 |

续表

| 采购范围 | 履约检查重点 | 说　　明 |
|---|---|---|
| 国内采购 | 检查供应商转包情况等 | 检查供应商是否将自己不能生产的部分产品或全部产品在企业不知情的情况下转包给了另一方 |
| 全球采购 | 检查进度报告 | 检查国外供应商是否定期报告进度 |
| | 检查物流安排 | 检查预期交货的数量及船期安排 |
| | 检查意外情况的补救 | 检查当国外供应商无法交货时，其将采取何种补救措施，或者给予什么样的赔偿等 |

企业可以对所有合同履约检查的重点进行权重分配，设定打分等级，由多位与供应商接触较多的工作人员进行打分，并将其作为做出下一步决策的依据。

**2．采购合同执行的监督**

采购企业应做好合同执行过程中的监督与检查工作。合同执行的监督主要从以下几个方面入手。

**1）物料准备的过程**

如果供应商采取分批交付的方式，则需要监督其如何采购原料以满足企业的需求；如果供应商采取一次性交付的方式，则需要监督其原料准备工作的进展是否顺利。

**2）生产需求形势变化**

企业所生产产品的市场需求发生变化，势必产生对合同进行变更的需求。例如，当因市场畅销导致生产需求紧急时，采购人员应立即与供应商协调，要求供应商增加产能，以确保物料准时、足量供应；当产品滞销时，则应与供应商协商减少供应。

**3）配合物料库存**

当企业出现库存积压时，采购人员应及时与供应商进行沟通，确认合同执行的可延缓时间。

**4）控制物料验收工作**

采购人员应按照合同对到货的数量、质量、单价及总金额等项目进行确认，并做好记录。采购合同执行情况一览表如表3-21所示。

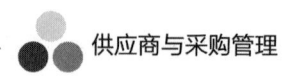

表 3-21 采购合同执行情况一览表

| 编号 | 供应商名称 | 立项时间 | 计划初检时间 | 目前状态 | 经手人 | 批复总金额 | 已签合同 | | | |
|---|---|---|---|---|---|---|---|---|---|---|
| | | | | | | | 编号 | 合同金额 | 已支付金额 | 存在问题 |
| | | | | | | | | | | |
| | | | | | | | | | | |
| | | | | | | | | | | |
| | | | | | | | | | | |
| 报告人 | | | | | | 报告日期 | | | | |

### 3. 采购合同的变更

在通常情况下，采购合同一旦签订就要严格执行，不能随意变更。但是，为了维护双方利益，在不损害双方利益的前提下，经双方一致同意，可共同对合同的个别条款做出变更。若出现下列情况，则双方可协商变更采购合同条款。

（1）原始资料错误，且经供需双方确认，如物料规格、设计变更等。

（2）制造条件改变导致供应商无法履约，企业可协助供应商在适当修改原合同后，继续履约。

（3）成本计价发生变化导致履行期限变更，此时双方可修改售价。

不过，由于国内外采购合同具有不同的特点，因此在修订时应注意的事项也是不同的，具体如表 3-22 所示。

表 3-22 修改国内外采购合同的注意事项

| 类型 | 修改内容 | 说明 |
|---|---|---|
| 国内采购合同的修改 | 修改交货日期 | 供应商受不可抗力因素的影响，无法在预定期限内完工交货，企业应同意延期交货，并将同意文件作为合同附件 |
| | 修改采购对象 | 在生产过程中，企业所需的物料组成部分有变动，对此，采购人员可以与供应商协商修改采购对象，并将此项内容作为合同附件，同时办理加减货款手续 |
| | 修改价格 | 由于工资及材料上涨，若按合同约定的价格，则供应商无法履行交货义务，而解除合同重新选择供应商对双方都不利。因此，企业可答应提高物料价格，并将价格修改内容作为合同附件 |
| 国外采购合同的修改 | 修改装运期 | 一般由供应商提出。由于原料短缺、延误生产等导致无法按期装运货物。此时，采购企业可要求供应商修改装运日期，并将同意文件作为合同附件 |
| | 船运改空运 | 当涉及特殊、急需货物时，考虑到时效性，企业应同意将船运改为空运，并将同意文件作为合同附件 |
| | 一次装运改分批装运 | 由于运输工具的原因，供应商无法一次将物料装运完成，此时可要求企业同意修改合同，允许分批装运，并将同意文件作为合同附件 |

适当地对合同进行修订是为了更好地执行合同，维护双方的利益，同时，双方达成一致修改意见也会在一定程度上规避分歧和争议。

**4．采购合同争议的补救**

合同争议的补救措施可以在一定程度上减少双方的损失，避免问题继续扩大，同时表明了企业的态度。

1）条款上的争议

采购企业和供应商对合同条款的理解有争议的，应当按照订立合同的目的、合同常用的词句、合同的有关条款、交易习惯及诚信原则，确定争议条款的真实意思。

2）理解上的争议

在采用格式条款的情况下，由于提供格式条款的一方在订立合同时就已经处于优势地位，另一方的利益应当受到法律的特别保护，这样才能使双方的利益平衡。我国《民法典》也有明确规定：对格式条款的理解发生争议的，应当按照通常理解予以解释。

3）条款解释的采纳

对格式条款有两种或两种以上解释的，应当做出不利于格式条款提出方的解释。如果双方自行调解、补救无效，那么运用法律手段来解决争端不失为一种合理的方法。

**5．采购合同终止**

当问题较为严重时，双方应适时终止合同。具体而言，采购合同终止主要出于以下原因。

1）双方协商终止

- 在合同履行期间，因受不可抗力影响，供应商丧失了履约能力，双方均可提出终止合同的要求。
- 当双方争议不能化解时，双方可以协商终止合同。

2）采购企业要求终止合同

- 当采购行为违反国家相关政策或法规时，企业可以要求终止合同。
- 当企业发现供应商报价不实，或者发现市场上有更为廉价的同类产品时，企业可以要求终止合同。
- 当有证据证明供应商有图谋暴利的行为时，企业可以要求终止合同。

♪ 在合同履行期间，当供应商在产品质量等方面有严重缺陷，经改善仍然不符合合同规定时，企业可以要求终止合同。

♪ 当发现双方经办人员有重大违法行为而经查证属实时，企业可以要求终止合同。

企业单方面终止合同尤其需要足够的理由和依据，以免承担经济赔偿的责任。采购合同的终止要遵循一定的法定程序。

## 四、采购合同的违约处理

处理违约要依据违约发生的原因选择合适的方式。对于合同条款有明确规定的应按相关条款执行。

### 1．分析违约发生的原因

采购合同的违约责任是某一方不履行合同义务所应承担的法律后果。界定违约发生的原因是为了找出责任者，同时追究法律责任。常见的违约内容和原因如表 3-23 所示。

表 3-23　常见的违约内容和原因

| 违约内容 | 违约原因 |
| --- | --- |
| 供应商拒绝交货 | 供应商出于某种不可告人的或非法盈利的目的，拒绝按照合同要求交货 |
| 提前或延迟交货 | • 由于供应商库房已满，或者其他原因，导致提前交货<br>• 由于供应商的人员、财务、生产等问题导致不能按时交货 |
| 未按约定地点或方式交货 | • 由于天气、道路等客观原因，以及供应商本身原因，导致不能将物料按时送达指定地点<br>• 由于供应商自身原因导致不能按照约定的方式交货，如约定的交付形式为先交付机器，后交付零部件，但供应商由于生产等原因不能先交付机器，只能先交付零部件 |
| 少交或多交货 | 供应商由于点货不清楚等原因导致少交或多交货 |
| 违反质量保证 | • 供应商供应的物料由于技术原因导致质量不达标<br>• 外包生产的物料，由于企业的设计原因，导致产品质量不达标<br>• 供应商的历史供货已经出现过质量问题，但是企业督促改善无效 |
| 包装错误 | • 供应商由于其主观原因，有意使用廉价或仓储数量较多的包装纸盒等进行包装<br>• 由于企业要求的特殊包装材料难以购买而导致包装错误 |
| 消息泄露 | 由于供应商的疏忽，将企业的一些信息有意或无意泄露给第三方，导致企业的利益受损 |

## 2. 确认违约的免责事由

虽然规定了严格的责任原则，但并不意味着违约方在任何情况下均需要对其违约行为负责。在符合法律规定的免责条件或当事人事先约定排除或限制其未来责任的情况下，违约方可以不承担违约责任或只承担部分违约责任。违约免责事由如表 3-24 所示。

表 3-24　违约免责事由

| 免 责 事 由 | 具 体 说 明 |
| --- | --- |
| 不可抗力 | 不可抗力是指不能避免、不能预见、不能克服的客观情况，具体包括以下情形：<br>● 政府行为，指当事人订立合同后，因政府颁发新的法律、政策和行政法规导致合同不能履行的情形，也包括战争行为<br>● 自然灾害，指由自然原因引起的，如旱涝灾害、环境污染、地震、水灾、火灾、风灾等<br>● 社会异常事件，如骚乱、罢工等<br>因不可抗力不能履行合同的，除法律另有规定外，根据不可抗力的影响，部分或全部免除责任 |
| 合理损耗 | 若供应商能证明物料的毁损、灭失是物料本身的自然性质或合理损耗造成的，则不承担赔偿责任 |
| 采购企业过错 | 由于采购企业的过错致使供应商不履行合同，供应商不负违约责任 |

企业和供应商在约定免责条款时，应该设定更加严格的界定标准。

## 3. 采取有效的违约处理措施

合同的违约可能发生在合同从成立到终止的整个过程中，每个执行点发生异常，都可能涉及违约的界定和最终解决。

### 1）违约处理程序

对于双方之间的违约处理，不轻易涉及法律，一般的经济处罚是有效处理违约的措施。采购违约处理程序如图 3-8 所示。

图 3-8 所示的处理程序仅供参考。企业可以根据与供应商交易金额的大小，划分违约的严重程度确定处理程序。

### 2）违约处理措施

根据违约对企业造成的经济损失的大小，双方可以采取不同的处理措施。违约的常见处理措施如表 3-25 所示。

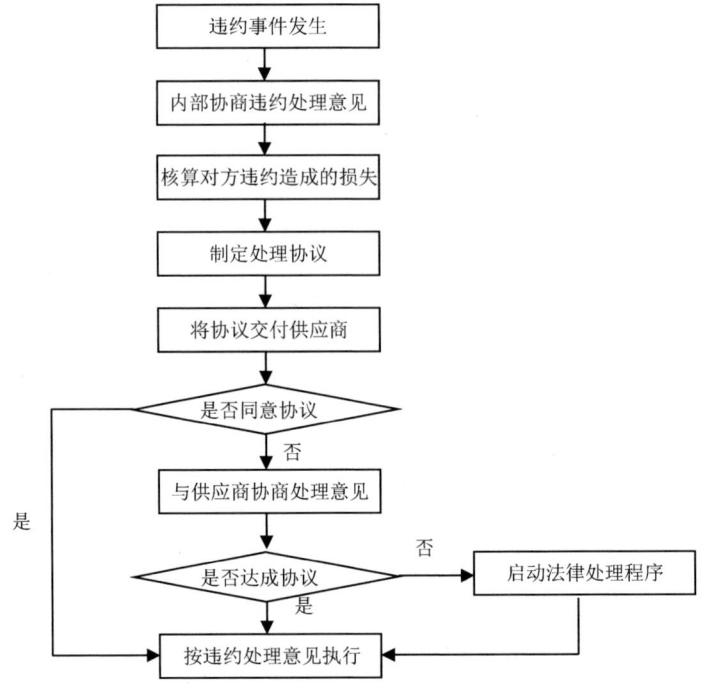

图 3-8 采购违约处理程序

表 3-25 违约的常见处理措施

| 事态等级 | 措 施 | 说 明 |
| --- | --- | --- |
| 轻微 | 协商 | 企业与供应商在友好的基础上,通过协商、谈判解决纠纷,这是解决合同纠纷的最佳方式 |
| 一般 | 调解 | 双方如果不能协商一致,可以要求有关机构调解,如合同管理机关、仲裁机构等 |
| 严重 | 仲裁 | 若双方不能协商一致,也不愿调解,则可根据合同中规定的仲裁条款或双方在纠纷发生后达成的仲裁协议向仲裁机构申请仲裁 |
| 很严重 | 诉讼 | 如果合同中没有订立仲裁条款,事后也没有达成仲裁协议,双方可以起诉到法院,通过诉讼解决 |

**4. 开展违约索赔事宜**

如果供应商违反合同,企业有权提出索赔。索赔一般建立在违约事项的基础上。索赔的项目及说明如表 3-26 所示。

表 3-26 索赔的项目及说明

| 项 目 | 说 明 |
| --- | --- |
| 索赔内容 | 所交物料的质量、数量、包装与合同不符,如未按期交货、其他违反合同或法定义务的行为等 |

续表

| 项 目 | 说 明 |
|---|---|
| 索赔依据 | 在提出索赔要求时,须掌握充分的证据,包括法律依据、事实依据等,以免因证据不全或不清、出证机构不符合要求而导致供应商拒绝赔偿的情况出现 |
| 索赔期限 | 一般有约定索赔期限和法定索赔期限两种规定。如果在合同中有约定索赔期限,则依照约定索赔期限;若无约定索赔期限,则以公约规定的两年为索赔期限 |
| 索赔金额 | 当出现供应商延期交货或企业延期接货的情况,企业可以根据合同中订立的违约条款(包括违约金的金额、计算方法及违约金的起算日期)来计算索赔金额 |

根据不同的索赔内容,供应商所负的赔偿责任会有所不同。不同索赔内容对应的赔偿责任如表3-27所示。

表3-27 不同索赔内容对应的赔偿责任

| 索赔内容 | 对应的赔偿责任 |
|---|---|
| 供应商拒绝交货 | 因供应商拒绝交货使企业遭受损失的,企业有权要求供应商赔偿损失 |
| 提前或延迟交货 | ● 因供应商提前交货,企业收取货物,但因此而增加费用支出的,企业有权要求供应商赔偿<br>● 因供应商延迟交货,企业收取货物,但因此遭受损害的,企业有权要求供应商赔偿 |
| 未按约定地点或方式交货 | ● 因供应商在约定以外的地方交货,企业收到货物,但因此遭受损害或增加费用支出的,企业有权要求供应商赔偿<br>● 由于供应商交货方式不当,导致企业增加费用支出或合同不能实现,并严重受挫的,企业有权要求供应商赔偿 |
| 少交或多交货 | ● 当供应商少交货,企业收取,但因此增加费用支出时,企业可要求索赔;当供应商少交货,构成延迟交货时,企业应按延迟交货索赔<br>● 当供应商多交货,企业因多收部分增加费用支出时,企业可向供应商索赔 |
| 违反质量保证 | ● 当供应商所交货质量不符合标准时,企业应要求供应商返修并赔偿损失或减少价款<br>● 对于供应商不能返修的,企业应要求更换产品或减少价款,并要求赔偿损失 |
| 包装错误 | 若供应商未按要求包装交货,企业则可要求供应商更换包装并索赔 |
| 合同变更 | 因供应商需要变更而提出终止合同,企业因而遭受的损失的,供应商应负责赔偿 |

违约索赔是任何企业都不希望发生的事情。采购人员在合同签订与执行过程中要做好监控,避免各种争议或误解的产生。

# 第四章 采购议价与成本管理

> 任何一项原材料或零部件的采购价格都会影响到产品制造成本，最终反映到企业售出产品的价格上。因此，企业在采购活动中做好产品供应价格分析、加强与供应商的价格协商，以及做好供应成本的控制工作，就显得至关重要了。

## 第一节 采购成本分析

采购成本具有隐蔽性，对提高企业效益具有较大的潜力。因此，采购部在做出合理的采购决定前，需要对采购成本进行合理的分析与核算。

### 一、采购成本分析的内容

通常，制造业企业的盈利是围绕产品展开的，因而我们应将产品结构成本分析应放在首位。在分析产品结构成本的同时，我们还应分析采购的总成本，以优化管理成本，把资金用于提高产品竞争力上。

#### 1. 产品结构成本分析

产品结构成本分析模型如图 4-1 所示。

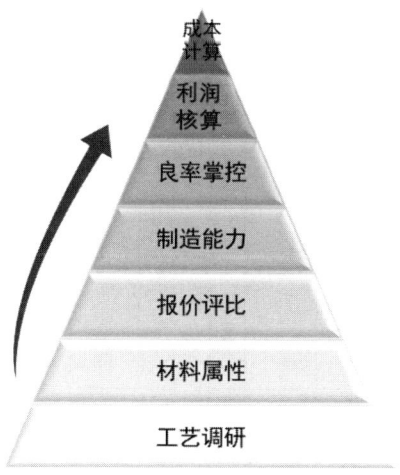

图 4-1 产品结构成本分析模型

企业应针对产品结构成本模型进行分析，填写《产品结构成本分析表》；分析时，应针对畅销品或新开发的产品。做好产品结构成本分析有助于企业了解产品在市场上的竞争态势和后期降低成本。产品结构成本主要分为三大块：制造成本、直接人工成本和材料成本。产品结构成本分析表（示例）如表 4-1 所示。

表 4-1 产品结构成本分析表（示例）

| 序号 | 品名 | 材料 | 模具（治具）费/元 | 部件加工 | 加工费用/元 | 材料费/元 | 部品单价/元 | 数量/个 | 部品总价/元 | 备注 |
|---|---|---|---|---|---|---|---|---|---|---|
| 1 | 面壳 | ABS 塑料 | 85000 | 喷哑 UV-4.50,印刷-0.25 | 0.70 | 2.40 | 7.85 | 1.00 | 7.85 | 只针对 US 盘面 |
| 2 | 底壳 | ABS 塑料 | 70000 | 喷哑 UV-3.0 | 0.70 | 2.60 | 6.30 | 1.00 | 6.30 | |
| 3 | 上盖 | ABS 塑料 | 35000 | 喷哑 UV-1.20 | 0.30 | 0.50 | 2.00 | 1.00 | 2.00 | |
| 4 | 左平板支架 | ABS 塑料 | 25000 | | 0.10 | 0.15 | 0.25 | 1.00 | 0.25 | |
| 5 | 右平板支架 | ABS 塑料 | | | 0.10 | 0.15 | 0.25 | 1.00 | 0.25 | |
| 6 | 触摸面板 | 聚碳酸酯 | 30000 | 喷漆-0.8 | 0.25 | 0.60 | 1.65 | 1.00 | 1.65 | |
| 7 | 侧壁防撞垫 | 应力消除件 | 8000 | 3M 背胶 | | 2.50 | 2.50 | 1.00 | 2.50 | |
| 8 | 底部防撞垫 | 应力消除件 | 5000 | 3M 背胶 | | 2.00 | 2.00 | 1.00 | 2.00 | |
| 9 | 底壳脚垫 | 应力消除件 | | 压克力胶 | | 0.16 | 0.16 | 4.00 | 0.64 | |
| 10 | 面壳脚垫 | 应力消除件 | | 压克力胶 | | 0.10 | 0.10 | 4.00 | 0.40 | |
| 11 | 关键组件（JME 标准品） | | 10000 | | 6.50 | 12.50 | 18.50 | 1.00 | 18.50 | V1455 |
| 12 | 关键组件补强板 | 热浸锌钢板 | 25000 | | | 4.20 | 4.20 | 1.00 | 4.20 | |
| 13 | 触摸板压板 | 热浸锌钢板 | 10000 | | | 1.70 | 1.70 | 1.00 | 1.70 | |
| 14 | 触摸板按键压板 | 热浸锌钢板 | 5000 | | | 0.50 | 0.50 | 1.00 | 0.50 | |
| 15 | 5 PIN 座子压板 | 热浸锌钢板 | 5000 | | | 0.65 | 0.65 | 1.00 | 0.65 | |
| 16 | 磁铁组件左 | 热浸锌钢板 | 6000 | | | 0.35 | 0.35 | 1.00 | 0.35 | |
| 17 | 磁铁组件右 | 热浸锌钢板 | | | | 0.35 | 0.35 | 1.00 | 0.35 | |
| 18 | 磁铁 1 | 钕铁硼 | | N45 | | 0.35 | 0.35 | 1.00 | 0.35 | |
| 19 | 磁铁 2 | 钕铁硼 | | N52 | | 0.50 | 0.50 | 8.00 | 4.00 | |
| 20 | 背胶 | 3M | | | | 0.15 | 0.15 | 1.00 | 0.15 | |

续表

| 序号 | 品名 | 材料 | 模具（治具）费/元 | 部件加工 | 加工费用/元 | 材料费/元 | 部品单价/元 | 数量/个 | 部品总价/元 | 备注 |
|---|---|---|---|---|---|---|---|---|---|---|
| 21 | 包装组 | | | 内盒/外箱/胶带/PE袋/Label（一种标签）/条形码纸 | | 2.20 | 2.20 | 1.00 | 2.20 | |
| 22 | 螺丝（螺钉） | | | | | 0.01 | 0.01 | 37.00 | 0.37 | 厂商标准件 |
| 23 | 5 PIN 弹簧式探针 | | | | | 3.50 | 3.50 | 1.00 | 3.50 | |
| 24 | 微控制单元（MCU, Microcontroller Unit） | | | | | 3.80 | 3.80 | 1.00 | 3.80 | 可通过预留端口进行更新 |
| 25 | 连接器 | | | | | 0.75 | 0.75 | 3.00 | 2.25 | |
| 26 | 主板 | | 3000 | | | 3.00 | 3.00 | 1.00 | 3.00 | |
| 27 | 针式连接器电路板 | | 1500 | | | 0.30 | 0.30 | 1.00 | 0.30 | |
| 28 | 防静电零件 | | | | | 2.60 | 2.60 | 1.00 | 2.60 | |
| 29 | 铜箔 | | | | | 0.50 | 0.50 | 1.00 | 0.50 | |
| 30 | 其他电子工程 | | | | | 1.20 | 1.20 | 1.00 | 1.20 | |
| 31 | USB 连接器 | | | | | 0.65 | 0.65 | 1.00 | 0.65 | |
| 32 | 触摸板 | | | | | 18.26 | 18.26 | 1.00 | 18.26 | USD2.5 |
| 33 | 柔性电路板 | | | | | 3.50 | 3.50 | 1.00 | 3.50 | |
| 34 | 柔性扁平电缆 | | | | | 0.65 | 0.65 | 2.00 | 1.30 | |
| 35 | 印刷电路板加工测试 | | | | 2.50 | | 2.50 | 1.00 | 2.50 | |
| 36 | 上盖与 K/M 热熔 | | | | 0.22 | | 0.22 | 1.00 | 0.22 | |
| 37 | 成品加工二号测试 | | | | 3.50 | | 3.50 | 1.00 | 3.50 | |
| 38 | 总计 | | | | | | | | | 不含备品 |

## 2. 采购总成本分析

采购总成本主要由物料的订购成本、维持成本（或存货储备成本）和质量成本构成。

采购总成本的构成如图 4-2 所示。

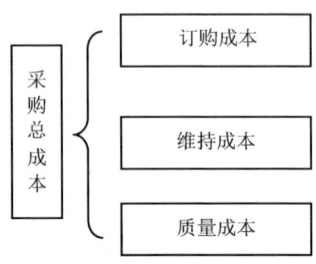

图 4-2　采购总成本的构成

### 1）订购成本

订购成本是企业为完成一次采购而产生的各种活动的费用，如办公费、差旅费、邮资、电话费等支出。订购成本的构成及说明如表 4-2 所示。

表 4-2　订购成本的构成及说明

| 构　　成 | 说　　明 |
|---|---|
| 请购手续成本 | 包括请购所花的人工费用、事务用品费用、主管及有关部门的审查费用 |
| 采购成本 | 包括估价、询价、比价、议价、采购、通信联络、事务用品等所花的费用 |
| 进货验收成本 | 包括检验人员验收所花的人工费用、交通费用、检验仪器费用等 |
| 进库成本 | 指搬运物料所花的费用 |
| 其他成本 | 如会计入账、支付款项等所花的费用 |

### 2）维持成本

维持成本指为保存物料或货物而开展的一系列活动所产生的费用，分为固定成本和变动成本。维持成本的构成及说明如表 4-3 所示。

表 4-3　维持成本的构成及说明

| 构　　成 | 说　　明 |
|---|---|
| 资金成本 | 存货的质量维持需要投入大量资金，而投入的资金便丧失了被其他方面使用的机会。如果每年其他方面使用这笔资金的投资回报率为 20%，那么每年存货资金成本为这笔资金的 20% |
| 搬运成本 | 存货数量增加，搬运和装卸的次数也增加，所需搬运工人与搬运设备同样增加，其搬运成本便相应增加 |

续表

| 构　　成 | 说　　明 |
|---|---|
| 仓储成本 | 包括仓库租金及仓库管理、盘点、维护设施（如保安、消防等）的费用 |
| 折旧及陈腐成本 | 存货容易发生质量变异、破损、报废、价值下跌，以及呆滞料的出现等，因此会造成相应的费用损失 |
| 其他成本 | 主要包括存货的保险费用及其他管理费用。其中，保险费用是针对一些比较贵重的、易损坏的物料而缴纳的保险金；其他管理费用主要包括维修费、土地税等费用 |

### 3）质量成本

质量成本包括设计质量成本、采购质量成本、边际质量成本、用户质量成本、社会质量成本、全寿命质量成本、作业质量成本等。质量成本构成及说明如表4-4所示。

表4-4　质量成本构成及说明

| 构　　成 | 说　　明 |
|---|---|
| 设计质量成本 | 指企业为保证产品设计质量符合客户要求和生产要求所投入的费用，以及设计缺陷所造成的损失 |
| 采购质量成本 | 指为促使和鉴定采购物料达到合同规定的质量要求所支付的费用，以及采购物料未达到质量要求而给采购企业造成的损失 |
| 边际质量成本 | 指质量成本对产品质量特性最小单位变化的变动成本 |
| 用户质量成本 | 指用户为了获得质量满意的产品所支付的费用，以及产品质量不能满足用户要求给用户造成的损失 |
| 社会质量成本 | 指国家质量监督机构、环境保护机构、用户权益保护组织等在鉴别和促使改进产品质量、保护环境等方面所投入的费用，以及因产品质量不良而造成公害给社会带来的经济损失 |
| 全寿命质量成本 | 指产品从市场调研、研发、生产、使用到报废、销毁的全过程中，对实现全寿命质量控制所投入的费用，以及产品质量不良造成的损失 |
| 作业质量成本 | 指企业为促使质量人员改善作业效果所支付的费用，以及作业差错造成的损失 |

以上对采购成本的分析是站在战略采购的角度进行的，它囊括了从采购物料到生产、交付与使用最终产品的整个生命周期中产生的所有费用。

## 二、收集采购成本资料

采购人员收集采购成本资料，为采购成本核算与分析做好准备，是进行采购成本管理的首要工作。收集采购成本资料可借助《采购成本资料收集明细表》（见表4-5）。

表 4-5 采购成本资料收集明细表

| 部门 | | 执行人 | | | | | 日期 | | |
|---|---|---|---|---|---|---|---|---|---|
| 采购项目 | 成本资料 | 状态 | | | 采购成本资料收集管理关键点 | | | | 处理时间 |
| | | 紧急 | 重要 | 一般 | 选定收集人员 | 确定收集渠道 | 选择收集方法 | 制订收集计划 | 收集工作实施 | |
| | | | | | | | | | | |
| | | | | | | | | | | |
| | | | | | | | | | | |
| 备注： | | | | | | | | | | |

采购人员在收集采购成本资料时应注意以下事项。

（1）采购成本资料收集主要从四个方面进行：从现有的企业账户中收集，如通过现有账户分析，区分采购成本与非采购成本；从会计原始凭证中统计收集；通过临时记录收集；通过材料成本、劳动力成本和采购费用明细账目收集。

（2）采购成本资料收集途径包括供应商提供的物料成本、人工成本和管理成本等各项资料；采购部将编制的《报价成本分析表》提供给供应商填写，作为成本分析的资料。

（3）在收集资料前，尽可能进行周密计划，切忌一知半解就开始。

（4）采购人员在收集采购成本资料过程中出现未能解决的问题时，应及时上报采购经理。

收集的采购成本资料是否完整，会直接影响采购成本核算及采购成本分析工作能否顺利开展。

### 三、采购成本核算与分析

采购成本分析包括分析采购成本的构成及影响因素，通过分析找到控制采购成本的有效方法。

#### 1. 影响采购成本的因素

采购物料的类型与寿命、年需求量与年采购金额、企业与供应商的关系都会影响采购成本的高低。因此，采购部在核算时需要明确这些因素。影响采购成本的主要因素如图 4-3 所示。

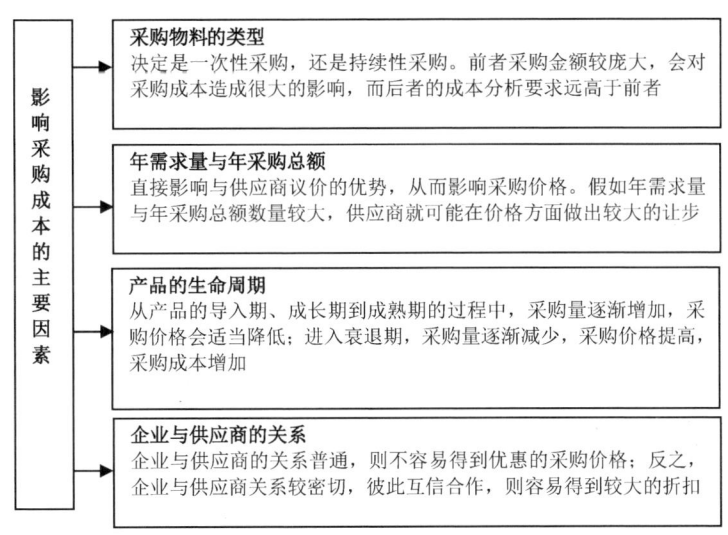

图 4-3 影响采购成本的主要因素

### 2. 采购成本的核算方式

采购成本核算项目主要包括订货成本、采购总成本、缺货成本。订货成本和采购总成本的核算如表 4-6 所示。

表 4-6 订货成本和采购总成本的核算

| 核算项目 | 计算方法 | |
| --- | --- | --- |
| 订货成本核算 | 订货总成本=年需求量÷每次订货量×一次订货成本 | |
| | 年需求量 | 依据年度采购计划得出年需求量 |
| | 每次订货量 | 依据每月采购计划得出每次订货量 |
| | 一次订货成本 | 依据采购合约价格及采购量得出一次订货成本 |
| 采购总成本核算 | 采购总成本=存货持有成本+运输成本+物流行政管理成本 | |
| | 存货持有成本 | 利息+税费+折旧费+贬值损失+保险费用+仓储成本 |
| | 运输成本 | 公路运输费用+铁路运输费用+水路运输费用+油料费用+航空运输费用+货运代理相关费用 |
| | 物流行政管理成本 | 订单处理费用+市场预测费用+计划制订费用+财务人员的管理费用 |

缺货成本又称亏空成本，是由于内部和外部中断供应所产生的。缺货成本包括因为不能及时生产出计划产品导致的销售利润损失，以及信誉损失。缺货引起的直接经济成本计算公式如下。

缺货成本=平均缺货量×单位存货年度缺货成本

$$\text{平均存储量} = \frac{\text{有货货期平均存储量} \times t_1 + \text{缺货货期平均存储量} \times t_2}{t_1 + t_2}$$

其中，价格 $t_1$ 为有货货期天数，$t_2$ 为缺货货期天数。

缺货成本、企业内部仓库管理费用及采购缺货关联密切。后两项成本的计算相对简单，缺货成本属于机会成本，相对难计算，这需要工作人员先根据实际情况合理估算损失，再将之列入采购成本核算项目。

### 3．采购成本分析的关键点

对采购成本的影响因素进行细分，从每项具体因素中抽取出分析采购成本的关键点。物料采购成本分析的关键点如表 4-7 所示。

表 4-7　物料采购成本分析的关键点

| 关 键 点 | 说　　明 |
|---|---|
| 采购物料 | • 确认设计说明书中没有超过规格的设计，分析使用物料的材质、规格、形状、尺寸、质量等级、公差等资料，重新确认是否可用其他廉价品<br>• 将组成各成件的组件、半组件及零件的规格标准化，以降低采购成本<br>• 积极利用市场情报、市场规格品开发动向，以及同行竞争者的采购情报，收集新制品、新技术、新工艺的最新情报<br>• 分析加工方法、加工工艺，确认是否可以压缩，以缩短供应商加工的时间，减少制造成本<br>• 分析物料形态、要素等，分析供应商提供的物料是否可以不经过加工就可以使用等<br>• 计算各加工方案的使用物料成本，计算各加工方案的加工成本并评价实施效果 |
| 年需求量 | • 计算在原定采购方式下的库存成本，包括仓储成本和管理成本等<br>• 寻找最佳采购时间，计算采购成本最少的时间点和采购量 |
| 产品生命周期 | • 分析产品生命周期，制订详细的生产和采购计划，避免断货或过度采购（增加仓储成本和退货成本） |

企业在编制自己的《采购成本分析表》时，会对表 4-7 中的内容进一步细化。某企业的《采购成本分析表》和《采购成本汇总表》如表 4-8 和表 4-9 所示。

表 4-8　采购成本分析表

供应商：　　　　　　　　　　　　　　　日期：

| 产品名称 | | 零件名称 | | 零件料号 | | 估价数量 | | 备注 | |
|---|---|---|---|---|---|---|---|---|---|
| 主材料费 | 编号 | 名称 | 规格 | 厂牌 | 单价 | 用量 | 耗损费 | 材料率 | |

续表

| 加工费 | 编号 | 工程内容 | 使用设备 | 日产量 | 设备折旧 | 模具折旧 | 单价 | 加工费 |
|---|---|---|---|---|---|---|---|---|
|  |  |  |  |  |  |  |  |  |

| 后加工费 | 编号 | 加工名称 | 使用设备 | 日产量 | 加工单价 | 说明 |
|---|---|---|---|---|---|---|
|  |  |  |  |  |  |  |

| 运包 | %，元 |
|---|---|
| 税利 | %，元 |

| 主材料费 | 加工费 | 后加工费 | 运包 | 税利 | 合计 |
|---|---|---|---|---|---|
|  |  |  |  |  |  |

试模款（常因采购量过少或其他必要因素不敷生产成本时）

备注：

审核：　　　　　　经办：

表 4-9　采购成本汇总表

供应商：　　　　　　　　　　　　日期：

| 物料 | | 采购地区 | | 价　格 | | 进口费用 | 运输费用 | | 取得成本 | | 付款条件与方式 |
|---|---|---|---|---|---|---|---|---|---|---|---|
| 名称 | 代码 | 国别 | 供应商 | 内销 | 外销 |  | 金额 | 方式 | 内销 | 外销 |  |
|  |  |  |  |  |  |  |  |  |  |  |  |
|  |  |  |  |  |  |  |  |  |  |  |  |
|  |  |  |  |  |  |  |  |  |  |  |  |
|  |  |  |  |  |  |  |  |  |  |  |  |

通过《采购成本汇总表》，我们可以从中发现采购支出的总趋势，并找出其中一些不合理的项目。

## 四、采购成本的计量与计价

采购人员必须对采购项目进行规范的计量与计价管理，这是进行采购成本分析的前提条件。

### 1. 采购成本的计量

计量是对采购活动中涉及的有关重量、数量、标准等的所有统计项目进行计算、核实和认定。

#### 1）计量单位

在进行计量时，应采用采购合同中规定的计量单位；当采购发生变更时，应采用质量协议规定或补充质量协议中规定的计量单位。

### 2）计量方法

计量时可依据以下方法进行。

（1）按照采购合同规定的方法、范围、内容和单位计量。

（2）不符合采购合同要求的物料不允许计量。

（3）依照供应商和采购经理一致认同的计量方法计量。

（4）采购过程中的各种检查、检测、验收手续必须齐全，否则不予计量。

（5）采购物料质量不符合要求的，不允许进行计量。

### 3）计量过程

采购人员在填写计量表时，应根据采购完成情况据实填报，如实际数量大于或小于采购计划数量，需与供应商协调处理供货。

相关单位在审查计量表时，对仓库需要进行全数检验；对于数据不真实的采购项目，不予计量。

### 2. 采购成本的计价

采购过程中应根据企业实际情况及市场行情制定不同的计价标准，以充分利用货币手段。采购成本的计价，必须以采购量为依据，确保计量结果的真实可靠，不重复、不漏记。计价时，主要按照采购合同、采购量清单、采购变更文件等文件中规定的采购价格进行计算。若变更文件对物料价格做出了变更，则按照变更后的价格计算。

## 第二节 采购议价管理

价格谈判过程是企业和供应商博弈的过程，双方心中都已经有了一个价格的界限。因此，如何让价格尽可能低，同时让最终价格最为靠近供应商的底线，是采购议价管理的核心内容。

### 一、确定采购议价目标

每家供应商都会根据成本、利润、市场等因素来确定定价目标，并据此确定定价方法。企业了解供应商的定价目标和定价方法对确定采购议价目标有积极的作用。

## 1. 供应商的定价目标

通常,供应商的定价目标有以下几个。

- 短期的预期收益,长期的预期收益。
- 控制总收入和总成本来维持长期较高的利润。
- 参考市场行情,确定合理的利润空间。
- 以低价抢占市场,再逐步提高价格。
- 降低成本,获取利润和价格优势。

## 2. 供应商的定价方法

通常,供应商的定价方法主要有三种,分别是成本导向定价法、需求导向定价法(又称市场导向定价法)和竞争导向定价法。

### 1)成本导向定价法

这是指供应商通过成本分析,最终确定价格大于成本的一定金额。该定价法表现为"价格=成本+利润"。这个价格涵盖了单品成本、直接成本、间接成本、管理成本和利润。这是大多数供应商采用的定价方法。企业可以寻找低成本的供应商,以此作为压价的参照。成本导向定价法可细分为以下三种。

(1)总成本加成定价法:先将生产某产品而产生的所有耗费全部计入成本范围,计算单位产品的变动成本,合理分摊相应的固定成本,再按一定的目标利润率确定物料的价格。

(2)目标收益定价法:根据物料的投资总额、预期销量和投资回收期等因素来确定价格边际。例如,钢材的价格是变动的,变动可以作为定价依据,或者协商出可接受价格的限制(如涨幅 500 元/吨),也可以不用变动,默认接受。

(3)盈亏平衡定价法:在销量既定的条件下,确定企业盈亏平衡、收支相抵时的价格(既定的销量称为盈亏平衡点)。盈亏平衡定价法须科学预测销量和固定总成本、单位变动成本,公式为:盈亏平衡点价格=固定总成本÷销量+单位变动成本。

总之,成本导向定价法是非常实用的确定议价目标的方法。

### 2)需求导向定价法

其定价表现方式:利润=价格-成本。这类供应商以优化成本的方式来获得利润。在激烈的竞争环境中,既要保持低价又要获得利润,则必须降低内部运营成本。当竞争激烈时，供应商会降低价格，牺牲利润；当获得竞争优势时，供应商会适当提高价格。

3）竞争导向定价法

供应商根据市场竞争情况确定产品价格，产品价格与成本、市场需求不直接产生关系。

供应商在制定价格时，主要参照竞争对手的价格，与竞争产品价格保持一致。成本或市场需求发生变动，但竞争产品价格未发生变化的，供应商要维持原价；当竞争产品价格变动时，供应商也要及时调整价格，即使产品成本和市场需求未发生变化。

基于供应商的定价方法和引起其成本变动的因素，采购人员应根据实际情况分析供应商的降价潜力，设定合理的采购议价目标，最终达到控制采购成本的目的。

## 二、设计采购议价策略

采购议价是一种博弈，双方都想在谈判中获取最大的价格优势。对于企业而言，通晓议价策略在一定程度上可以增强企业的还价能力。

### 1. 采购议价的信息收集

企业在分析采购议价时，要对供应商的情况进行分析和预测，并对自身的运作状况有清醒的认识。采购议价的信息收集如表4-10所示。

表4-10 采购议价的信息收集

| 信息分类 | 具体说明 |
| --- | --- |
| 从供应商处得到的协助 | 供应商对采购产品的了解比企业要多，在供应尚未发生之前，就要求供应商给予技术、管理、财务等方面的协助 |
| 掌握特殊重大事件 | 从报纸杂志或销售人员处得到的有关供应商罢工、坏天气、关税、法令、运输状况等重大事件的信息，从中发现可能影响价格的因素，继而更准确地预测合理的价格，力求在谈判桌上占据优势 |
| 收集历史资料 | 将收集的历史采购量的资料作为未来订购量的参考。同时，掌握了详细的历史资料也有助于在谈判时得到较大的价格折扣 |
| 注意价格趋势 | 比较供应商的价格是否在业内上涨幅度较大、上涨速度较快；供应商过去有多少产品的价格出现上涨，何时上涨，上涨幅度如何，采用何种通胀方式等 |
| 收集供应商的谈判技巧 | 收集供应商的谈判及价格的历史资料，找出供应商谈判技巧的倾向及供应商处理上次谈判的方式 |

续表

| 信 息 分 类 | 具 体 说 明 |
|---|---|
| 稽核结果 | 通过会计或采购稽核发现供应商账款等方面存在的有待加强之处 |
| 供应商的运营状况 | 从其销售人员及企业地位可了解供应商存在的问题与优劣势,做到知己知彼 |
| 利用供应商的情报网络 | 从销售人员处可得到一些有价值的资讯(如价格趋势、科技的重要发明、市场占有率、设计的改变等) |

### 2. 企业采购议价的优劣势分析

除了上述需要分析的信息,采购人员还应借助采购底价分析、成本分析、价格分析等,找出决定价格的主要因素(人工、原料、外包),以及采购议价优劣势,这样才能选出合适的谈判策略与方法。企业采购议价的优劣势分析如表4-11所示。

表4-11 企业采购议价的优劣势分析

| 优　势 | 劣　势 |
|---|---|
| 采购量占供应商产能的比例较大 | 采购量只占供应商产能的比例很小 |
| 供应商产能利用率偏低 | 供应商产能利用率很高 |
| 供应商最终产品的获利率较高 | 供应商最终产品的获利率偏低 |
| 企业断料停工损失成本较低 | 企业断料停工损失成本很高 |
| 物料成本占产品售价的比率低 | 物料成本占产品售价的比率较高 |
| 供应商市场竞争激烈,而企业并无指定的供应来源 | 供应商处于垄断地位,或者在行业内地位较高 |
| 供应商产能的增长超过企业需求的增长 | 企业需求的增长超过供应商产能的增长 |
| 企业自制能力好,而自制成本低 | 企业自制能力差,而自制成本高 |
| 采用新来源的成本低 | 采用新来源的成本偏高 |
| 企业购运时间充裕,而供应商急于争取订单 | 企业急于购买,供应商不急于销售 |

企业应学会通过分析供应商和自己的优劣势,以此制定更加科学、合理的议价策略。

### 3. 分析供应商涨价的原因

采购人员在谈判过程中有时会发现供应商报价要高于之前所做的价格分析,而供应商也会说明很多看似合理的涨价原因。面对这种情况,采购人员必须分析供应商涨价的原因,进而找到有效的应对策略。供应商的涨价原因分析如表4-12所示。

 供应商与采购管理

表 4-12 供应商的涨价原因分析

| 涨价原因 | 分析 |
| --- | --- |
| 外在环境的影响，如通货膨胀、原材料的匮乏 | 通货膨胀、原料的匮乏增加了供应商的成本压力，因此，供应商只能以涨价的方式保持利润 |
| 原材料、包装材料、辅助材料的价格上涨 | 供应商为应对成本的攀升问题，保证自己正常盈利，必须涨价 |
| 能源价格的上涨 | 供应商的运输成本增加 |
| 行业内涨价 | 行业内的普遍性涨价带动供应商涨价 |
| 市场竞争的需要及采购企业购买习惯的变化 | 为适应市场竞争及采购企业购买习惯的变化，供应商以提价增加产品的附加值 |
| 畅销产品的审货价格偏低，造成供应商各环节的利润下降 | 为保证渠道稳定，供应商采取涨价的方式整合市场、维持渠道盈利 |
| 原材料供应商的生产故障 | 供应商的原材料供应商由于某些故障导致原料成本上升 |
| 流通环节成本的增加 | 例如，进行宣传所花费的广告费用增加了成本 |
| 工人工资的上涨 | 直接人工成本增加 |
| 生产效率的降低，原材料使用的浪费 | 供应商整体成本增加，只能以涨价的方式覆盖 |
| 采购量低于供应商的最低采购要求 | 由于采购量未达到供应商的生产要求，小批量生产导致供应商亏本，因此供应商以涨价弥补亏损 |
| 供应商所供物料处于供不应求的状态 | 供应商利用采购企业急需要货的心理涨价 |

采购人员应针对以上原因给出反驳的论据，或者从另一个角度说明供应商的价格应下调，两项均衡，最终争取到较理想的采购价格。

**4．选择有效的议价策略**

采购部的主要工作之一就是要降低采购价格，因此采购人员必须懂得如何谈判和议价。

**1）当企业占优势时的议价策略**

如果有多家实力相当的供应商可供企业选择，那么企业在议价方面就占有很大的优势。此时，企业可以利用一些策略获得更大的优惠幅度，如表 4-13 所示。

表 4-13 当企业占优势时的议价策略

| 议价技巧 | 具体说明 |
| --- | --- |
| 货比三家 | 先找比价结果排行第三低者议价，探知其降价的限度，再找第二低者议价，经过这两次议价，底价则可能浮现出来。若此"底价"比原来报价最低者要低，表示第三、第二低者承做的意愿相当高，则可再找原来报价最低者要求降价 |

续表

| 议价技巧 | 具 体 说 明 |
| --- | --- |
| 过关斩将 | 采购人员应善用上级主管的议价能力。企业提高议价者的层次会使供应商有受到敬重的感觉，进而可能同意提高降价的幅度；若采购金额巨大，采购人员应请求职位更高的主管邀约供应商的业务主管面谈，此举通常效果不错 |
| 化整为零 | 如果拟购物料是由几个不同的零件组合或装配而成的，企业宜要求供应商"化整为零"，列示各项零件并逐一报价，同时另找出制造此等零件的专业厂商独立报价，以寻求最低的单项报价或总价，将其作为议价的依据 |
| 压迫降价 | 在竞争十分激烈，或者企业处于产品销路欠佳以致发生亏损或利润微薄的情况下，为改善获利能力，企业即可使出这一撒手锏。采购人员通常遵照紧急措施，通知供应商自某日起降价若干；若原来供应商缺乏配合意愿，则可更换来源 |
| 折扣法 | 企业可灵活利用付款周期、采购量、采购周期来获得想要的折扣 |

#### 2）当企业处于劣势时的议价策略

当企业并非供应商的关键客户或唯一客户时，企业的还价能力会较弱。在这种情况下，企业需放低姿态，避免供应商哄抬价格。此时，企业可用的议价策略如表4-14所示。

表4-14 当企业处于劣势时的议价策略

| 议价技巧 | 具 体 说 明 |
| --- | --- |
| 迂回战术 | 由于供应商占优势，正面议价效果不佳，因此，采购人员可以采取迂回战术，以期议价成功 |
| 直捣黄龙 | 有些单一来源的总代理商对采购人员的议价要求总是置之不理。此时，摆脱总代理商，寻求原厂的报价将是良策 |
| 釜底抽薪 | 先请总代理商提供一切报价单据，借以查核真实的成本，然后加上合理的利润作为采购的价格 |

#### 3）其他议价策略

还有一些其他议价策略可供企业选择，如表4-15所示。

表4-15 其他可用的议价策略

| 议价技巧 | 具 体 说 明 |
| --- | --- |
| 开低走高 | 即一开始就将价格压到最低，然后逐档添价，步步紧逼，并故作大方 |
| 欲擒故纵 | 价钱降不下来，索性不买，借此迫使对方让步 |
| 疲劳轰炸 | 考验耐力，不断地磨价 |
| 百般挑剔 | 提出所采购物料的一系列确实存在或可能存在的问题，借此挫伤供应商的士气 |
| 施以哄功 | 允诺会将供应商介绍给其他客户，使其立场"软化"，降低价格 |

以上所有策略都是在特定的背景下才可以使用的。在具体议价过程中，采购人员要体察当时的具体情况，切忌盲目选择某种技巧，以免得不偿失。

### 三、采购谈判与还价

价格协商的通俗说法就是通过讨价还价，最终确定双方都满意的价格。高明的采购人员会逐个化解双方的分歧，从而达成双方在价格上的一致。

#### 1. 寻找价格协商的突破点

采购人员在进行价格协商时，应从最容易解决的、最有把握的部分开始。这就好比在战场上，从对方防线中找到突破口。

#### 2. 灵活掌握发问技巧

发问是使采购人员在协商价格时"多听少说"的一种有效方法。在价格协商的过程中，采购人员须掌握一些发问技巧，如表4-16所示。

表4-16　发问技巧

| 技巧 | | 说明 | 举例 |
|---|---|---|---|
| 选择合适的发问方式 | 封闭式发问 | 供应商并不需要太多的思索即能给予答复 | 你是否认为售后服务没有改进的可能？（答复应为"是"或"否"） |
| | 开放式发问 | 不限定答复的范围，可使供应商畅所欲言，同时采购人员可以从中获悉其立场与感受 | 假如贵方再度延迟交货，那么我方将对已到期的货款进行止付。这样做，贵方有何意见 |
| | 澄清式发问 | 针对供应商的答复，采购人员重新提出问题，使供应商证实或补充原先的答复。这种发问方式能确保双方在同一语言基础上进行沟通 | 您刚刚说对目前进行中的这笔生意您可以做取舍，这是不是说明您全权负责与我方的协商 |
| | 探索式发问 | 针对供应商的答复，采购人员进行引申或举例说明。这种方式可用以发掘较充分的信息，还可显示出采购人员对对方答复的重视 | 您说贵方对所有的采购企业都一视同仁地按定价给予30%的折扣，那为什么贵方不对订购量更大的采购企业给予更大的折扣作为鼓励呢 |
| | 含有第三者意见的发问 | 借助第三者的意见影响对方意见的一种发问方式。如果这个"第三者"是供应商所熟悉或尊重的人，将会产生很大的影响，否则，将适得其反 | 工程部的专家认为使用贵方的物料难度很大，您怎么看 |
| | 引导性问句 | 对答案具有暗示性。这类问题几乎使供应商毫无选择地按采购人员设计的答案回答 | 贵方违约，是不是应承担责任 |

续表

| 技　巧 | 说　明 | 举　例 |
|---|---|---|
| 注意发问时机 | 在供应商发言完毕后再发问；在供应商发言停顿、间歇时发问；在自己发言后发问；在议程规定的辩论时间发问 | — |
| 注意事项 | 注意发问时的语速，为供应商保留一定的答复时间，发问时尽量保持问题的连续性 | — |

掌握发问技巧的目的在于探查出有利于己方的事实或情报。

### 3. 化解分歧，各个击破

很多时候双方的分歧很大，价格协商步履维艰。此时，采购人员可以尝试采用"拆分法"，即将双方的分歧进行拆分，分解为一个个小分歧并逐个解决。

### 4. 直接议价与间接议价

采购人员在议价过程中可以采取直接议价、间接议价等策略进行讨价还价，具体如表4-17所示。

表4-17　谈判中议价的基本技巧

| 技　巧 | 说　明 |
|---|---|
| 直接议价 | 供应商提高售价时，往往不愿意花太多时间重复进行价格协商，因此企业可要求沿用原来的价格购买 |
| | 企业直接表明预设的底价，使供应商提出较接近该底价的价格 |
| | 采购人员要求供应商说明提高价格的原因，并对任何不合理的加价提出质疑，要求供应商降价 |
| | 当采购人员不想再讨价还价时，或者当议价结果已达到企业可以接受的价格上限时，可采用强硬手段扭转供应商的态度，使其让步 |
| | 当谈判双方力量均衡且双方价格相差悬殊时，采购人员可让供应商先提出中间价格，再尽力让供应商退让一些，从而达成一致 |
| 间接议价 | 议价时不急于进入主题，先谈一些不相关的话题，使双方放松心情，借此了解对方的心理活动，之后慢慢引入主题，寻找可以让对方降价的机会 |
| | 要求面对面进行价格协商，因为面对面最有利于进行情感沟通，继而压价 |
| | 当与供应商初次谈判进入僵局时，可与供应商一方的领导进行谈判，鉴于领导的地位及初次谈判的诚意，供应商一方会做出一部分让步 |
| | 向供应商传递希望与其同舟共济、共渡难关的理念，及时将企业现阶段的损失量化指标等内容告知供应商，使供应商做出让步 |

如果企业与供应商建立了双赢的战略合作伙伴关系，就有利于达成折扣价格。

### 四、价格周期管理计划

采购人员在采购成本管理中要关注物料价格周期，确保采购价格持平于或低于市场询价。采购人员需要明确影响物料价格周期的因素，并进行追踪，将其最终作为定价、议价和还价的筹码。这些因素主要有物料的生命周期、市场行情、供需关系等。

#### 1．价格随物料的生命周期变动

产品从进入市场到被市场淘汰这一过程就是它的生命周期。在这个周期内，产品的价格呈现出一种下降的趋势。采购人员在采购物料时应充分调查和了解所采购物料的生命周期，确认其所处的阶段，在确定采购价格时要分析其当下价格是否符合价格浮动趋势，避免高于市场询价。

#### 2．随行就市物料的价格变动

对于化工原料等随行就市的物料，采购人员可追踪一到两年的价格，做成趋势图，将其与市场询价比较，观察差异，若价格和以前的价格持平就购进。一些企业会对价格浮动的范围进行规定，如果超过这个范围，采购人员就必须再次进行市场比价。例如，海尔采购订单滚动下达到供应商，一般的订单交付周期为十天，加急订单为七天；对于期货如钢材，签订框架采购协议，每个月下发一次订单，每三个月根据市场行情变化与供应商协商价格。

#### 3．供需关系导致物料价格变动

供需关系是引起物料价格变化的一个重要因素。市场饱和会导致物料价格下降，市场短缺会导致物料价格上涨。采购人员应具备敏锐的市场观察力，及时发现这些可能给供应商带来影响的变动，做好增加库存或还价准备。

## 第三节 物流成本管理

物流成本管理是指对物流费用进行计划、协调与控制。物流是产品流通的重要组成部分，但它并不能让产品增值。因而，不断降低物流成本是物流成本管理的核心。

## 一、需求计划与配装方案

物料需求计划诞生于20世纪60年代，指依据主生产计划、物料清单、库存记录和未交付订单等信息，经计算得出各种需求下的物料需求状况，同时提出新订单补充建议，以及修正已开出订单的一种基于计算机管理和控制的信息系统。

配装方案也称配送需求计划，是一种库存控制和物流调度安排的技术。它是协调厂内物流和配送至客户的中转中心。配送高效的配装方案可以有效降低物流成本。

### 1. 物料需求计划

物料需求计划特别适用于装配线作业和运营。它能保证企业所采购的物料及时供应到位。物料需求计划的输入/输出模型如图4-4所示。

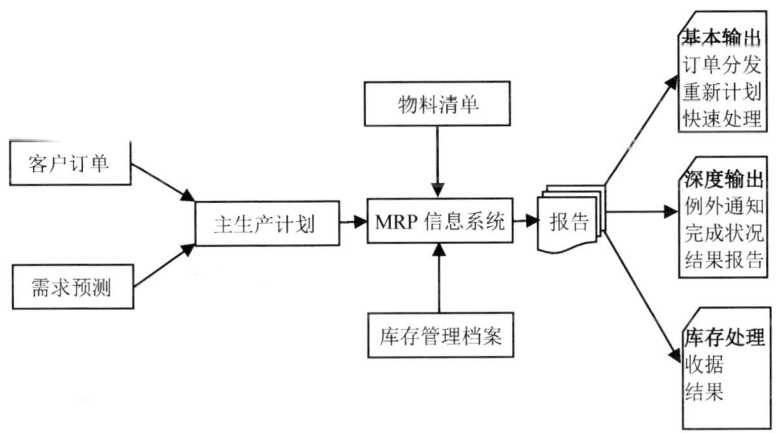

图4-4 物料需求计划的输入/输出模型

主生产计划是闭环计划系统的一部分，预测在某个计划时间内对最终产品的生产数量。物料清单指包括生产某件产品所需的所有物料资源、零部件等。MRP信息系统根据主生产计划，结合物料清单与库存数据，逆向分析出各个最终产品的需求时间与数量，以及各个物料的需求时间与数量，也就是计划生产订单和计划采购订单。

物料需求计划通用的计算公式如下。

净需求供货量=毛需求量-（现有存货量+订购中的货物量）

现有存货量包括生产线已分配量和安全库存量。物料需求计划可以用来计算物料需求量和需求时间，进而保障安全库存。

物料需求计划适合于大多数的制造业。随着信息技术、市场变化和全球贸易的发展，物料需求计划不断升级与融合，如 MRP2、JIT、ERP、SCM 等，这些都从广义上丰富了物料需求计划的定义，使得预测物料需求和需求时间的形式更加多样。

三星电子的手机销量巨大，以日为单位落实需求供给计划。三星电子各事业部主管每周召开 S&OP，确定一周的物料供给计划，并将这周的供给计划与反映日销售和供给差值的净更改计划结合。

之后，计划物控部门每日落实供给计划，安排销售和生产，并在每日结束时收集全球的市场信息，确认 24 小时内销售计划与实际销售、生产计划和实际生产间的差值，并将其反应至物料供给计划中，再比较日计划和周计划，若差值超标则第一时间与市场部联系供货。

准确的物料需求计划可以保证物料供给及时、数量准确。由于企业的规模大小不一，专业人员的配置不同，订单量多少不同，因此合理地采用物流方式非常有必要。

**2. 制定合理的配装方案**

企业应根据企业的生产能力、用料情况和地理位置，制定合理的、符合企业实际情况的物料配送模式。配装方案与物流模型如图 4-5 所示。

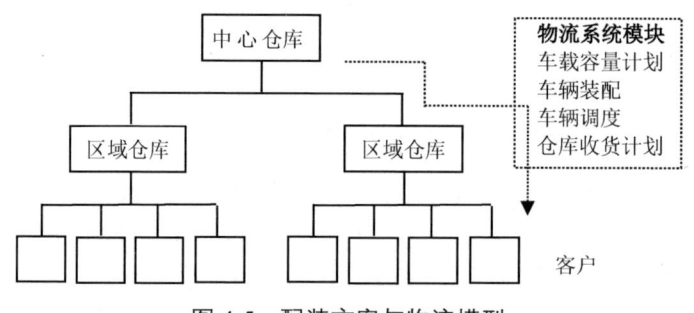

图 4-5　配装方案与物流模型

配装方案具有多梯级配送的特点，依据主生产计划安排具体的配送环节，包括车载容量计划、车辆装配、车辆调度、仓库收货计划，逐级将物料送至目的地。这种配装方案适合大多数企业。现在，越来越多的企业选择 JIT 生产方式，在库存控制方面追求零库存，以降低物流成本。配装方案在不断完善，有些企业选择了供应商（仓库）出货到现场的配装方案，极大地节约了成本。

攀钢是我国西部最大的钢铁钒钛工业基地。随着企业生产规模的不断扩大，现有的物流配送运作和仓储设备、设施已经不能满足攀钢的生产要求。为了使物流作业有效支持和配合生产，攀钢对物流进行了一系列的改革。

根据生产厂家的用料需求量、用料频率及所在位置，攀钢制定了四种不同的物流配送运作模式，分别为"库房→用料单位"的一对一的作业方式、"多个库房→单个用料单位"的多对一的作业方式、"多个库房→多个用料单位"的多对多的作业方式、"库房→多个用料单位"的一对多的作业方式。

在现实配送状况的基础上，攀钢将与物料配送相关的计划管理、生产调度等从物料采购管理中分离出来，设立配送计划管理部、配送部、验收管理部，组建了与采购界面连接的物料配送中心，细化了物料配送职责，拓展了配送功能。

攀钢通过组建企业级的物料配送中心，实现配送集中化；通过对现有原燃料、部分炼钢所用辅料采用直接配送的方式，进一步加大材料的直送力度。同时，在物料验收方面，攀钢采取供应商、配送中心、用户三方共同验收的方式，保证了直送物料的数量、质量，达到了高效、快捷、成本低的目的。

根据厂矿的地域分布和物料需求量、使用频率等情况，攀钢将配送服务区域划分为三大片，并在此基础上优化配送路线，提高作业效率和服务水平；利用原、燃材料需求量大的优势，攀钢将部分攀西市场比较成熟的物料由第三方物流企业代储、代运，既利用了社会资源和降低了库存，又实现了配送成本最低化。

攀钢进行了物流配送改革，提高了物流运作效率，其主要采取了以下配装方案。

- 制定不同的配送运作模式，根据不同的情况选择不同的配送模式。
- 将采购与配送相分离，组建与采购界面连接的物料配送中心，细化物料配送职责、拓展配送功能。
- 采取直送方式，不断改革配送运输方式，从而提高了配送运作效率。
- 将配送服务区域划分为三大片，并在此基础上优化配送路线，同时委托第三方物流企业代储、代运。

通过不断实践和改革，攀钢再造了物料配送流程，初步建立起以管理为基础、以配送为核心、以监管为保障的运作模式，提高了配送效率，降低了配送成本，实现了仓储配送的中心化、职能化和集中专业化管理。

## 二、运输规划与路线设计

运输系统是由各个要素组成的，实现产品实体从一个地方到另一个地方的空间转移，从而完成物资载运及输送任务的有机结合。合理的运输系统能够提高产品的配送效率和物流服务水平。

### 1．运输系统规划原则

我们在规划运输系统时可以遵循以下五个原则。

#### 1）安全性原则

运输系统的安全是保证高效配送的前提，而选择合适的运输方式是保证运输安全的首要条件。因此，应根据配送货物的特点使用合理的设备和配送工具，选择安全、可靠的运输方式。

#### 2）可靠性原则

在货物的配送运输中，所选择的运输工具和运输路线应保证产品能够按时送到客户手中，同时，所使用的工具应该可靠，保证产品不易被损坏。

#### 3）低成本原则

运输费用与运输时间、运输安全性是相悖的，为了保证运输费用和运输时间、运输安全之间的有效平衡，需要设计出一个最优方案。

#### 4）及时性原则

运输时间的长短和到货的准确性不仅决定着配送速度的快慢，而且对物流运作的顺利进行影响极大，如果因运输不及时造成客户缺货，就会给客户造成巨大的经济损失。

#### 5）数字化原则

这是指通过互联网平台，使用标准的数据结构进行数据交换；使用移动信息系统，通过安装车载 GPS 装置，将确定的合同数据、路线数据、车辆数据和行驶数据收集起来，进行储存、交换和处理。

### 2．物流运输的合理化

物流主管有效协调各种运输方式，能够提高企业整体运输能力，从而促进物流系统的整体运作。

## 1）影响运输合理化的因素

影响运输合理化的因素如下。

（1）运输时间：缩短运输时间有利于加速运输工具周转，充分发挥运力作用，从而提高运输线路的通过能力。

（2）运输距离：运输距离的长短是运输合理化的一个基本影响因素，因此，首先需要考虑运输距离，尽可能优化运输路径。

（3）运输费用：运输费用在全部物流费用中所占比例很大，是衡量物流经济效益的重要指标。运输合理化要求有效降低运输成本。

（4）运输工具：根据不同产品的特点，利用不同的运输工具，选择最佳的运输线路，最大限度地发挥运输工具的作用。

（5）运输环节：运输业务每增加一个环节，就会增加起运运费和总运费。因此，减少运输环节，尤其是减少同类运输工具的运输环节，对合理运输具有举足轻重的作用。

## 2）实现运输合理化的措施

实现运输合理化的措施如表 4-18 所示。

表 4-18 实现运输合理化的措施

| 内　容 | 说　明 |
| --- | --- |
| 提高运输工具的实载率 | 充分利用运输工具的额定能力，减少空驶、不满载行驶的时间，减少浪费，从而求得运输合理化 |
| 尽量发展直达运输 | 越过流通过程中的中间环节，把货物从产地或起运地直接运到销地或客户所在地 |
| 依靠科技提高技术装载量 | 一方面最大限度地利用运输工具的载重吨位，另一方面充分使用车船装载容量，从而实现运输合理化。例如，大型拖挂车、袋鼠式车皮解决了大型设备整体运输问题 |
| 有效实行配载运输 | 合理装载轻重不同的货物，在基本不增加运力和减少重质货物运输的情况下解决轻货的搭运，充分利用运输能力和动力 |
| 减少动力投入，增加运输能力 | 在运输设施固定的情况下，尽量减少能源动力投入，从而大大降低运输成本，达到运输合理化的目的。例如，在公路运输中，实行汽车挂车运输，以增加运输能力 |
| 开展必要的货物流通加工 | 对由于本身形态及特性等原因而很难实现运输合理化的产品，适当的流通加工能够有效解决合理运输的问题。例如，将造纸材料在产地加工成纸浆，并经压缩后运输，能解决运输不满载的问题 |

### 3. 物流运输成本及控制

运输生产过程是物流企业经营活动的中心环节，因此，核算物流运输成本对运输规划和路线设计是非常必要的。通常，物流运输成本包括以下四项。

（1）直接人工费用：支付给司机和助手的工资，包括司机和助手在所驾车辆保养和修理作业期间的工资、奖金、津贴，以及福利费用。

（2）直接材料费用：包括营运车辆所耗用的各种燃料的费用，以及所耗用的外胎、内胎、垫带（包括轮胎翻新和零星修补）的费用等。

（3）营运间接费用：基层营运单位为组织和管理营运过程所发生的费用，包括修理费、劳动保护费、差旅费、水电费、取暖费、办公费等。

（4）其他费用：包括车管费、洗车费、过桥费、轮渡费、航空运输费、水路运输费、通关费等。

不同的运输方式的运输成本不同，陆路运输一般以千米数为单位核算，即每千米的费用，包括从装车到目的地入库期间发生的所有费用。这有利于统一成本核算口径和成本考核指标。空运、海运则可参考国际运费标准。

## 三、运输方式的搭配与协同

物流主管能够根据配送货物的特点和距离的远近，使用合理的设备和配送工具，选择安全、可靠的运输方式，从而形成高效的运输系统。

摩托罗拉公司在运输成本方面有一套成功的管理模式。首先，摩托罗拉与物流服务商共同研究，通过整合资源来降低生产成本和运输成本。例如，通过改变产品包装模数与包装方式来提高包装内的货物量，降低单位产品的运输成本。

其次，送往上海的货物一般选择空运，现在，高速公路快速发展，因此在保证时间和服务的前提下改为公路运输；对运输条件要求不太严格的手机充电器、PCB板等零部件通常采用铁路运输，从而有效降低了运输成本。

此外，摩托罗拉采用配装的方式进行运输。例如，负责上海地区摩托罗拉零部件、产品运输的物流企业，可以在摩托罗拉的产品没有满载的情况下组织众多货主的货源开辟班车运输，将过去的零担运输改为整车运输，从而大大降低了运输成本。

摩托罗拉根据业务发展的需要，不断改变运输方式、改革包装、提高货物配装质量，从而降低了生产成本和运输成本。

我们在进行包装和运输方式的优化时，须做好三个方面的工作。

### 1．选择适宜的运输包装

在运输过程中对货物进行包装的目的在于保护货物，使货物从出厂起，经运输、贮存、装卸最终送到目的地的全过程都能得到保护而不受损。

#### 1）运输包装的类型

要想做好运输包装管理的优化，首先要明确运输包装的类型。运输包装的常见类型如表4-19所示。

表4-19 运输包装的常见类型

| 分类标准 | 类型说明 |
| --- | --- |
| 按包装方式分 | 可分为单件运输包装和集合运输包装。<br>● 单件运输包装：货物在运输过程中作为一个计件单位的包装<br>● 集合运输包装：将若干单件运输包装组合成一个大包装，便于更有效地保护货物，提高装卸效率和节省运输费用。常见的集合运输包装有集装包和集装袋 |
| 按包装形状分 | 可分为箱、袋、桶和捆等不同形状的包装 |
| 按包装材料分 | 可分为纸制包装、金属包装、木制包装、塑料包装、麻制品包装、草制品包装、玻璃制品包装和陶瓷包装等 |
| 按包装质地分 | 可分有软性包装、半硬性包装和硬性包装 |

#### 2）运输包装的选择

在明确运输包装的类型之后，就可依据货物的特性选择合理的运输包装方式。选择运输包装方式须注意以下五个方面。

（1）运输包装应适应所包装货物的特性。

（2）运输包装应满足各种不同运输方式的要求。

（3）运输包装应满足有关国家法律规定和客户的要求。

（4）运输包装应便于各环节有关人员进行操作。

（5）应在保证运输包装牢固的前提下节省费用。

### 2．挑选适宜的运输方式

挑选适宜的运输方式可降低运输费用和运输风险。常见的运输方式包括公路运输、铁路运输、水路运输和航空运输等，如表4-20所示。

表 4-20  常见的运输方式

| 运输方式 | 优 缺 点 | 使 用 范 围 |
| --- | --- | --- |
| 公路运输 | • 优点：机动灵活，运送范围可长可短，货物损耗少；运送速度快，可实现门对门运输；短途运输费用较低<br>• 缺点：运输能力弱，运输能耗高，易受天气影响，如雨、雪等 | 适合短途运输，可采取铁路、水路联运的方式 |
| 铁路运输 | • 优点：运输成本较低，速度快，运输能力强；受气候影响小，连续性强，能保证全年运行；运输的准确性和安全性较高<br>• 缺点：不能实现门对门运输，运输手续较烦琐 | 适合运送中/长距离、大批量、时间性强、对可靠性要求高的货物 |
| 水路运输 | • 优点：运输能力强，距离长，成本低<br>• 缺点：受自然条件影响较大，不能保证全年通航；运送速度慢 | 适合运距长、运量大、时间性不太强的货物运输 |
| 航空运输 | • 优点：运送速度快，机动性能好，运输损耗较少<br>• 缺点：运输量小，费用较高，易受天气影响，如风暴、雨雪等 | 适用于体积小、价值高、时间紧、易变质的货物 |

### 3. 选择合适的运输服务商

选择合适的运输服务商可保证货物运送的时间和质量，降低货物延期交付、丢失及损坏等风险。选择运输服务商的评估项目如表 4-21 所示。

表 4-21  选择运输服务商的评估项目

| 项　　目 | 说　　明 |
| --- | --- |
| 服务商的信誉 | 收集运输服务商的资料，评估是否可以长久合作 |
| 收费标准 | 评估运输服务商的报价是否符合预算，决定是否与之合作 |
| 运输实力 | 评估运输服务商的服务范围和规模，保证完成运输任务 |
| 运输质量 | 评估运输服务商的服务质量、运输流程控制情况等 |

同时，采购企业应致力于与运输服务商建立合作关系。在合作过程中，采购企业须考虑以下因素。

（1）与运输服务商共享运力和负载预测。

（2）让运输服务商在装货前先了解货物数量的变化情况。

（3）减少在装货和交货时的司机周转时间。

（4）提高装货与交货时间的灵活性。

总之，要选择合适的运输服务商必须根据采购企业的运作模式、产品特点、服务要求、成本控制等对运输服务商进行评估。

## 四、完善物流供应系统

从运营上说,物流是产品流通的重要组成部分,但从效益上说,其并不能让产品增值。我们假设将产品从甲地运到乙地,产品地理位置的变化不会使其性能更优,相反,随着搬运次数的增多,会衍生出物流成本、库存成本,这也是丰田追求零库存,降低二次搬运的主要原因。企业在完善物流供应系统时应充分考虑优化搬运次数,并以数字化系统辅助,提高物流效率,最大化地降低物流成本。准时化物流系统模型如图 4-6 所示。

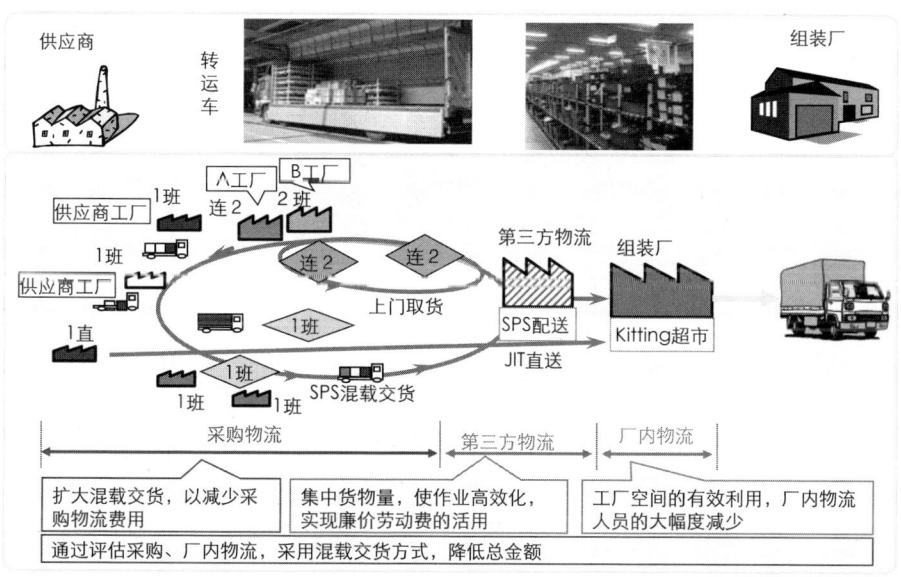

注:SPS(Set Parts System)是指每车装配辆份配送货物的方式;Kitting 超市指做物料暂存的、起物料周转作用的仓库。

图 4-6 准时化物流系统模型

企业与供应商乃至配送中心一起寻求物流供应系统的改善。企业运营人员要考虑如何降低生产、仓储、运输、销售的综合成本。

### 1. 三星电子建立工业园,实现自动补货

一部手机有数百个零部件,若分散采购,势必增加手机成本,推高手机的售价,降低手机的市场竞争力。

自 2003 年起,三星电子积极筹建三星工业园,邀请供应商来园区建厂,极大地简化了通过空运、海运等方式运输原材料和零部件的采购流程,节省了高昂

的运输成本。

与此同时，三星电子在园区内积极构建信息共享系统，以实现园区零库存的目标。园区内的各个企业之间都设有网络连线，以保证物流、信息流的敏捷沟通，重点供应商专门建造直接通向三星电子组装厂厂房的超大型传送带。此外，通过自动补货系统，供应商可以直观地了解到自己供给的货品在企业的库存数量，随时根据情况进行补货。

通过建立工业园及整合园内物流，三星电子的整条供应链的可视性增强，总库存减少，供应链总体成本持续降低。

### 2．东风汽车公司进行了运输方式的改革

东风汽车公司通过不断优化运输方式和车载容量，大大降低了运输成本，提高了物流运作效率，为其快速发展奠定了基础。

东风汽车公司进行了运输方式的改革：针对铁路运输流程复杂、储量大、成本高等缺点，将厂际大总成（车轮、车架、车桥、车身、变速箱、发动机等）的铁路运输改为汽车运输，大宗物料和商品汽车的运输仍然采用铁路运输，彻底改变了厂际的运输方式。在产品入库方面，建成入库专用通道，实行全封闭管理，这样既保证了入库质量，又加快了入库速度，缓解了车辆拥堵的状况。

公司还不断改进运输工具和运输模式。例如，以前，将车身总成送往总装配厂都采用4吨载货车每次装运两台，载重量约为1吨，装载效率仅为25%，运力浪费严重。为改变这种状况，公司选择将3吨轻型载重车加长车厢底板，这样一来，可装3台驾驶室，装载效率达到50%。

同时，充分利用回空车辆，提高运输效率。例如，东风汽车公司柴油发动机厂（襄樊）每天需要10台运输车辆向总装配厂（十堰）运输发动机，返回时只有很少的车辆将空集装器具带回襄樊，运力大大浪费。通过合理组织，其中5台车辆运输返空的集装器具，其余5台运输车轮公司（十堰）向轻型车厂（襄樊）运送车轮总成，使车辆利用率为98%以上。

随着东风汽车公司的产品品种和产量的不断增加，集装器具的制作、使用、储存、流通、交换及管理等相继出现许多难以协调的问题。为了提高集装器具使用效率，公司规范了集装器具的设计原则，统一了设计标准，并不断提高设计水平，从而保证集装器具更好地为生产服务。

东风汽车公司根据企业的实际情况,采用灵活的货物运输方式:建立专用通道,保证了入库质量和速度;不断改变运输工具和运输模式,提高了大总成的运输效率;统一集装器具的设计,提高了集装器具通用化的程度和管理水平。经过一系列的改革,东风汽车公司的物流成本大大降低,货物运输效率得到大幅度提升。

完善物流供应系统是一项很复杂、周期很长的工作。在这里,笔者希望借这两个案例给大家一些启示。

## 第四节 采购成本控制

采购成本是企业预算支出的重要部分。为了确保企业资金的良性流转,企业需要对采购成本进行合理控制。常见的控制方法主要包括实行物料的分类采购、定期采购、定量采购等。

### 一、常规物料的成本控制

依据通用的物料分级方法,物料可以分为A、B、C三个等级,B、C类物料可以归为常规物料,常规物料具有种类多、数量多的特点。笔者曾发现一些企业中的常规物料占据很高的采购成本比例,具体表现为库存高、采购资金占比大、采购频繁、维护成本高等。控制常规物料成本的主要方法就是完成物料的精确分级、确定合理的采购方式。

#### 1. 物料的分类采购

物料的分类采购是指在进行物料采购时,首先对目标物料按照一定的标准(如按照物料的重要程度)进行分类。

#### 1)ABC 分类法

ABC 分类法指根据分析对象在技术或经济方面的主要特征进行分类排队,分清重点物料和一般物料,从而有区别地进行管理的一种分类方法。根据库存产品的价值、销售额、利润等因素的重要程度将物料分为 A、B、C 三大类。A 类为重要物料,B 类为次重要物料,C 类为不重要物料。A、B、C 三类物料的比较如表 4-22 所示。

表 4-22　A、B、C 三类物料的比较

| 类别 | 产品特点 | 品种所占比例 | 销售额所占比例 | 管理 |
|---|---|---|---|---|
| A | 价值高，销售额高，品种少 | 10% | 70% | 重点管理 |
| B | 价值中，销售额中，品种中 | 20% | 20% | 可重点管理，也可一般管理 |
| C | 价值低，销售额低，品种多 | 70% | 10% | 一般管理 |

注：表中的数据为一般情况，不同企业、不同物料的分类会有所不同。

### 2）物料分类采购标准

常见的物料分类采购标准如表 4-23 所示。

表 4-23　常见的物料分类采购标准

| 定额综合程度 | | 物料分类 | | |
|---|---|---|---|---|
| | | A 类物料（按品种、规格采购） | B 类物料（按大类质量采购） | C 类物料（按该区总金额采购） |
| 定额的调查方法 | 消耗定额 | 按技术计算 | 现场调查 | 经验估算 |
| | 周转库存定额 | 按库存论不同条件下的数学模型计算 | 按库存论不同条件下的数学模型计算 | 经验统计法 |
| 检查频率 | | 经常检查 | 一般检查 | 按金额统计 |
| 统计 | | 详细统计 | 一般统计 | 按金额统计 |
| 管理 | | 严格管理 | 一般管理 | 金额总量管理 |
| 安全库存量 | | 较低 | 较大 | 允许较高 |

为了便于读者理解，笔者以西门子的分类采购为例对 A、B、C 三类物料的采购方法进行解读。

西门子将供应商的物料分为高技术含量的高价值物料、用量较大的标准化物料、高技术含量的低价值物料和低价值的标准化物料。西门子与相应供应商关系的性质和密切程度也由这四种分类决定。西门子的分类采购策略如表 4-24 所示。

表 4-24　西门子的分类采购策略

| 物料分类 | | 策略说明 |
|---|---|---|
| A 类物料 | 高技术含量的高价值物料 | 这类物料包括中央处理器的冷却器、定制的用户门阵列、电力供应。采购策略是技术合作型<br>● 与供应商保持密切联系，包括技术支持和共同负担研发费用<br>● 签订长期合约<br>● 共同努力，以实现标准化和技术诀窍的转让<br>● 通过电子数据交换和电子邮件实现通信和最优化的信息交流<br>● 在获取基础材料的瓶颈方面给予可能的支持 |

续表

| 物料分类 | | 策略说明 |
|---|---|---|
| B类物料 | 用量较大的标准化物料 | 这类物料包括集成电路存储器、稀有金属、镀锌的锡片、印制电路板。采购策略是储蓄潜能的最优化<br>• 在全球寻找供应源<br>• 在全球寻求相应的合格供应商<br>• 开发一套采购的国际信息系统<br>• 列入第二位的资源政策<br>• 安排接受过国际化培训的最有经验且最为称职的采购人员 |
| | 高技术含量的低价值物料 | 这类物料包括需要加工的零件、变压器、继电器。采购策略是确保有效率<br>• 质量审查和专用的仓储设施<br>• 战略性存货<br>• 在供应商处寄售存货<br>• 保守存货和编制有预警系统的安全库存计划<br>• 特别强调与供应商保持良好的关系 |
| C类物料 | 低价值的标准化物料 | 这类产品包括金属制品、塑料制品、电容器、化学制品。采购策略是有效地加工处理<br>• 通过电子系统降低采购加工成本<br>• 向接管部门日常物料工作的经销商或供应商外购产品<br>• 增加对数据处理和自动订单设置系统的应用<br>• 即时生产，减少运送到仓库、运送到生产线的手续<br>• 努力减少供应商和条款的数量 |

通过这四种分类采购策略，西门子从八十家供应商中选出三家作为首选供应商，大大简化了西门子内部采购流程，降低了采购成本。

### 2．选择更低成本的采购方式

企业应针对各种发包品的采购方式进行合理筛选，以便更好地控制采购成本。在通常情况下，企业会通过集中采购和联合采购等方式进行大批量采购，从而获得供应商的价格折扣。

#### 1）集中采购

集中采购是企业设立职能部门，统一为其他部门、机构或子公司提供采购服务的一种采购组织实施形式，其特点如下。

（1）采购量大，可获得价格折扣和良好的服务。

（2）可统一实施采购方针。

（3）可精简人力，便于对采购人员进行培养和训练。

（4）很难满足零星采购、地域采购及紧急采购的需要。

集中采购虽然能够获得采购规模效益,但不是所有物料都可以采用集中采购的方式。选择集中采购时应考虑的因素如表 4-25 所示。

表 4-25　集中采购的影响因素

| 影响因素 | 说　明 |
| --- | --- |
| 共性要求 | 所需采购的原材料或零部件具备的共性越多就越适合采用集中采购方式 |
| 地理位置 | 若企业的部门或分支机构分布在相同的国家或地区,则适合采用集中采购方式 |
| 成本潜力 | 原材料或零部件的供应价格与采购量的关系越紧密就越适合采用集中采购方式 |
| 专业技能 | 采购所需的专业知识与技能要求越高就越适合采用集中采购方式,如半导体与芯片、计算机软件等 |
| 价格浮动 | 原材料对经济环境越敏感就越适合采用集中采购方式,如金属、油品、纸品和橡胶等 |

此外,企业在决定采用集中采购方式时应做好以下三个方面的工作。

(1)实施归口管理,即物料的采购、供应由采购部统一管理,实行集中批量采购。

(2)加强计划管理,即计划要准确、准时,并具备预测性。

(3)减少分散采购途径,即与具备集中供货能力的供应商建立起长期的供需关系,定期核实供应商的供货速度、质量、价格和服务能力,从而决定是否继续与其合作。

**2)联合采购**

联合采购是小型企业联合起来,形成大批量采购,从而获取价格折扣,实现低成本采购的一种手段。联合采购的特点如下。

(1)集小订单成大订单,可获取采购规模优势。

(2)联合采购通过直接与制造商交易,可摆脱代理商的转手成本。

(3)联合采购的作业手续复杂,容易因数量分配和到货时间引起争端。

(4)利用联合采购可进行"联合垄断",操纵供应数量及价格。

联合采购可由采购企业组织,也可由供应商或第三方组织。根据组织者的不同,联合采购可分为三种形式。

(1)某地区同行业的中小企业组成的联合采购。

(2)某供应商组织采购企业联合采购。

(3)某组织或协会组织采购企业联合采购。

不管采取何种采购方式,采购企业都应权衡每次采购的数量。因为虽然每次的订购数量越多,所需的单位订购费用越低,但库存费用越高。

为实现总成本最低的目标,企业应分析总成本与库存维持费用及单位订购费用之间的关系,继而选择合适的订购量,即经济订货批量。

### 3. 经济订货批量

经济订货批量是使订货成本和库存成本之和实现最低的每批订货数量。在全年的需求和成本相对稳定,需求率已知且连续,从订货到到货的间隔时间已知且固定,不发生缺货现象时,经济订货批量的计算原理可用图 4-7 表示。

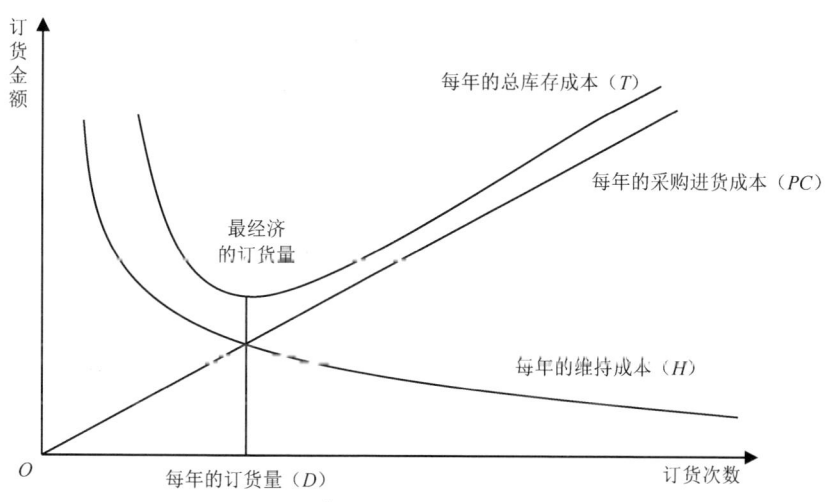

图 4-7 经济订货批量的计算原理

在通常情况下,人们用 $T$ 代表每年的总库存成本,$PC$ 代表每年的采购进货成本,$H$ 代表每年的维持成本,$D$ 代表每年的订货量,$P$ 代表物料的单位购买价格,$Q$ 代表订购量,$I$ 代表每次订货的成本,$J$ 代表单位物料的维持成本,$F$ 代表单位物料的维持成本与单位购买价格的比率。

平均存货量为 $Q \div 2$;

每年的维持成本为 $Q \div 2 \times J$;

每年的订货次数为 $D \div Q$;

每年的订货成本为 $D \div Q \times I$;

每年的采购进货成本为 $D \times P + D \div Q \times I$。

企业每年的总库存成本($T$)为每年的采购进货成本($PC$)和每年的维持成本($H$)之和,公式如下:

$$T = PC + D \div Q \times I + Q \div 2 \times J$$
$$= D \times P + D \div Q + Q \div 2 \times F \times P$$

求解方程式，即可得到经济订货批量——使订货成本和库存成本最低的最佳订货量。

## 二、供应商直通率与价格管理

物料直通车是通过验证供应商过程的有效性来判定供应商物料合格的一种方式。当供应商直通率高时，企业可以降低检验频率或免检，同时给予其一定的价格保护。这一举措可以有效降低来料检验成本和批量采购成本。

### 1. 物料直通车的评价流程

物料直通车的评价流程如图 4-8 所示。

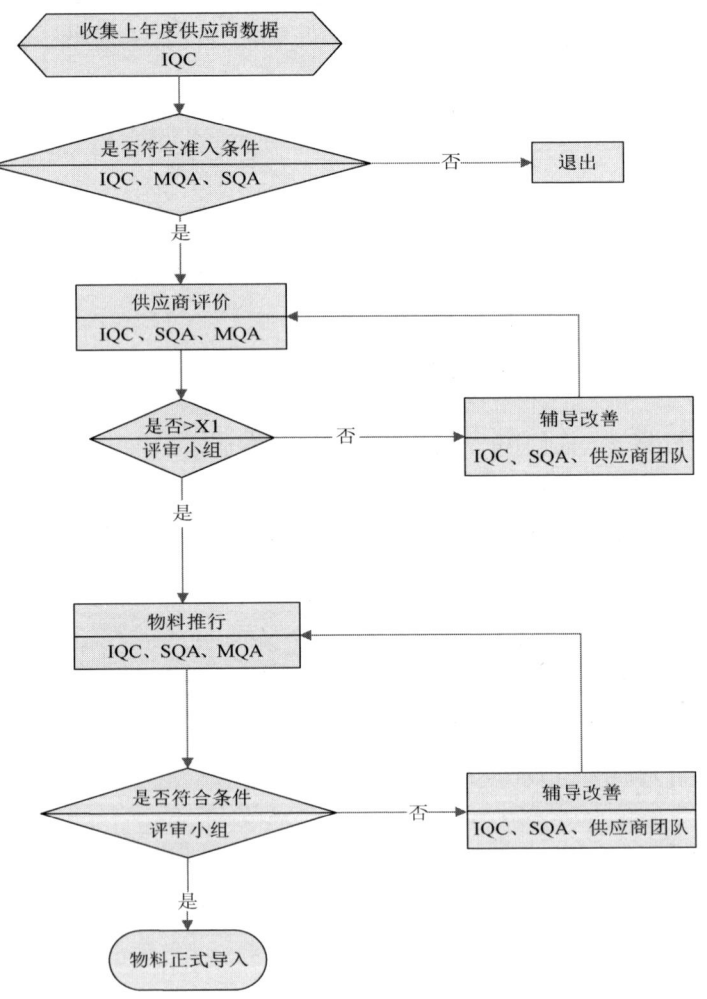

图 4-8　物料直通车的评价流程

## 2. 物料直通车的执行内容

企业参照物料直通车的评价流程及管理工具执行相关管理内容。

### 1）收集供应商的相关资料

IQC（Incoming Quality Control，来料质量控制）负责收集上年度供应商的相关资料，如表 4-26 所示。

表 4-26　供应商信息资料表

| 名称 | 合作年限 | 上年度复审成绩 | 上年度总采购额 | 总工时 | 年度考评 | 上年度来料合格率 | 类别 | 备注（上年度是不是优秀供应商） |
|---|---|---|---|---|---|---|---|---|
|  |  |  |  |  |  |  |  |  |
|  |  |  |  |  |  |  |  |  |
|  |  |  |  |  |  |  |  |  |

IQC 根据表 4-27 所示的《物料直通车供应商准入条件表》筛选出符合条件的供应商。

表 4-27　物料直通车供应商准入条件表

| 项　目 | 指　标 | 上年度参考 | 备　注 |
|---|---|---|---|
| 供应商合作年限 | ≥1 年 |  |  |
| 供应商资源开发部上年度考核成绩 | B 级及以上 |  | Q、C、D、S 综合评价 |
| 采购金额 | ≥1500000 元 |  |  |
| 供应商上年度复审成绩 | ≥A 级及以上 |  | 质量体系和财务评价 |
| 年投入检验工时 | >450 小时 |  | 检验成本投入 |
| 代理商 | 不包括代理商 |  | 不能直接控制产品质量 |

注：A、B 为根据备注里的评价方法考核评定的等级；Q、C、D、S 综合评价是指对供应商的 Q（品质，Quality）、C（成本，Cost）、D（交期，Delivery）、S（服务，Services）四个方面进行综合考核评分。

### 2）供应商物料直通车资格评价标准

评审小组根据《物料直通车供应商评审表》（见表 4-28）评价准入供应商，以评出导入和辅导两类供应商。

（1）对于评价结果为"导入"的应进行直通车物料的推行工作。

（2）对于评价结果为"辅导"的应针对不足的部分做出改善。评审小组对其进行辅导，完成后，再进行评价，若通过，则进行直通车物料的推行工作。若两次辅导都不能通过，则本年度内不再考虑其物料直通车供应商的资格。

## 表4-28 物料直通车供应商评审表

| 供应商名称 | | | 评审日期 | | | 编号: | | | |
|---|---|---|---|---|---|---|---|---|---|
| 评价结果 | | | 评审小组 | | | | | | |
| 合格: 加权总分 ≥ 85% | | | | | | | | | |
| 需要辅导: 加权总分 <85% | | | | | | | | | |
| 重要项不合格: 重要项（质量权重≥10）不符合要求 | | | | | | | | | |

| | | 评价标准分 | | | 评审部门 | 质量权重 | 重要度 | 审核评分 | 审核记录 | 加权得分 |
|---|---|---|---|---|---|---|---|---|---|---|
| | | 5 | 3 | 1 | | | | | | |
| 1.0 检验 | | | | | | | | | | |
| 1.1 | 场所环境管理 | 明确检验场所的相应环境要求，并进行了每日点检的管理（温度、湿度、清洁度、照度等） | 有检验场所的相应环境要求 | 没有检验场所的相应环境要求 | SQA | 1 | 次要 | 5 | | 3.23% |
| 1.2 | 物料状态的标识 | 划定了待检区、检验区、合格品区、不良品区、保留品区，并做好各个区域的标识 | 划定了待检区、合格品区、不良品区、保留品区 | 没有划定不同物料状态的存放区域 | SQA | 5 | 一般 | 3 | | 9.68% |
| 1.3 | 送检单与实物的一致性 | 有完善的ERP系统，自动生成单据，包含订单与物料的编码、品名描述、版本、最小包装量、检验标准书编号等信息 | 客户订单与送检单有相互关联，能够保证送检单与客户要求实物一致 | 没有一套机制保证送检单与客户要求的实物一致 | SQA | 2 | 一般 | 3 | | 3.87% |
| 1.4 | 检验规范 | 所有物料都有《检验指导书》，明确记载了检验项目、检验方法、工具和检验标准 | 所有物料都有检验标准和检验标准 | 部分物料有检验标准，或者都没有检验标准 | SQA | 5 | 一般 | 5 | | 16.13% |

第四章 采购议价与成本管理

续表

| 1.0 检验 | 评价标准评分 5 | 评价标准评分 3 | 评价标准评分 1 | 评审部门 | 质量权重 | 重要度 | 审核评分 | 审核记录 | 加权得分 |
|---|---|---|---|---|---|---|---|---|---|
| 1.5 检验类文件的控制和查询 | 检验类文件在检验现场有进行明示，检验类文件的分发和回收有效控制 | 检验类文件的分发和回收得到有效控制，且易于查找 | 检验类文件的分发和回收没有得到有效控制 | SQA | 1 | 次要 | 3 | | 1.94% |
| 1.6 抽样方案 | 抽样方案明确；抽样标准等于或高于企业的抽样要求；有根据质量波动调整检验频率和抽样标准的规定 | 抽样方案明确；抽样标准等于或高于企业的抽样要求 | 抽样方案不明确 | SQA | 2 | 一般 | 3 | | 3.87% |
| 1.7 检验方法 | 现场考核检验员：全部理解了检验标准和检验方法，并按检查标准实施了检验 | 检验员能够按照《检验指导书》正确实施检验 | 检验员没有正确实施检验 | SQA | 4 | 一般 | 3 | | 7.74% |
| 1.8 检验记录 | 检验结果记录及时、清晰；不合格内容有统一的名称，便于分类和统计；有检验不合格管理台账 | 检验结果记录及时、清晰，检验决策具体；有检验不合格管理台账 | 检验结果记录不及时、清晰，检验决策具备本 | SQA | 3 | 一般 | 3 | | 5.81% |
| 1.9 不良品、保留品的隔离 | 有易于识别不良品和保留品的标识，并在放置场所与其他产品区域完全隔离 | 有易于识别的不良品和保留品的标识 | 不良品、保留品与其他产品有混放的可能 | SQA | 6 | 一般 | 3 | | 11.61% |
| 1.10 检验数据统计分析 | 有收集检验相关数据的检验总结，并针对检验中发现的问题排定顺序予以解决 | 有收集检验相关数据，进行周期性的检验总结 | 没有检验相关数据的统计分析 | SQA | 2 | 一般 | 3 | | 3.87% |

续表

| 2.0 包装与运输 | | 评价标准分 | | | 评审部门 | 质量权重 | 重要度 | 审核评分 | 审核记录 | 加权得分 |
|---|---|---|---|---|---|---|---|---|---|---|
| | | 5 | 3 | 1 | | | | | | |
| 2.1 | 包装作业规范 | 制定了《包装作业标准》，明确了产品的包装材料、包装工具方法、包装工具及包装要求 | 有制定《包装作业标准》，但要求不够明确 | 没有《包装作业标准》 | 采购部 | 5 | 一般 | 3 | | 17.65% |
| 2.2 | 一物一箱 | 不同物料分别包装 | 同一包装箱内有多种物料，但进行了隔离和标识，且外箱有明确标识 | 同一包装箱内有多种物料且不易识别 | 采购部 | 1 | 次要 | 3 | | 3.53% |
| 2.3 | 特殊物料的防护 | 有制定《需特殊防护物料清单》，对于需要特殊防护的物料明确防护方法 | 有一定的防护意识，对需要特殊防护的物料进行了防护 | 没有特殊防护物料的意识 | 采购部 | 5 | 一般 | 3 | | 17.65% |
| 2.4 | 包装材料的控制 | 对于循环使用的包装材料（如纸板箱、塑料盒、防静电容器）有明确标准和使用次数，并进行控制 | 对循环使用的包装材料（如纸板箱、塑料盒、防静电容器）有进行控制 | 没有对循环使用的包材进行控制 | 采购部 | 2 | 一般 | 3 | | 7.06% |
| 2.5 | 产品标签 | 包装好的产品都有标签；标签粘贴位置固定易于查看，标签上明确了物料名称、编码、版本等关键信息 | 包装好的产品都有标签，标签上明确了物料名称、编码、版本等关键信息 | 包装好的产品都有标签 | 采购部 | 1 | 次要 | 3 | | 3.53% |
| 2.6 | 运输 | 明确了防止损坏和处理产品变质的操作方法和工具和设备；有防止损坏和变质的相应手段，并提供相应手段 | 有防止损坏和变质的操作方法，并提供相应手段 | 对于运输没有进行规范 | 采购部 | 3 | 一般 | 3 | | 10.59% |

续表

| | | 评价标准分 | | | 评审部门 | 质量权重 | 重要度 | 审核评分 | 审核记录 | 加权得分 |
|---|---|---|---|---|---|---|---|---|---|---|
| | | 5 | 3 | 1 | | | | | | |
| 3.0 仓库管理 | | | | | | | | | | |
| 3.1 | 仓库环境管理 | 明确仓库的相应环境要求，并进行了每日点检的管理（温度、湿度、清洁度、照度等） | 有仓库的相应环境要求 | 没有仓库的相应环境要求 | 采购部 | 2 | 一般 | 1 | | 5.71% |
| 3.2 | 入库确认 | 将产品入库时有核对品名、批号、数量等传票相符合并加以管理；明确了核对结果异常时的处理办法 | 将产品入库时有核对品名、批号、数量等传票类是否与现品相符合 | 没有入库的确认记录 | 采购部 | 1 | 次要 | 5 | | 14.29% |
| 3.3 | 产品保存期限控制 | 制定了有效期报警机制的处理流程；产品以场所区分或料品做货架标签的形式加以保管 | 制定了有效期报警机制和到期产品的处理流程 | 没有产品保存期限控制方案 | 采购部 | 2 | 一般 | 5 | | 28.57% |
| 3.4 | 库存产品实况定期确认 | 有按适当间隔检查库存产品状况，以便及时发现现场或变质产品；制定了库存产品变坏的确认和处置方法 | 制定了库存产品变坏的确认和处置方法 | 没有明确的变坏产品确认和处置方法 | 采购部 | 1 | 次要 | 1 | | 2.86% |
| 3.5 | 先入先出 | 自产品包装后交付到运输公司前，采取了适当的方法进行区分和保护；有明确先入先出的方法并加以实施 | 有明确先入先出的方法并加以实施 | 没有明确先入先出的方法 | 采购部 | 1 | 次要 | 1 | | 2.86% |

| | | 评价标准分 | | | 评审部门 | 质量权重 | 重要度 | 审核评分 | 审核记录 | 加权得分 |
|---|---|---|---|---|---|---|---|---|---|---|
| | | 5 | 3 | 1 | | | | | | |
| 4.0 可追溯性 | | | | | | | | | | |
| 4.1 | 可追溯性 | 明确了从来料到制造、出货批次的相关性，可以快速地从出货批次追溯到来料批次 | 从出货批次到来料批次可以追溯 | 从出货批次到来料批次不可以追溯 | MQA（Manufacture Quality Assurance, 制造质量保证） | 2 | 一般 | 1 | | 13.33% |
| 4.2 | 批次记录的保管 | 明确了批次记录的保管责任者和保管期限 | 明确了批次记录的保管期限 | 没有批次记录的保管 | MQA | 1 | 次要 | 1 | | 6.67% |

续表

| | | 评价标准/分 | | | 评审部门 | 质量权重 | 重要度 | 审核评分 | 审核记录 | 加权得分 |
|---|---|---|---|---|---|---|---|---|---|---|
| | | 5 | 3 | 1 | | | | | | |
| 5.0 工程变更 | | | | | | | | | | |
| 5.1 | 工程变更流程要求 | 有工程变更流程，并且有工程变更时是否需要客户承认的判断规则 | 有防止客户承认前的工程变更要求的措施 | 没有防止客户承认前的工程变更要求的措施 | 采购部 | 5 | 一般 | 1 | | 10.00% |
| 5.2 | 工程变更品质要求 | 事先探讨工程变更产生的影响并进行品质确认；确保工程变更实施前所需的培训，工具和设备的提供，以及《作业指导书》更新的完成 | 能够确保工程变更实施前所需的培训，工具和设备的提供，以及《作业指导书》更新的完成 | 没有对工程变更进行有效控制 | 采购部 | 5 | 一般 | 1 | | 10.00% |
| | | 评价标准/分 | | | 评审部门 | 质量权重 | 重要度 | 审核评分 | 审核记录 | 加权得分 |
| | | 5 | 3 | 1 | | | | | | |
| 6.0 不合格品控制 | | | | | | | | | | |
| 6.1 | 不合格品的识别 | 所有环节发现的不合格品都得到了适当的识别、标识、隔离和处理，没有任何混乱的迹象 | 有文件规定了不合格品（疑似不合格品）的识别、标识、隔离和处理流程，然而流程没有得到一贯的执行，或者发现了违反流程的例子 | 没有规定不合格品（疑似不合格品）的识别、标识、隔离和处理流程 | SQA | 6 | 一般 | 5 | | 46.15% |
| 6.2 | 不合格品的评审 | 不合格品的评审流程详细、充分，不合格品的评审考虑到了不对生产和物料供应产生消极影响，供应商能够完全按照流程执行 | 不合格品的评审流程是充分、详细的，但是在处理权限和处理时间上存在问题 | 没有明确不合格品评审流程 | SQA | 2 | 一般 | 5 | | 15.38% |
| 6.3 | 特采流程 | 供应商不使用和发出返修品、不符合企业要求的产品，而且能够推行 | 虽然有文件规定产品必须经过客户的承认，但是经常没有按照要求执行，或者有时会推迟交期 | 没有不合格品采用必须确认要求和流程 | SQA | 3 | 一般 | 5 | | 23.08% |

续表

| 类别 | 项目 | 评价标准/分 | | | 评审部门 | 质量权重 | 重要度 | 审核评分 | 审核记录 | 加权得分 |
|---|---|---|---|---|---|---|---|---|---|---|
| | | 5 | 3 | 1 | | | | | | |
| 6.0 不合格品控制 | | | | | | | | | | |
| 6.4 | 产品复检 | 供应商没有返工和返修，或者返工品和返修品都按照《生产控制计划》进行了全检 | 对于返工品和返修品执行了全检，但是没有在《生产控制计划》中明确要求 | 对返工品和返修品进行了抽检，或者没有再检验 | SQA | 2 | 一般 | 5 | | 15.38% |
| 7.0 工艺过程控制 | | | | | | | | | | |
| 7.1 | 《生产工艺流程图》 | 每个产品都有正式发行且受控的《生产工艺流程图》（或类似文件） | 部分产品有发行的文件化的《生产工艺流程图》（或类似文件） | 没有发行的文件化的《生产工艺流程图》（或类似文件） | SQA | 3 | 一般 | 3 | | 6.67% |
| 7.2 | 首件确认 | 供应商有很好的首件确认机制，并且在每个制造阶段都设置了验证岗位 | 有首件确认机制并在所有关键制造阶段都充分、有效地执行，但仍需做一些改进 | 没有首件确认机制 | SQA | 3 | 一般 | 3 | | 6.67% |
| 7.3 | 作业指示 | 在试制和量产阶段都有最新版本的《生产和测试作业指示书》，关键信息（质量规格、操作顺序、接收标准、工作质量标准、注意事项、机器设置、材料规格、性能要求等）被充分、清晰地表达出来了，并且容易理解 | 在试制和量产阶段有最新的版本的《生产和测试作业指示书》，但是关键信息（质量规格、接收顺序、注意事项、工作质量标准、材料规格、性能要求、机器设置等）的说明不合适，需要进行一些改进 | 没有《生产和测试作业指示书》，使用了旧版的《生产和测试作业指示书》，或使用了旧版的《生产和测试作业指示书》 | SQA | 6 | 一般 | 3 | | 13.33% |

续表

| 7.0 工艺过程控制 | | 评价标准/分 | | | 评审部门 | 质量权重 | 重要度 | 审核评分 | 审核记录 | 加权得分 |
|---|---|---|---|---|---|---|---|---|---|---|
| | | 5 | 3 | 1 | | | | | | |
| 7.4 | 状态标识 | 所有产品（部件和在制品）的检验和测试状态被适当地标识，从而容易被识别和理解 | 部分产品（部件和在制品）的检验和测试状态被适当地标识，从而容易被识别和理解 | 没有产品（部件和在制品）的检验和测试状态标识 | SQA | 4 | 一般 | 3 | | 8.89% |
| 7.5 | 受控环境 | 供应商有一套完善的体系和专门的技术（经验丰富的工程师）来保障测量和测试设备在受控的环境条件任受控以保证精准度 | 重要的测量和测试设备在半受控的环境条件下，为了保证精准度必须做一些改进 | 重要的测量和测试设备的环境条件不受控 | SQA | 2 | 一般 | 3 | | 4.44% |
| 7.6 | 生产前的自检 | 作业员在生产前对所有的零部件进行了有效的检查或验证，从而减少因零件组件质量引起的不良后果 | 作业员在生产前对部分零部件进行了有效的检查或验证 | 作业员在生产前没有对部分零部件进行检查或验证 | SQA | 1 | 次要 | 3 | | 2.22% |
| 7.7 | 检测设备 | 在生产/检验/测试环节，供应商使用了适当的设备来保证关键检验工作的有效性 | 在生产/检验/测试环节，供应商使用了一些设备，仍需改善 | 在生产/检验/测试环节，供应商缺少应有的相关设备 | SQA | 4 | 一般 | 3 | | 8.89% |
| 7.8 | 限度样本 | 对于规格不明确的内部返修，以作为检验员判断的准则 | 有制定限度样本，以作为检验员判断的准则 | 对规格不明确的零部件没有制定限度样本 | SQA | 1 | 次要 | 3 | | 2.22% |
| 7.9 | 返修/返工《作业指示书》 | 所有的内部返修、返工都有《作业指南》或《作业指示书》，相关人员都接受了必要的培训且理解了《作业指示书》 | 一些内部返修、返工有《作业指南》或《作业指示书》 | 返工没有《作业指南》或《作业指示书》 | SQA | 3 | 一般 | 3 | | 6.67% |

第四章 采购议价与成本管理

续表

| | | 评价标准评分 | | | 评审部门 | 质量权重 | 重要度 | 审核评分 | 审核记录 | 加权得分 |
|---|---|---|---|---|---|---|---|---|---|---|
| | | 5 | 3 | 1 | | | | | | |
| 8.0 设备、工装、夹具的管理 | | | | | | | | | | |
| 8.1 | 识别与保护 | 对设备、工装、夹具进行了识别（类型、状态、承认日期、验证证书）和有效使用和保护 | 对部分设备、工装、夹具进行了识别（类型、状态、有效日期、承认日期的确认证书）和保护 | 没有对设备、工装、夹具进行识别（类型、状态、识别了识别、验证证书）和保护 | SQA | 5 | 一般 | 3 | | 42.86% |
| 8.2 | 预防性保养 | 对所有闲置和使用中的影响制造质量的关键设备、工装、夹具进行了预防性保养 | 只对使用中的影响制造质量的关键设备、工装、夹具进行了预防性保养（没有包括闲置中的设备、工装、夹具） | 没有预防性保养机制 | SQA | 2 | 一般 | 3 | | 17.14% |
| | | 评价标准评分 | | | 评审部门 | 质量权重 | 重要度 | 审核评分 | 审核记录 | 加权得分 |
| | | 5 | 3 | 1 | | | | | | |
| 9.0 闭环的纠正措施 | | | | | | | | | | |
| 9.1 | 真因分析与问题解决 | 通过问题解决方法，能够有效地消除造成产品和工程异常的真正原因 | 有进行根本原因分析和对策实施，但仍然有问题再次反复出现 | 没有进行根本原因分析，问题反复出现 | SQA | 3 | 一般 | 3 | | 30.00% |
| 9.2 | 纠正措施 | 纠正措施的反馈、实施、验证和关闭的各环节流程清晰，职责明确并能切实执行 | 纠正措施的各环节流程不够清晰，职责不够明确 | 没有纠正措施的相关流程 | SQA | 3 | 一般 | 3 | | 30.00% |

续表

| | | 评审标准/分 | | | 评审部门 | 质量权重 | 重要度 | 审核评分 | 审核记录 | 加权得分 |
|---|---|---|---|---|---|---|---|---|---|---|
| | | 5 | 3 | 1 | | | | | | |
| 10.0 统计的工程管理 | | | | | | | | | | |
| 10.1 | 统计技术 | 《生产控制计划》中明确了适当的统计技术（如不良品率控制图），并且这些统计技术被正确地使用来监控过程参数和产品特性 | 统计技术（如不良品率控制图）被用来监控过程参数和产品特性，然而这些要求没有在《生产控制计划》中明确 | 没有SPC计划和运用 | IQC | 10 | 重要 | 5 | | 52.63% |
| 10.2 | Cpk（工程能力指数，英文全拼为Process Capability Index，表示过程能力满足技术标准的程度，一般记为Cpk） | 明确了工程能力要求，并在试产和生产过程中通过产品特性的Cpk进行监控，这些监控《生产控制计划》中有明确规定；当工程能力不足时，有适当的对应措施 | 明确了工程能力要求，并在试产和生产过程中通过产品特性的Cpk进行监控，但是这些监控项目没有在《生产控制计划》中明确规定；当工程能力不足时应措施不够充分 | 没有明确工程能力要求，没有在试产和生产过程中对产品特性的Cpk进行监控 | IQC | 4 | 一般 | 5 | | 21.05% |
| 10.3 | 异常应对 | 当产品特性或工艺条件出现不稳定或失控的状况时，有明确项目的应对方案（如停产、返工、纠正措施、反时报告上司） | 当产品特性或工艺条件出现不稳定或失控的状况时，有应对方案，实效分析，仍需改善 | 当产品特性或工艺条件出现不稳定或失控的状况时，没有应对动作 | IQC | 3 | 一般 | 5 | | 15.79% |
| 10.4 | SPC教育 | 有SPC概念及运用知识的培训计划，相关人员（如质量工程师、产线主管）掌握和理解SPC概念及相关知识 | 有SPC概念及运用知识的培训计划，但相关人员（如质量工程师、产线主管）对SPC概念及相关知识的掌握不够 | 没有SPC概念及相关知识的培训计划 | IQC | 2 | 一般 | 5 | | 10.53% |

续表

| 11.0 校准与MSA | | 评价标准评分 | | | 评审部门 | 质量权重 | 重要度 | 审核评分 | 审核记录 | 加权得分 |
|---|---|---|---|---|---|---|---|---|---|---|
| | | 5 | 3 | 1 | | | | | | |
| 11.1 | 校准计划 | 所有测量仪器的校准方法都在《设备校准计划》里有明确规定，并按照计划执行 | 有制订测量仪器的校准计划，但计划不够详细或没有按照计划执行 | 没有校准计划 | IQC | 2 | 一般 | 5 | | 8.00% |
| 11.2 | 内部校准 | 每个内校设备都在规定的时间间隔进行了校准，校准使用的标准作业是国际行业标准认可的，校准场所环境适当且可控 | 部分设备都在规定的时间间隔进行了校准，校准使用的标准作业是国际行业标准认可的，但内校过程仍需改善 | 没有内校标准和程序 | IQC | 5 | 一般 | 5 | | 20.00% |
| 11.3 | 外部校准 | 所有外校检验、测量和测试装备的校准是通过有资格的权威实验室或客户认可的政府机构完成的 | 只有部分外校检验、测量和测试装备的校准是通过有资格的权威实验室或客户认可的政府机构完成的 | 没有外校相关规定和程序 | IQC | 4 | 一般 | 5 | | 16.00% |
| 11.4 | 人员资格 | 校准实验室人员具有足够的知识和学科背景，能够胜任内部校准工作 | 大部分校准实验室人员具有足够的知识和学科背景，能够胜任校准工作，但没有足够的知识，不具备校准资格 | 校准实验室人员没有足够的知识，不具备校准资格 | IQC | 3 | 一般 | 5 | | 12.00% |
| 11.5 | 校准履历 | 《设备校准履历》被有效地保持并方便查阅，从而证明设备的使用资格被保持 | 部分设备的《设备校准履历》仍需要改进 | 没有《设备校准履历》 | IQC | 1 | 次要 | 5 | | 4.00% |
| 11.6 | MSA | 全部测试系统按照规定的周期实施了MSA，且全部合格 | 部分测试系统实施了MSA | 没有实施MSA | IQC | 10 | 重要 | 5 | | 43.00% |

续表

| | | | 评价标准评分 | | | 评审部门 | 质量权重 | 重要度 | 审核评分 | 审核记录 | 加权得分 |
|---|---|---|---|---|---|---|---|---|---|---|---|
| | | 5 | 3 | 1 | | | | | | | |
| 12.0 | 教育培训 | | | | | | | | | | 40.00% |
| 12.1 | 教育及考核制度 | 有检验员的教育/训练的计划，以及上岗评定及定期考核制度 | 有检验员的上岗评定及定期考核制度 | 没有检验员的上岗评定及定期考核制度 | MQA | 6 | 一般 | 5 | | 5.33% |
| 12.2 | 检验员评定的考核内容 | 检验员评定的考核内容中含技考核，并把握了检验员的检出率 | 把握了检验员的检出率 | 没有把握检验员的检出率 | IQC | 4 | 一般 | 1 | | 1.33% |
| 12.3 | 检验员的认定成绩 | 检验员的认定成绩为满分 | 检验员的认定成绩不是满分，但有对不正确解答的跟踪规定 | 没有对不正确解答的跟踪规定 | IQC | 1 | 次要 | 1 | | 4.00% |
| 12.4 | 操作资格及教育训练记录 | 有《个人的教育训练记录》和《检验员操作资格对应表》，并将两份文件作为质量记录加以保管 | 有《检验员操作资格对应表》 | 没有《检验员操作资格对应表》 | MQA | 3 | 一般 | 1 | | 1.33% |
| 12.5 | 品质管理员是否与检验员区分任命 | 品质管理员与检验员区分任命，定专人检验企业产品 | 品质管理员与检验员区分任命 | 品质管理员与检验员没有区分任命 | MQA | 1 | 次要 | 1 | | |
| 13.0 | 持续改善 | | | | 评审部门 | 质量权重 | 重要度 | 审核评分 | 审核记录 | 加权得分 | 13.33% |
| 13.1 | 目标管理 | 规定了针对品质的目标值，标值达成度进行管理，定期发布相关情报（如不良率、投诉件数等） | 规定了针对品质的目标值，有定期发布相关情报，但目标值达成度的管理不够有效，需要改善 | 没有规定针对品质的目标值 | MQA | 2 | 一般 | 1 | | 6.67% |
| 13.2 | 持续改善活动 | 通过持续性的改善活动来达成品质目标，当目标未达成时有进行分析，明确课题研讨对策（持续改善） | 通过持续性的改善活动来达成品质目标，当目标未达成时的动作不够及时，充分 | 没有持续性的改善活动 | MQA | 1 | 次要 | 1 | | |

### 3)供应商物料直通车的物料推行标准

IQC、SQA（Supplier Quality Assurance，供应商质量保证）、供应商团队共同参与推行供应商物料直通车。具体方法为，根据功能相似、结构相似、工艺相似、检测手段相似的特点，将供应商的物料按照物料族进行分类，在此基础上对物料族进行 PFMEA（Process Failure Mode and Effects Analysis，过程潜在失效模式及后果分析）、MSA（Measurement Systems Analysis，测量系统分析）和过去一年内在线在检质量异常的评估和分析改善。

（1）对每款物料潜在的失效模式进行全流程识别、分析和改善，即利用 PFMEA，根据流程图分析——从供应商接收企业的技术要求开始到物料交付入库为止的整个流程的分析。

针对同一供应商不同的物料族进行全流程的失效分析，识别出潜在的失效模式，给出改善的对策并落实，特别注意对直通车物料后端质量异常能否及时发现，以防止流到客户处；对于 RPN（Risk Priority Number，风险系数）值大于 75 的应作为优先改善的项目进行改善，所有的改善项目完结的标志为 RPN 全部低于 75。

（2）对于在客户端已经发生的问题点，分析真因，制定改善措施，保证这些问题点得到改善。具体的做法为收集过去一年内来料异常和在线发现物料异常的分析，制定并实施改善措施，输出《有效改善的验证报告》。

（3）对于供需双方出货端的测量系统进行 MSA 的评价和相关性分析，以验证双方的测量系统是否稳定和具有相关性。针对物料族所涉及的 MSA 进行线性、稳定性、偏倚、重复性和再现性评价，并对双方的相关性进行评价，输出评价结果。同时，对双方的出货端的检验标准进行核查，保证标准的一致性。《图纸核查确认表》如表 4-29 所示。

表 4-29 图纸核查确认表

供应商名称： 核查日期：

| 序号 | 采购方图纸信息 | | 供应商图纸信息 | | 是否有原受控图纸 | 图纸确认结果 | | 供应商调查原因 | 对调查原因存在哪些疑问 |
|---|---|---|---|---|---|---|---|---|---|
| | 采购方图纸编号 | 当前版本 | 供应商图纸编号 | 当前版本 | | 图纸是否有效 | 无效图纸存在的问题点 | | |
| 1 | | | | | | | | | |
| 2 | | | | | | | | | |
| 3 | | | | | | | | | |

以上问题点得到改善并输出《有效改善的验证报告》，表明这一类物料族物料直通车项目推行阶段结束。

**4）直通车物料 IQC 实施计划**

（1）按照《IQC 物料直通车供应商实施计划表》实施物料族正式导入直通车物料前的过渡工作。评价完成的标志为所推行的直通车物料在一定时期内来料合格率为 100%，且没有客户投诉。

（2）同时推行 SPC（Statistical Process Control，统计的工程管理）的控制手段，由事后的检验把关转变为事前的预防。

**5）正式导入直通车物料的验证工作**

执行直通车物料验证的工作，主要涉及如下内容。

（1）直通车物料的日常验证方式如下。

- 实时监督供应商的制程是否发生变异。
- 日常监督检查，即不定期地检查供应商端的各个环节是否执行到位。
- 收集企业制程数据，即通过在线使用的情况及时发现有隐患和有趋势的异常，及时反馈给供应商（可通过《在线质量周报》来收集）。
- 检查《出货报告》，验证是否有按照相关的要求执行的记录。
- 不定期抽检物料，保证物料符合企业的验收标准。
- 跟进供应商出货异常问题的改善。
- 不定期进行 MSA 的评估。

（2）直通车物料检验方案的调整：对于直通车物料检验方案的调整，可根据《物料直通车验证工作规范》执行。

（3）《直通车物料清单》的维护工作。

（4）对于物料直通车供应商的资格调整。

## 三、核心供应商的价格保护

企业在处于强势地位时，有必要对核心供应商进行价格保护，尤其是在供应商经营遇到困难时。这样做有助于维护双方良好的供需关系，提高供应商对企业的忠诚度。

2020 年，中国的智能手机等电子行业受到较大的冲击，许多科技企业的供应商遇到了困难，一些工厂无法复工。三星宣布，将向受到冲击的中国供应商提供资金援助。这一举动无疑给供应链上的企业带来了一线希望。参与"供应商保护计划"的三星企业包括三星电子、三星显示器、三星机电、三星 SDI、三星物产和三星 SDS。

三星的具体做法是，提前支付款项给供应商，即便还未交付订单；一部分现金流有困难的供应商可以向三星申请贷款，利率低于商业贷款。此外，三星还表示承担中国供应商将陆运或海运改为航空运输的额外费用。

一位三星电子的供应商说年前约有 500 万元的订单来自三星，零部件已经进货，但会延长工期。三星的这一政策对增加自己的流动资金大有帮助。

三星不但没有借机压价，还积极援助供应商，不断完善供应链体系。

从长远看，借机压价的企业无法获得供应商的信任，一旦企业出现危机，或者供应商发现有出价更高的企业，供应商就会断供或减少供应。可见，借机压价这种行为实际上是在破坏供应链。

### 四、供应商工程能力指导

企业帮助供应商改善工程能力可以确保供应商出货的良品率达到企业的要求，也可以减少企业来料检验的成本及潜在不良带来的停线成本。此外，供应商工程能力得到提升使企业的检验关口前移成为可能。而由供应商完成出货检验同样可以减少企业的采购成本。提高供应商的工程能力首先要研究供应商的工程能力，一旦发现瓶颈工程就及时进行辅导。

#### 1. 工程能力的定义

工程能力指处于稳定状态或标准状态下的实际加工能力。对工程能力进行研究和改善可以确保过程处于受控状态，进而保证产品质量的可靠性和稳定性。工程能力处于受控状态有两个评价指标：稳定状态和标准状态。

（1）稳定状态：原材料或上一过程的半成品按照标准要求供应；本过程依作业标准进行，且在影响过程的各个主要因素无异常的条件下进行；过程完成后按标准要求进行检测。

（2）标准状态：指设备、材料、工艺、环境、测量均符合标准作业条件，人员的操作处于正常状态。

工程能力通常用 $6\sigma$ 表示。其中，均方差 $\sigma$ 是一个关键参数，表示工程质量的离散程度。$\sigma$ 越大表示工程能力越低；$\sigma$ 越小表示工程能力越高。

由于均方差 $\sigma$ 是描述随机变量分散的数字特征，而且，当产品质量特性服从正态分布 N（$\mu$，$\sigma2$）时，以 $3\sigma$ 原则确定其分布范围（$\mu \pm 3\sigma$），处于该范围外的产品仅占产品总数的 0.27%，因此取工程能力为 $B=6\sigma$。

如果要提高工程能力，其重要的途径之一就是减小 $\sigma$，使质量特性值的离散程度变小，以在实际过程中提高加工精度。

### 2. 工程能力分析与改善

想要了解或管理供应商的现有工程能力，工程师必须到供应商处去看、去学。比如，企业的工程师到供应商处与作业人员一同作业，去切身体验，发现现场工程的优缺点，以及供应商的现场管理水平。笔者在三星时也是这样做的，如果在不懂的情况下去做供应商管理，那么只会流于表面。

#### 1）去多个同类型的供应商处找出标杆，指导并对齐

工程师选择几个同类型的供应商，找出工艺管理较为突出的工程作为标杆。在三星，工程师会到多个供应商那里学习或考察，期间详细分析供应商的工艺、现场管理能力，依据分析结果选定优秀的工程管理点并应用到供应商管理中。

#### 2）对供应商进行驻厂辅导

供应商工程能力辅导由供应商质量工程师（Supplier Quality Engineer，SQE）、驻场人员指导供应商质量改善小组完成。在辅导之前，供应商质量工程师要完成供应商工程能力调查，在执行工程能力调查中要注意以下几个环节的操作。

（1）制订调查计划：在调查前应制订明确的调查计划，尤其要确定调查对象（工序及质量特性）和调查方法（测定方法、调查期限、抽样方法等）。

（2）调查报告：提交《工程能力调查报告》，将其作为质量记录归档保存，并纳入企业质量管理体系文件进行管理。

（3）进行整改和落实纠正措施：对通过统计发现工程能力存在变异的，质量人员应与研发、生产等部门分析变异原因，并给出整改措施。注意在整改过程中跟踪纠正措施执行得是否到位。

### 3. 工程能力分析与改善工具

企业必须要求供应商配齐相关质量人员、组建质量保障机构，否则一旦企业的辅导人员离场，供应商的工程能力便会因缺少监督而下降。

进行工程能力分析可使用 SPC 控制图，如图 4-9 所示。改善工具为新旧质量改善七大工具。

第四章 采购议价与成本管理

| 1. 规格说明 | | |
|---|---|---|
| 生产企业 | | |
| 产品名 | | |
| 制作人 | | |
| 管理重点 | | |
| 测试单位 | | ℃ |
| 规格 | 上限值 | 70.00 |
| | 标准值 | 65.00 |
| | 下限值 | 60.00 |
| 检查图纸 及 照片 | | |

| 2. 统计值 | | |
|---|---|---|
| 最大值 | | 47.000 |
| 最小值 | | 43.000 |
| 平均 | | 44.317 |
| 标准偏差（σ） | | 1.479 |
| $n$ | | 4 |
| $A_2$ | | 0.58 |
| $D_3$ | | 0 |
| $D_4$ | | 2.114 |
| 管理标准 | | |
| $\bar{X}$ | UCL | 48.000 |
| | CL | 45.000 |
| | LCL | 42.000 |
| $R$ | UCL | 3.312 |
| | CL | 1.567 |
| | LCL | 0.000 |

| 3. 测试数据 | | 测试Data | | 平均 | 范围 |
|---|---|---|---|---|---|
| 序号 | 生产日 | 11:00 | 23:00 | ($\bar{X}$) | ($R$) |
| 1 | 6/1 | 44.000 | 45.000 | 44.500 | 1.000 |
| 2 | 6/2 | 46.000 | 46.000 | 46.000 | 0.000 |
| 3 | 6/3 | 45.000 | 46.000 | 45.500 | 1.000 |
| 4 | 6/4 | 46.000 | 47.000 | 46.500 | 1.000 |
| 5 | 6/5 | 47.000 | 43.000 | 45.000 | 4.000 |
| 6 | 6/6 | 43.000 | 44.000 | 43.500 | 1.000 |
| 7 | 6/7 | 44.000 | 43.000 | 43.500 | 1.000 |
| 8 | 6/8 | 43.000 | 43.000 | 43.000 | 0.000 |
| 9 | 6/9 | 46.000 | 44.000 | 44.500 | 3.000 |
| 10 | 6/10 | 44.000 | 47.000 | 45.500 | 3.000 |
| 11 | 6/11 | 47.000 | 43.000 | 45.000 | 4.000 |
| 12 | 6/12 | 43.000 | 44.000 | 43.500 | 1.000 |
| 13 | 6/13 | 44.000 | 43.000 | 43.500 | 1.000 |
| 14 | 6/14 | 43.000 | 43.000 | 43.000 | 0.000 |
| 15 | 6/15 | 43.000 | 46.000 | 44.500 | 3.000 |
| 16 | 6/16 | 44.000 | 47.000 | 45.500 | 3.000 |
| 17 | 6/17 | 47.000 | 43.000 | 45.000 | 4.000 |
| 18 | 6/18 | 43.000 | 44.000 | 43.500 | 1.000 |
| 19 | 6/19 | 44.000 | 43.000 | 43.500 | 1.000 |
| 20 | 6/20 | 43.000 | 43.000 | 43.000 | 0.000 |
| 21 | 6/21 | 43.000 | 46.000 | 44.500 | 3.000 |
| 22 | 6/22 | 44.000 | 47.000 | 45.500 | 3.000 |
| 23 | 6/23 | 47.000 | 43.000 | 45.000 | 4.000 |
| 24 | 6/24 | 43.000 | 44.000 | 43.500 | 1.000 |
| 25 | 6/25 | 44.000 | 43.000 | 43.500 | 1.000 |
| 26 | 6/26 | 43.000 | 43.000 | 43.000 | 0.000 |
| 27 | 6/27 | 43.000 | 43.000 | 43.000 | 0.000 |
| 28 | 6/28 | 44.000 | 43.000 | 43.500 | 1.000 |
| 29 | 6/29 | 45.000 | 45.000 | 45.000 | 0.000 |
| 30 | 6/30 | 46.000 | 45.000 | 45.500 | 1.000 |

4. Xbar-R 管理图

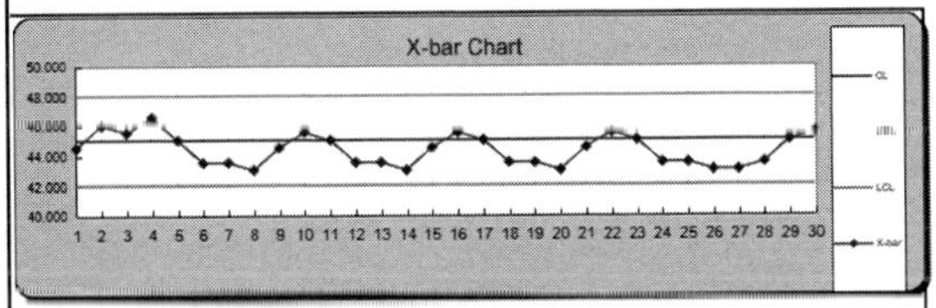

X-bar Chart

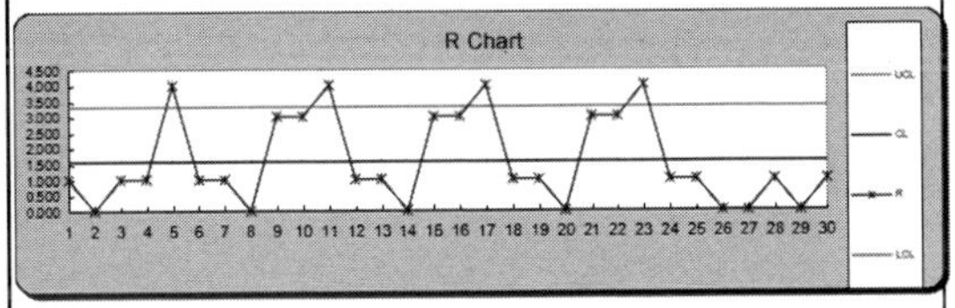

R Chart

| 5. 管理异常措施内容 | | | | | | |
|---|---|---|---|---|---|---|
| 序号 | 发生日 | 发生原因 | 措施内容及进行事项 | 措施日 | 负责人 | 有效性验证 |
| 1 | | | | | | |
| 2 | | | | | | |

图 4-9 SPC 控制图

# 第五章 供应质量与服务管理

任何质量上的疏漏都可能导致整个企业质量管理的系统性崩溃,甚至关系到企业与供应商的存亡。企业要与供应商通力合作,从源头上保证产品供应的质量和安全性。

## 第一节 质量协议管理

为了有效解决质量问题,供需双方在交易前应签订协议。这份协议主要为确保交货物品的质量,规定供需双方必须实施的事项。供需双方后期根据这些事项执行质量检验、维持与改善。

### 一、供应商参与产品设计

在激烈的市场竞争环境下,谁能够在最短的时间内研发出满足客户需求的产品,谁就能在竞争激烈的市场中站稳脚跟。于是,一些企业将产品设计活动延展到了供应商管理环节,让供应商参与产品设计,从而更有效地为企业提供服务与技术支持。

#### 1. 供应商早期介入的作用

在早期的生产发展过程中,企业的生产团队把一个或多个供应商引进来,借助供应商的专业知识和经验来规范生产,使生产、组装和配送工作能够高效进行。供应商早期介入的作用如表 5-1 所示。

表 5-1 供应商早期介入的作用

| 不 同 方 面 | 作 用 说 明 |
|---|---|
| 制造过程 | 企业和供应商共同工作能消除大量的成本冗余。如果供应商能在早期介入，将节省大量的时间和金钱。供应商也会针对企业在生产过程中所使用的设备的种类提出建议 |
| 资金预算 | 供应商的早期介入不仅可以加速资金项目的开发，而且可以简化后期资金的回笼过程 |
| 产品开发 | 在早期的产品开发中，供应商会提供模型或测试样品，用于企业产品在开发周期中的测试或使用。这对于早期产品开发的顺利进行，促进企业与供应商之间的有效交流和反馈是非常重要的 |
| 成本 | 供应商能对制造某种产品的成本提供有用的建议。如果供应商在一种新产品上投入了成本，就能避免企业在做出成本判断时付出高昂的代价，并且能增强企业的决策力 |
| 质量 | 供应商早期介入产品和流程的具体开发，不仅能帮助企业降低产品或服务质量成本，还能帮助企业以最有效的方式来开发满足客户质量要求的产品 |
| 技术 | 供应商在技术领域的专业知识会对企业的设计人员有所帮助，并有助于缩短从设计到投放市场的周期 |
| 设计 | 供应商根据服务于某类市场的经验，可以对产品的设计提供建议。基于供应商有技术保密的意识，与供应商有长期合作关系的企业可以经常派设计人员去征求供应商的意见 |
| 产品的合作开发 | 在产品或服务的合作开发中有供应商的参与，可以使开发成本得到分摊，将开发风险转嫁给更多的企业，当然这也意味着投资回报的分摊 |
| 周期 | 通过和供应商合作，总的开发周期将被缩短。供应商能够帮助企业消除在产品开发、生产和配送过程中的时间冗余。如果产品和流程是适当的，那么提供合格产品所需的周期也会被不断缩短 |

### 2．供应商参与产品设计的必要性

实践证明，把供应商纳入新产品开发中能够有效地降低成本和改进产品。降低成本的表现如表 5-2 所示。

表 5-2 降低成本的表现

| 产品设计阶段 | 不同的设计复杂程度或产品独特性下所节约的资金比例 | | |
|---|---|---|---|
| | 低 | 中 | 高 |
| 初步设计阶段 | 2%～5% | 10%～25% | 30%～50% |
| 设计更改阶段 | 1%～3% | 3%～15% | 15%～25% |
| 为提高质量的重新设计阶段 | 10% | 15%～30% | 40%～60% |

从表 5-2 中可以看出将供应商纳入新产品开发中的益处。因此，在产品设计和开发过程中，企业应与供应商建立多种不同的关系。

需要注意的是，在此过程中，企业应合理区分协同设计（供应商在何时参加开发规程的制定）、协同开发（共同确定满足规格要求的产品模型）、协同制造（按照规格和生产进度表生产）之间的关系。

## 二、样品的验证

样品的验证关系着企业和供应商在双方关系中的道德表现及一贯的产品质量标准。因此，在索取样品前，企业应制定平等的供应商关系管理准则，以便促进双方相互信任。

样品是能够代表产品质量的少量实物。它是在大批量生产前，根据产品工艺标准先行由供应商制作、加工而成的，可作为采购交付时的产品标准。

### 1. 样品的验证流程

样品的验证流程图如图 5-1 所示。

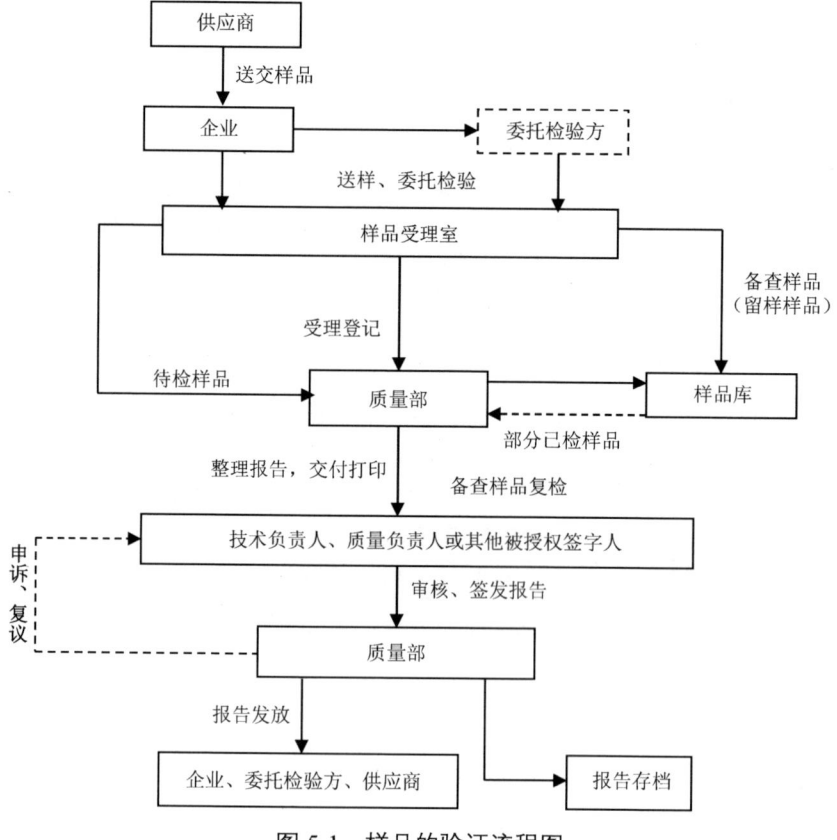

图 5-1　样品的验证流程图

流程图中的一些关键环节,如样品的送交、检验,以及《样品检验报告》的发放等,都是需要企业和供应商共同予以关注的。

## 2. 样品的验证流程说明

样品的验证流程的关键环节和具体说明如表 5-3 所示。

表 5-3　样品的验证流程的关键环节和具体说明

| 关键环节 | | 具体说明 |
| --- | --- | --- |
| 样品的索取与获得 | 样品索取 | 按照合同规定,向供应商索取其按照《质量协议》生产出的样品,并告知第三方检验机构的相关信息 |
| | 样品登记 | 送样人填写送检单,将其同样品一起交由样品受理室的收样人登记 |
| | 样品信息核检 | 收样人填写《来样登记册》时应注意检查样品标签及送检单上是否有样品批号、名称、检验项目、样品类别、检验要求、完成时间等信息,对于无品名、无批号的样品要坚决拒收 |
| | 确定检验时间 | 按照不同要求合理安排检验时间,或者与送样人商议检验时间 |
| 样品的检验 | 登记样品的检验 | 登记样品一般按照供应商提供的规格指标和方法进行检验,检验方法必须已通过验证 |
| | 筛选样品的检验 | 筛选样品的检验旨在比较不同供应商提供的样品质量的优劣,对已有标准的样品按照标准检验,对无标准的则要通过实验选择一个合适的检验方法 |
| 《样品检验报告》的发放 | | 随附《样品检验报告》,一式两份,一份由送样人持有,另一份应在标示对应样品的编号后统一归入样品受理室存档(如果有委托检验方,则应另备一份,由其留存) |

在样品检验完成后,试样部门应填写《供应商送样检验试用评估表》,并交采购部。如果检验结果合格,采购部应要求首次合作的供应商提供基本资料,对于已有过合作的合格供应商则无须再提供这些资料;而后由试样部门填写申领单,在仓储部填写申购单后,进行小批量申购。如果检验结果为不合格,那么合作关系即告终止。

如果供应商允许,第三方检验机构可以不参与样品的检验,检验标准和检验方法完全由企业按照事先的约定进行,而由此得出的《样品检验报告》可以作为签订《产品供应质量协议》(简称《质量协议》)的依据。

此外,企业和供应商双方需要对样品的保密、退还做出约定,这些都要体现在《质量协议》中。

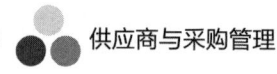

## 三、签订《产品供应质量协议》

与供应商签订《质量协议》的目的在于，进一步加强与供应商的互信互动，规范供需双方的行为，切实保证供应质量。专栏 5-1 为某企业与某合格供应商签订的《质量协议》，仅供读者参考。

---

**专栏 5-1　质量协议**

甲方：_____
住所：_____
法定代表人：_____
乙方：_____
住所：_____
法定代表人：_____

第一条　目的

本协议就乙方提供给甲方的产品，对本协议当事人应实施的质量保证方面的基本事项予以规定，以确立适当的质量保证体系，经双方同意后共同遵守。

第二条　质量要求

**2.1 质量要求**

2.1.1 合同产品质量要求的内容在乙方进行合同产品生产（包括加工和组装）之前，由甲方和乙方协商决定，通过以下各项规定的图纸、规格书等互相进行确认。变更质量要求的内容时亦同。

（1）由甲方安排并借给乙方图纸、规格书、样品等（包括甲方应乙方要求而安排的）（以下称"购买规格书"）。

（2）乙方制作并得到甲方认可的图纸、规格书、样品等（以下称"交货规格书"）。

2.1.2 乙方交付给甲方的合同产品应符合甲方向乙方订购该合同产品时最新的购买规格书／交货规格书的规定。

2.1.3 对于质量要求的内容，乙方应加以专业人士应有的注意。如果甲方没有要求或要求有误，乙方在发现问题后，应主动提出改正或补救措施之建议；如果乙方对质量要求的内容有疑义或异议，应及时将其告知甲方，由本协议当事人协商解决。

**2.2 质量信息**

2.2.1 当甲方要求乙方提供交货规格书所记述之外的合同产品相关信息时，乙方应向甲方提供该信息。

2.2.2 无论甲方是否要求，乙方都应在决定本协议 3.1 款规定的质量要求前向甲方提供面向甲方或第三方的合同产品安全性等相关信息。

**2.3 遵守法律、法规、认证标准**

2.3.1 乙方遵守国家法律法规和认证标准，以甲方实际提出的认证要求为准。

2.3.2 乙方交货之产品应符合有效的环境保护法规、指令及规范，包含但不限于下列指令，且依各法规、指令及规范内容的修改及更新以最新发布要求同步实施。

2.3.2.1 Directive 2011/65/EU《RoHS 指令》，《关于在电气和电子设备中限制使用某些有害物质指令》（*Restrictions on the Use of Certain Hazardous Substances in to Electrical and Electronic Equipment*）。

2.3.2.2 Directive 2006/122/EC《关于限制全氟辛烷磺酸销售及使用的指令》(*Restrictions on the Marketing and Use of Porfluorooctane sulfonates*)。

2.3.2.3 Directive 94/62/EC《关于包装和包装废弃物指令》(*Packaging and Packaging Waste*)。

2.3.2.4 Directive 1907/2006/EC 欧盟《化学品注册、评估、授权和限制法规》(*Registration, Evaluation and Authorization of Chemicals*),简称 REACH 法规。

2.3.2.5 Directive 2012/19/EU WEEE 指令修订版《报废电子电气设备指令》(*Waste Electrical and Electronic Equipment*)。

## 第三条 质量保证

### 3.1 质量保证相关规定

3.1.1 乙方依合同向甲方提供的所有产品都符合以下规定。

(1)符合合同、合同的附件,以及其他如图纸、技术通知等规定的设计、规格、技术标准。

(2)全部满足关于电器安全的国家标准、规定等所适用的法规、安全规格、环境法规、有关法律法规、规格的要求。如果违反相关法律法规,甲方将要求赔偿因调查和消除后果所产生的所有直接费用,并寻求合法赔偿。

(3)乙方提供的样品应符合甲方要求并经甲方确认。若甲方因用户要求变化而提出新的设计要求,乙方应提供新的样品给甲方确认。样品经确认后由甲乙双方签字并各自保留,以便在双方对产品的性能或主观评价上产生技术、质量争议时作为参考判断依据(原型必须封样,变型可采用差异表形式,并经双方盖章或签字确认)。乙方应向甲方提供完整的工艺文件和相应的检验、试验报告,以及商业上合理的技术支持。量产产品必须与样品一致。

(4)乙方对提供给甲方的产品的质量和数量负责,并保证按甲方的采购计划按时交货。

(5)有强制认证要求的产品的安全件清单必须与认证机构的清单一致。对于清单中的产品,乙方应严格监控,未经甲方认可,乙方不能变更。

3.1.2 当某批次产品由乙方销售给甲方后,若双方共同判明产品质量不符合合同或其附件/第2.1.1 条/第 2.1.2 条规定,则由乙方按照合同及其附件要求承担约定之全部费用,及时以适当的方式对该不合格产品进行修理(包括更换零部件)。但是,经客观判断,通过修理该不合格产品也无法达到标准时或甲方已经将该产品销售给第三方,第三方拒绝接受修理的,甲方有权要求乙方更换该不合格产品,乙方应在甲方提出要求后的 48 小时内给出处理方案。

### 3.2 质量/环境保证体系

3.2.1 为确保合同产品符合相关的质量/环境要求,乙方应在涉及合同产品的生产和供给的全过程(包括但不限于开发、设计、资材采购、生产、检验、保管、运输等)中确立并维持有效且经济的质量/环境保证体系。

3.2.2 为保证在生产的全过程(图纸、规格书、标准类零件制作、加工处理、组装、试验、检验、包装出货、保管等)中进行有效的质量管理,乙方在质量管理体系中明确规定企业内部组织的各自的权限和责任,并严格执行相关规定,以期提高质量管理水平。

3.2.3 为确立上述质量保证体系,乙方应规定并实施《质量保证实施要领》。

3.2.4 乙方根据甲方的要求,在甲方指定期限前向甲方提交《质量保证实施要领》的全部或部分资料。乙方若变更该要领,应书面通知甲方并取得甲方的同意。

3.2.5 乙方应根据国家电器安全法规实施检验,并保存记录,保存时间为 5 年。

3.2.6 乙方确定管理和运营质量保证体系的负责人,在甲方要求时,将经乙方总经理签核认定的书面任命书送交甲方。变更负责人时同样如此。

3.2.7 乙方允许甲方通过审核手段来检查其质量/环境管理体系及制程工艺是否达到甲方的要求。甲方可不定期到乙方进行审核，乙方允许甲方进入该产品的生产现场、试验中心、仓库及相关区域，并提供相关的质量控制文件、记录给甲方。

3.2.8 甲方会将审核结果反馈给乙方，乙方对甲方反馈的不合格项目应迅速给出改善对策，在甲方要求的期限内把改善措施及实施情况报告给甲方。

3.2.9 当甲方有要求时，乙方应确定一名经甲方认可且授权的质量联络主管支持甲方质量人员开展工作，完成甲方质量人员交代的工作，有要求时需参与甲方召开的检讨会议。

3.2.10 当甲方有要求时，乙方有义务对甲方的相关技术、服务、销售或其他人员给予必要的培训，使甲方人员了解符合甲方要求的产品的制造过程。

3.2.11 乙方应为甲方采购产品的销售、售后服务提供必要的技术支持。当甲方有要求时，乙方应主导甲方售后发现的不良/故障的解决，包括派遣设计工程师或技术工程师至甲方参与相关的产品测试、失效模式分析等。

### 3.3 二级供应商的质量管理体制建立

本条款针对乙方指定的供应商。

3.3.1 乙方应建立新供应商引进机制，保证新引进的二级供应商满足甲方的产品质量要求。乙方在引进新供应商时，应提前通知甲方，甲方视情况决定是否同乙方一起对该供应商进行审核。

3.3.2 乙方有责任让二级供应商建立和维持一个良好的质量管理体系来保证从二级供应商购买的零部件的质量；如有需求，甲方可要求乙方提供证明文件，表明其已确认二级供应商所运行的质量管理体系。

3.3.3 乙方应建立关键二级供应商半年度评价考核管控机制，并对关键二级供应商为乙方生产的零部件数据进行管控。如有需求，甲方有权要求乙方提供二级供应商零部件的相关质量数据。针对关键二级供应商，甲方有权参加乙方同其召开的定期质量会议。

3.3.4 如乙方的二级供应商的产品或零部件发生任何质量问题，乙方必须协助甲方对该二级供应商进行审核。根据零部件现有市场的不良率数据，对达不到质量指标的二级供应商，甲方有权要求对其进行审核，甚至淘汰。

### 3.4 乙方原材料及零部件的质量保证

3.4.1 乙方用于合同产品生产的原材料和零部件等资材必须满足该合同产品的质量需求。当甲方有要求时，乙方需要提供相关质量证明，或者向甲方提交乙方实施检验、试验的记录。

3.4.2 乙方应建立原材料及零部件的现场数据管控表，如有需求，应按照甲方的要求提供相关资料。

3.4.3 乙方如发现其使用的原材料及零部件有批次性不良等情况，应立即通知甲方，并马上采取处理措施，降低甲方产品在市场端的质量风险。

3.4.4 对于甲方指定的物料，乙方必须按照质量管控的要素进行检验。

### 3.5 生产的管理

3.5.1 乙方制作并管理《作业指导书》和质量控制图。对于有质量隐患的操作工序，乙方应根据甲方的要求及时变更，并固化到《作业指导书》等文件中。如甲方有需要，乙方应提供《作业指导书》、质量控制图等资料给甲方存档。

3.5.2 乙方根据质量控制图管理其生产工序。通过统计表示工序质量状态的各种数据的方法进行管理，努力稳定、维持、改善质量。

3.5.3 在发生问题时，乙方应迅速找出有关问题的必要的处理方法并加以实施。乙方如发现异常品已不慎被交付或可能被交付给甲方，应立即告知甲方。对于生产现场出现的批量性问题，在没有解决对策前不允许出货；为避免产品批次性问题，短周期实验中出现的单个的性能故障，在原因没有查清楚前，在未得到甲方质量人员认可的情况下不允许出货。

3.5.4 乙方应在形成最终产品的一些关键工序设立必要的管控点，随时监控工序质量和产品质量，从而及时发现和纠正生产过程中的异常状况。所有管控点应有专人负责，严格做好原始记录和数据统计、分析，对数据统计、分析中发现的任何异常信息必须及时查明原因、采取纠正措施，并跟踪纠正措施的有效性。若甲方有要求，乙方应提供相关数据。

3.5.5 乙方对发现异常状况的产品（半成品）应及时隔离，保证不合格产品或有质量隐患的产品决不流入下一道工序并得到妥善处理。若现场不良率高于设定目标，应组织相关部门召开现场会议，列出改善计划。若甲方指定之供货商不配合，甲方有责任推动供货商提出改善计划。

3.5.6 乙方应采取切实有效的管理方式，使产品生命周期中的实验、评审、检验、生产等环节具有可追溯性。乙方对产品的相关记录应自产品交付给甲方之日起保管 2 年。对于整机所使用的主要部件和整机编码建立数据库，以便于后续的维修和改善，该数据库的保存期限不短于 5 年。

## 3.6 乙方厂内的产品检验

3.6.1 验收检验（原则上甲方不执行第三方检验动作，乙方必须确保出货产品的质量）。

3.6.1.1 检验抽样标准：一般检查水平，安全类缺陷为 0。

3.6.1.2 出货的判定项目：短周期实验结论、收货检验结论、产线故障的分析概况。

3.6.1.3 当甲方有需求时，甲方有权派驻相关人员在乙方进行验收检验或可靠性实验，乙方应在生产/发运前通知甲方相应的生产日期/付运日期，同时乙方应提供甲方验收检验的场地和能满足产品的性能检验要求的便于批量检验的工装夹具、电源和信号源、飞行测试场地、乙方陪检人员，以及必要的拆、包、转运人员，按照双方已经确定的样品和双方协定的检验标准进行验收。必要时，甲方有权到乙方仓库进行点数和抽样。

3.6.1.4 甲方确认验收检验合格，并不意味着甲方对乙方产品质量的全面认可。在产品的进一步测试、销售及最终用户使用过程中，如果发现可归责于乙方的产品不符合约定的数量、规格、质量标准的情况，或者产品存在乙方所提供之物料或因制造、运输等原因导致的缺陷（或其他隐蔽/固有的缺陷），甲方有权按双方签署的《质量损失赔偿》的相关条款处理。若发到市场的产品开箱后缺少附件，乙方应在接到通知后 3 日内将补齐的附件发到甲方指定的地点。

3.6.2 不合格的处理。

对于被判为不合格的产品，乙方应在相应的时间内对产品进行返工；若问题经过甲方确认，不会被用户严重投诉而可正常出货，则需乙方提供保函。该产品在市场上如因同样情况出现用户投诉或退货的问题，乙方应承担全部责任，且不免除其他考核。

3.6.3 产品的周期性测试和可靠性监控。

3.6.3.1 乙方应对产品进行周期性测试，当甲方有要求时，应在合理的时间内向甲方提供例行测试报告。

3.6.3.2 乙方在开展的可靠性监控中一旦发现送交甲方的产品存在质量隐患，应及时通知甲方并会同甲方制定应急的方案和解决措施。

3.6.4 失效分析。

3.6.4.1 当乙方提供的产品在售后过程中出现背离甲方质量要求的情况时，甲方应收集有关数据及实物反馈给乙方，乙方应对甲方的反馈按规定时限进行分析与处理。

3.6.4.2 乙方在收到甲方的反馈后，应在 3 个工作日内提交根本原因的失效分析和可行且有效的纠正、预防措施（若需相关零部件供应商共同确认问题，在甲方认可的情况下可合理延长时间），措施在甲方认可后实施。

## 3.7 外包的管理

禁止乙方将产品外包生产。

### 第四条 产品认定与收货检验

**4.1 产品认定**

4.1.1 对于甲方有要求的，乙方应进行有关合同产品的测试。其具体测试内容按照双方实验标准对标的要求进行协商决定。

4.1.2 乙方在生产新产品前，应根据测试计划及实验标准与甲方进行协商，确定最终实施的实验项目及测试标准，并按实验要求进行，同时提供相关的测试文件及报告。

4.1.3 如有新物料导入，乙方需要对新物料进行测试，并提供相应的测试报告，以工程变更通知的方式导入，以确保产品质量可控。

4.1.4 乙方在接到甲方产品合格的书面通知后方可批量生产。

4.1.5 如乙方不按上述要求附相关文件，甲方有权拒收货物。因类似问题拒收 3 次以上的，按缺失项处理，每次处罚（　　　）元人民币。

**4.2 收货检验（略）**

### 第五条 变更与质量改善管理

**5.1 生产条件的变更**

5.1.1 乙方在做出任何变更前，应征得甲方质量人员的书面（包括邮件）同意，如出现下列情形，应立即书面报告甲方，提交详细的变更内容及乙方针对变更部分所做的相关验证与测试报告，并取得甲方的认可。

5.1.1.1 甲方由于自身原因需要实施变更的，应书面通知乙方，并在双方协商的基础上进行变更。

5.1.1.2 乙方对产品做的所有变更，在任何情况下都要取得质量证明并保管好相关的文件，在甲方要求时需向甲方提交一份。

5.1.2 在涉及以上变更时，乙方除提交以上报告外，如甲方有需求还需提供更改后的样品，经甲方进行质量认定并认可后，方可自甲方在变更申请表上同意的变更导入时间后供货。

5.1.3 工程有变更时需落实到工程变更与整机对应的系列号范围，以便追溯。

5.1.4 未经甲方同意，乙方私自进行以上变更的，均视为违约，甲方有权按照相应规定对乙方进行罚款。

**5.2 质量改善及供应商评定**

5.2.1 在乙方厂内检验的结果表明合同产品需进行生产改善时，乙方必须进行改善。

5.2.2 对量产制程/检验过程和售后反馈中出现的质量问题，双方本着质量改善的目的和原则，甲方每月向乙方提供售后质量数据作为乙方重点改善依据，乙方对重要质量问题需要提供快速、具体的分析和改善报告，以及改善、防范措施落实计划。

5.2.3 为快速、有效地进行质量改善，新品上市后乙方必须对新品上市前期功能异常的部分产品进行 FA（Failure Analysis，失效分析）。乙方在明确流程和窗口后，快速进行分析并给出根本原因分析、有效的改善对策及改善报告，同时将改善措施及时导入量产。甲方有责任推动乙方配合改善，具体要求如下：

5.2.3.1 上市初期（出厂 4 个月）的前 100 件退货的产品全部做 FA。

5.2.3.2 累计出现 3 例相同失效原因的，乙方需要立即导入改善措施。

5.2.3.3 对于市场的不良信息，乙方应该在 24 小时内制定临时的对策，并在 5 个工作日内给出最终的分析和改善；对于特殊的问题，乙方需要在 8 小时内答复整改计划。

5.2.3.4 乙方有责任及义务对所有生产物料进行质量管控及其供应商的管理。

5.2.4 甲方从制程质量数据、出货检验数据、市场质量反馈数据、不良反馈闭环处理、质量问题改善进度五个方面评定乙方的质量水平，并将数据及时反馈给乙方，以促进产品的质量改善和双方的合作。

5.2.5 乙方应提供条件，使甲方能有效确认问题改善的有效性和执行情况。双方采取定期召开质量例会的方式促进双方的质量改善信息的沟通和产品的质量改善。

第六条　质量损失赔偿

## 6.1 质量保证责任

6.1.1 质量责任划分：就乙方所提供的产品，乙方对产品质量、制造质量负完全责任；乙方直接向其供应商购买的物料的质量由乙方负责。

6.1.2 可归责乙方的，乙方提供给甲方的产品在用户使用中发生漏电、起火等安全事故，乙方应承担赔偿用户的损失及因此所产生的费用。乙方提供的产品不良而导致甲方产品在市场监督抽查或其他第三方机构抽样中不合格，可归责乙方的，依据实际产生的损失，乙方应承担责任。

6.1.3 对乙方提供给甲方的产品，乙方制程及售出后归乙方责任的累计故障率及下表各质量目标，超过累计故障率部分，乙方必须免费维修、更换或退货。其他所需的合理费用应由乙方承担。甲乙双方将定期（视情况可以召开紧急检讨会议）检讨质量现况，以确保质量于管控之下并持续改善。

6.1.3.1 针对整机组装产品质量控制的指标为"直通率"（直通率=各制程一次良率的乘积），管控目标如下：

| 项目 | 目标 | 质量异常 | 质量事故 |
|---|---|---|---|
| 直通率 | ≥98% | 96%～97% | ≤95% |

a.若直通率超出管控目标（<98%），甲方将要求乙方质量主管整理所有相关质量数据送至甲方并检讨。

b.若直通率连续两个月超出管控目标，甲方将要求乙方质量和业务部门的最高主管整理所有相关质量数据送至甲方并检讨。

c.若直通率连续三个月超标且无任何改善，第三个月对乙方罚款（　　）元人民币，连续四个月超标且无任何改善，第四个月开始每月对乙方罚款（　　）元人民币，直至有效措施导入，质量状况符合要求。

6.1.3.2 针对整机售后质量控制指标为"累计故障率"（累计故障率=累计维修故障数÷累计销售到终端用户的销量），单位使用DPPM（Defective Parts Per Million，每百万缺陷率）。管控目标如下：

| 上市月数 | 第1个月 | 第4个月 | 第7个月 | 第12个月 | 第18个月 | 第24个月 |
|---|---|---|---|---|---|---|
| 整机（DPPM） | 4000 | 3500 | 3000 | 3000 | 2500 | 2000 |

注：售后质量控制指标的"累计故障率"不包括导致安全事件之故障。甲方不允许出现导致安全事件之故障。

若售后累计故障率低于规定之目标值，乙方有责任依甲方要求直接换货或补货。

注意：直通率和售后累计故障率会随生产水平和设计水平的提高而发生变化。

6.1.4 市场投诉及批次性不良。

6.1.4.1 甲方从乙方购入的任一订单生产批次产品中，因应归责于乙方的事由而出现"批次性不良"，从事故发生日起，乙方承担不合格品的维修、更换或退货所需的合理费用。初次出现的应罚款20000元，累计超过两次的罚款100000元，直到改善为止。（只限于单一产品问题）

6.1.4.2 当发生批次性不良时，任何发现的一方当事人应及时将该不合格产品的性质及范围通知对方当事人。此时，乙方与甲方为寻求适当的对策，应迅速进行现场、市场端的处理。在对该不合格产品实施适当的对策之前，甲方可要求乙方停止继续生产及停止出货。

6.1.5 甲方在稽核中发现批量性故障，但双方确认同意放行，最终通过保函形式达成放行的产品，售出后一旦出现同类型的不良情况，甲乙双方各自按照保函的内容承担损失。

6.1.6 乙方向甲方提供虚假资料、信息，或者隐瞒真相，从而欺骗甲方或最终用户，获取不正当利益的，除对造成的损失进行全额赔偿外，乙方另需按涉及金额的30%向甲方支付违约金。

第七条　保留义务

本协议届满后，以下义务仍继续存在。
（1）第2.2条规定的信息提供。
（2）第3.4条规定的向甲方提交相关材料材质证明等文件。
（3）第3.5.6条规定的可追溯性的确保。
（4）第3.6条规定的向甲方提交检验、测试等的记录。
（5）第5.2条规定的质量异常的联络与质量改善。

第八条　生效

1．本协议一式两份，双方各执一份，经双方盖章后于公元＿＿＿年＿＿月＿＿日生效，有效期存续于双方整个业务合作期间或终止合作后3年内。

2．在本协议执行过程中，如有未尽事宜，双方签署书面补充协议。补充协议与本协议具有同等效力。

（以下无正文）
甲方（盖章）：
授权代表：

_____

日期：_____

乙方（盖章）：
授权代表：

_____

日期：_____

值得注意的是，《质量协议》一般作为供需双方已签订的《基本供货合同》的补充部分，如与合同有不一致处，应以《质量协议》为准。

## 四、质量协议的变更管理

虽然双方签订了协议，但在实际的执行过程中难免会发生变动，这时候需要双方就协议的变更规则进行说明。企业应建立一套完整的变更规则。

### 1．完善变更管理组织及流程

企业应审视当下的变更规则是否适应新的供应商质量管理形式，并不断优化变更管理。

### 1）变更管理组织的优化

建立变更管理组织机构，明确管理组织责任与权限，明确内部控制和监督职责，明确变更术语定义，建立变更点管理规则。

### 2）变更流程的改善

在建立变更管理组织后应就变更的工作流程进行优化。主要内容包括各流程的运转与关系规则优化；订单变更管理流程改善；引入必要的监控环节及变更看板；改善变更流程的连续性，消除"信息孤岛"现象。

### 3）变更的标准化运营

变更管理组织和变更流程完善后即实施变更管理，具体包括：工程监控及事后管理；做好变更记录管理，建立变更履历；制定关联标准文件，导入并运营变更管理系统。

## 2. 变更的节点/部门与流程/职责

变更的节点/部门与流程/职责如表 5-4 所示。

表 5-4 变更的节点与流程

| 节点/部门 | 流程/职责 |
| --- | --- |
| ECR 发起者<br>——变更申请者 | • 拟制工程变更申请单，发起变更申请<br>• 变更申请者：设计、技术、生产、采购等部门均可以发起 |
| ECN 发起者<br>——设计部<br>——技术部<br>——质量部等 | • 变更事项的审核/ECN 发起及相关部门审核申请<br>• 当需要开会检讨时，做会议日程、地点、参席者等决定并主持会议<br>• 检讨对变更申请者申请的 ECR，发起 ECN<br>• 在样品需验证时，指定检讨及评价方案等<br>• 指定 ECN 需告知部门（相关事业部/部门）<br>• 变更事项的内容对作业者、检查者实施教育 |
| ECN 审核<br>——ECN 发起部门经理 | • 决定客户承认必要与否，获得客户的承认<br>• 对已申告的 ECN 实施最终承认<br>• 对已申告的 ECN 指定检讨责任人及有效性验证人<br>• 对已承认的所有变更事项负有责任 |
| 评审者<br>——ECN 指定的参与评审部门 | • 根据评审内容进行检讨并对评审的事项负责 |
| 质量部经理 | • 有对违反变更管理程序的变更事项采取停线等措施的权限<br>• 对已适用变更事项的物料，管理来料检查日期、批号及相关变更信息<br>• 有变更事项发生时确认变更事项的实施情况<br>• 未承认变更产品入库时，可直接做不合格处理，并反映到对供应商的评价中<br>• 相关部门获取客户承认时积极支援<br>• 变更客户 |

注：ECR（Engineering Change Request，工程变更申请）；ECN（Engineering Change Notice，工程变更通知）。

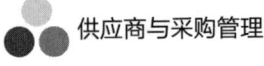

### 3. 变更责任人的职责与权限

变更责任人的职责与权限如表 5-5 所示。

表 5-5 变更责任人的职责与权限

| 责 任 人 | 职责与权限 |
| --- | --- |
| 营销部经理 | • 相关部门获取客户承认时积极支援 |
| 生产车间主任 | • 变更事项发生前，将变更信息详细通知到出货检查（变更发生时间等）<br>• 变更事项承认后，根据变更内容进行生产及管理<br>• 变更事项适用时，批次区分及实际适用日期（批次）管理确认，对变更第一批产品进行识别标记<br>• 不可以适用未承认的变更事项进行生产，对于未承认事项，相关部门要求生产时有权拒绝 |
| 变更数据管理者 | • 变更点数据管理与维护 |
| 有效性验证者 | • 变更点适用的情况确认，变更有效性评价 |
| 变更点管理者<br>（产品质量、工程品质） | • 对已邀请的变更事项确认等级/ECN 拟制的充实度/检讨内容等，当有调整必要时，否决或跟参与评审者协商调整 （评审时）<br>• 删除不必要进行变更管理的变更事项<br>• 确认事后管理是否认真执行<br>• 变更管理现状点检（1 次/季度）及实施教育（1 人/季度）<br>• 由于出差或其他原因长时间（1 周以上）处理业务困难的，选定替代者保证业务的连续性 |
| 变更管理者<br>（技术） | • 确认 ECR 拟制的充实度等，需要调整时否决或跟发起者协商调整，指定评审者和责任者<br>• 删除不必要进行变更管理的事项<br>• 添附评审及承认完了的变更事项的检讨资料，标准类改订等最终确认，ECN 确定或否决（技术再检讨）<br>• 根据已确定的 ECN、变更的 BOM 利用 SAP 与 PDM 进行接口创建 |

注：SAP（System Applications and Products），一个德国公司名称，也是产品名称，全球通用；
PDM（Product Data Management，产品数据管理），一个产品数据管理软件。

# 第二节　供应商质量评价

采购、研发和质量等部门就供应商质量进行调研，并统一供应商与企业的质量标准，同时输出各类质量标准文件，作为供应商质量评价的支撑。

## 一、供应商产品质量调研

进行供应商产品质量调研的目的在于，确定供应商的质量系统是否具有"提供符合质量要求的产品"的能力,这是供应质量控制的第一步。

### 1. 做好产品质量调研的准备

在进行产品质量调研之前,企业应做好相关准备工作。在此阶段,企业要明确调研的目标、做好资料收集工作,还要组建一支专业的调研团队。

#### 1)明确质量调研的目标

当企业准备了解供应商所用的质量标准或推荐应用的质量标准时,应根据不同的调研对象来确定质量调研的目标。

#### 2)收集供应商的资料

当企业准备对一家供应商进行调研时,应尽可能多收集与该供应商相关的事实和数据。在进行这项工作时,务必记住企业和供应商之间存在合作关系。

#### 3)组建调研团队

在通常情况下,调研团队可能只由质量工程师或来自各个领域的专家组成。调研团队要对供应商的劳资谈判、采购政策、新设计概念、加工能力和安全进行全方位的了解。故而,调研活动会在供应商有关部门内轮流开展(如人力资源、开发、工程、采购或仓储等部门)。

### 2. 产品质量调研的开展

在做好了相关的准备工作之后,企业就可以正式开展产品质量调研了。对于具体调研,大家可参照以下步骤和要求。

#### 1)召开首次会议

调研团队在抵达供应商的工厂之后要召开第一次会议。这是一个让双方互相了解的机会。在会议中,调研团队应准确地解释调研的目标、即将做什么,以及期望得到的结果。

#### 2)在质量系统中调研

调研团队关心的主要问题是如何观察质量系统。调研人员必须从高级管理层的政策、员工的性格、环境等方面进行考察。质量系统调研的目的、主要任务及应考虑的问题如表5-6所示。

表5-6 质量系统调研的目的、主要任务及应考虑的问题

| 项 目 | 说 明 |
| --- | --- |
| 调研的目的 | 核查质量系统和工厂设施的结合情况,确认其能否保证产品持续满足规格要求 |

续表

| 项　目 | 说　明 |
|---|---|
| 调研的主要任务 | 对质量系统的情况进行评估，而不是命令其进行系统改变 |
| 应考虑的问题 | 质量规划。质量规划应集中于预防缺陷，努力在人员能力较弱或不足时提供最好的控制，对每个元素定义责任，提供设计方案并记录反馈信息等方面；正确衡量质量规划的有效性，注意对质量成本的分解 |
| | 过程控制。注意过程控制要素是否被包括在操作人员的书面过程指示内；供应商对规格的最低要求是否符合过程控制的一部分；假设看到令人满意的控制过程，能否辨别、评估、分离不符合规格的产品；质量规划中是否提供了相应措施来防止缺陷的再次出现 |

**3）通过参观获取更多的信息**

参观工厂是确认所需要的信息最直接且最佳的途径。参观工厂时应重点做好的工作事项如表 5-7 所示。

表 5-7　参观工厂时应重点做好的工作事项

| 工作事项 | 说　明 |
|---|---|
| 检查场所 | 检查角落是否被清扫。如果清扫似乎只是偶尔为之的事情，那么可判定供应商采取了异乎寻常的行动来加深调研团队的印象 |
| 检查仪器和设备 | 检查所有的仪器和设备是否有明显的灰尘，特别要注意那些由于经常使用而积灰最少的地方；如果有仪器或设备被遮盖起来，则检查它们是否很脏，如果是，则说明这个仪器或设备很少被使用 |
| 检查《质量控制规程手册》 | 查看部分或全部的《质量控制规程手册》（如由工厂检验员、监控人员或审查人员使用的手册）。如果手册中有手印、污点、卷边或折损的页，则意味着手册还在被使用中；反之，则说明手册不经常更新。在查找修订日期时，应仔细地询问厂内人员谁会使用该手册，以及是否看见过或听说过这类手册 |
| 观察质量检验 | 尽量确定抽出了多少个检验样本、从哪里抽取、间隔是多少。观察到的结果将说明质量检验是否有很好的计划并认真执行，是否只是事后想起的偶然行为。<br>对于许多工厂和产品来说，可以检查被保存的样品及其管理方法。如果供应商系统地运行着一个样品库，则说明高级管理层确实具备质量意识，或者他们在过去曾有较差质量的经历，希望彻底解决问题，避免问题的再次发生 |
| 专有信息与保密协议 | 如果讨论专有信息，或者参观能看到专有产品或工艺过程的区域，则应在参观之前得到有效的法律指示，与供应商确定哪些地方属于专有区域，区分真正的专有信息和不被法律保护的生产常规信息 |

**4）评估记录系统**

在评估记录系统之前，调研团队必须对管理和合同要求做出定义。在多数情况下，合同不仅要求记录产品质量状况的证据，还要求记录影响质量的各方面，如检验记录、检测数据单、原材料证明、热处理记录、校正数据、镀层记录、X射线检查记录等。

### 3．出具产品质量调研最终报告

进行调研或质量系统评估的最终结果，应以一份能够被双方理解的最终报告呈现，如专栏 5-2 所示。

专栏 5-2　××供应商质量调研报告（示例）

**××供应商质量调研报告**

一、与会人员
（报告中应列出双方参与会议的所有成员，不要遗漏任何人，保证姓名和职务的书写完全正确）

二、调研的时间和对象
（简要介绍一下进行产品质量调研的起止时间及调研对象）

三、调研的发现
（对所进行的工作进行概括，应理性地描述情况。当情况比预想的好时，不要忘记对其给予充分的肯定。注意，要避免不谨慎的赞扬和不恰当的批评）

四、调研后的建议
（突出各条建议，使阅读报告者能在最短的时间内了解基本事实，而后对观察到的事实做出说明和评论，必要时加入详细的建议；当有破坏规格、规程或过程的情况时，也应给出建议）

报告必须以适于阅读的形式和语言呈现，可以采用叙事的风格，尽可能少用曲线、图表和比率。

### 4．产品质量调研的跟踪

调研团队应与供应商联系，确定一个双方都同意的周期进行跟踪访问。如果改进措施已经得到执行和报告，调研团队应尽快安排跟踪访问的日期，确认所有的改进措施是否都已完成。如果改进措施没有在要求的时间内发挥功效，那么调研团队应针对这种情况讨论其他合适的方法。

## 二、质量标准的统一

拉通并统一企业与供应商、供应商与供应商之间的质量标准，这样可以保证供应商提供满足企业质量要求的产品。制造业的生产过程的稳定性决定了最终产品的质量。产品质量偏差与 4M 偏差关联度如图 5-2 所示。

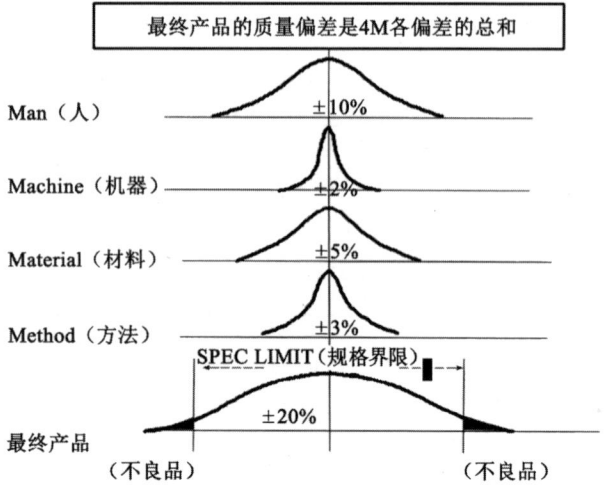

图 5-2　产品质量偏差与 4M 偏差关联度

我们可以看到 4M 偏差的影响。

♪ 如果 4M 没有偏差,那么最终产品的质量也没有偏差。

♪ 最终产品的质量是 4M 各偏差的总和。

♪ 偏差是质量的障碍,会导致费用上的损失。

可见,质量管理就是标准管理。企业想要做好供应商质量管理,就得做好供应商的标准管理。

### 1. 4M 是统一质量标准的关键

企业通过前期的质量调研基本能够发现质量问题或存在的质量隐患大多与 4M 有关。

(1) Man (人): 找出非常方便、容易且具有重复性的作业方法,具体要立足于研究 IE (Industrial Engineering,工业工程) 的作业标准。

(2) Machine (机器): 与出现故障后维修相比,要更加重视预防 (预防检查,以及定期矫正与维修),必须建立能够保证预防的设备标准。

(3) Material (材料): 主材料、辅助材料、零件及供应商的管理;给出能够保证最小偏差的材料标准。

(4) Method (方法): 开发工程的重复,具体是能够保障同一作业的重复性的工程管理、技术、作业标准、检验标准。

企业在做供应商质量管理时可以从以上几个方面展开。

## 2. 完善的质量标准体系

标准是技术累积的集中体现。统一供应商质量标准需要完备的质量标准体系，最快的方式是让供应商对标企业的质量标准体系。

以三星电子为例，它将数量庞大的供应商纳入自己的质量标准体系之中，并积极帮助新的供应商建立质量标准体系。质量标准体系说明如图 5-3 所示。

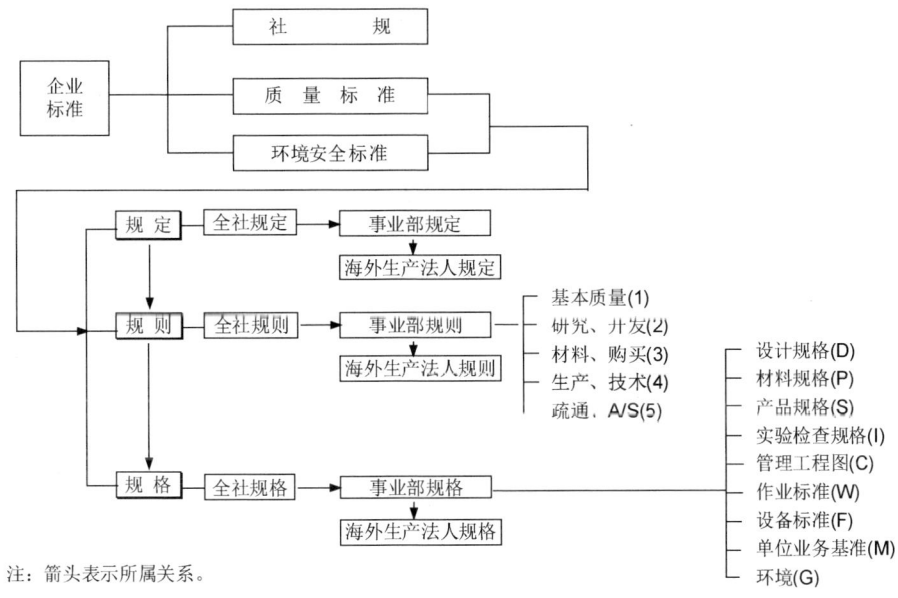

注：箭头表示所属关系。

图 5-3 质量标准体系说明

其中，规定确定了企业的基本质量方针、责任和权限、业务的基本环节；规则确保企业在遵守规定的同时有能高效完成任务所需的处理环节和方法；规格统一了成品、半成品、原材料、零部件、设备、工程所需要的各种质量特性和性能、尺寸、作业方法、实验检查方法、包装、标记，以及各种单位、符号、样式等，主要是确定与产品有关的技术方面的事项。具体的规格类构成体系如表 5-8 所示。

三星电子是通过多年的发展及积累逐步实现企业、供应商质量标准的统一的。在统一质量标准后，三星电子可以按流程管理供应商，大大节约了管理成本。

表 5-8 规格类构成体系

| 管理工程图 | 作业标准 | 设备标准 | 材料规格 | 产品规格 | 实验规格 | 检查规格 |
|---|---|---|---|---|---|---|
| 1.投入材料名称<br>2.工程图<br>a.准备工程<br>b.原工程<br>3.工程<br>4.作业名称<br>5.相关标准<br>6.重点管理项目及管理方法<br>7.工具及使用的仪器<br>8.负责人 | 共同<br>第一组 目的<br>第二组 适用范围<br>第三组 相关标准<br>第四组 术语加工的定义<br>组装及加工作业标准<br>第五组 作业方法及实施<br>1.作业前准备、检查项目<br>2.投入零件及使用仪器、工具<br>3.作业方法<br>4.确认检查事项及记录维持事项<br>5.发生异常时的措施<br>-附则-<br>检查作业标准<br>第六组 检查方法及环节<br>1.检查条件<br>2.必要计测器及使用条件<br>a.必要计测器<br>b.计测器连接图<br>3.检查方法<br>4.不良产品的处理<br>5.维护检查结果的记录<br>6.发生异常时的措施<br>-附则- | 1.目的<br>2.适用范围<br>3.相关标准<br>4.术语的定义<br>5.设备运输概要<br>a.工作概要<br>b.控制及标记器<br>c.运输前的确认检查项目<br>d.驾驶环节<br>e.确认启动后的检查事项<br>6.预防维修方法<br>a.必要计测器及周期、规格<br>b.检查项目及工具<br>c.检查方法<br>d.维持检查结果的记录<br>注意事项<br>7.检查纠正<br>8.维修<br>9.紧急时的措施<br>-附则- | 1.适用范围<br>2.相关标准<br>3.术语的定义<br>4.种类<br>5.外表及尺寸<br>6.质量及性能<br>7.实验及检查<br>8.包装及标记<br>-附则- | 1.适用范围<br>2.相关标准<br>3.术语的定义<br>4.种类<br>5.使用电压及额定频率<br>6.构造<br>7.性能<br>8.实验及检查<br>9.包装标记及包装方法<br>10.使用方面的注意事项<br>-附则- | 1.目的<br>2.适用范围<br>3.相关标准<br>4.术语的定义<br>5.设备及仪器<br>6.实验条件<br>7.样品<br>8.实验方法<br>9.涉及措施事项<br>-附则- | 1.适用范围<br>2.相关标准<br>3.形成 Lot 及检查单位<br>4.检查项目的方式及条件<br>5.取样方法<br>6.实验检查方法及设备<br>7.判定基准<br>8.Lot 的处理<br>9.检查结果的记录、保置及适用<br>-附则- |

## 3. 选择合适的质量标准

企业可以依据自身的实际情况确认在哪些方面统一供应商的质量标准。质量标准越多意味着企业的质量管理成本越高。笔者建议企业将质量标准的建立重心放在供应商质量检验标准上来。笔者基于多年的经验总结得出，企业在采购中普遍面临的问题是供应商的来料质量不稳定和企业的检验标准缺失。规范供应商质量标准可以快速、有效地解决上述两个问题。

在 W 集团公司供应链改善过程中，笔者团队经调研发现企业在质量控制方面存在改善的潜力。其现状表现如下。

（1）检验标准、技术标准不明确、不全面，供应商满足资料要求却满足不了质量要求。

（2）企业需求紧急，对来料验证不充分。

（3）企业对供应商没有任何包装规范要求，供应商自主作业造成产品质量参差不齐，存在严重的质量风险。

我们与 W 集团公司方面、供应商方面共同讨论，拟定了改善方向，包括制定了标准的质量规范文件、供应商物料验证流程标准、供应商标准检验流程及管控机制、包装要求规范，以及推广供应商条码等。经过改善，统一了适用于企业与供应商的质量标准。

待质量标准统一之后，企业还应输出相应的标准文件及变更条件。

## 三、输出《质量检验指导书》

《质量检验指导书》是企业检查、监督和指导供应商的重要质量管理工具，也是完善和统一企业与供应商质量标准的重要依据。输出《质量检验指导书》必须以使用者为主，而不能以制定者为主，要便于工作人员阅读、理解和遵守。

质量部门制定标准时要确保依照标准就能准确无误地进行作业；要记录必要的条件和方法，在业务（作业）上确保无误差或失误；要确认是否经过正当步骤（协商、认证、生效条件等）；要确保变更后没有任何修改痕迹或误差的因素（禁止手写或修改）。某企业的供应商的《质量检验指导书（示例）》如图 5-4 所示。

| 质量检验指导书 | | | 品名 | 材料 | | 处理 | 版本 |
|---|---|---|---|---|---|---|---|
| | | | 压簧 | 碳素弹簧钢 82B | | 镀镍 | A |
| (图例) | | | | 检测项目 | | 检测工具 | 备注 |
| | | | 尺寸项 | 1 | | | |
| | | | | 2 | | | |
| | | | | 3 | | | |
| | | | | 4 | | | |
| | | | | 5 | | | |
| | | | | 6 | | | |
| | | | | 7 | | | |
| | | | | 8 | | | |
| | | | RoHS 管制物质确认 | 检测报告是否合格（材质为碳素弹簧钢 82B）并记录报告 | | | 抽样标准：每批来料核对 |
| | | | | 编号及有效日期，来料有无 RoHS 标签 | | | |
| | | | 外观项 | 1 | 表面无油污及划痕，以及扭曲变形等现象 | | |
| | | | | 2 | 产品表面无毛边 | | |
| | | | | 3 | 使用材质需符合无铅 RoHS 环保规范 | | |
| | | | 包装方式 | 每 5000 件装入透明塑料袋，挂牌标示 | | | |
| | | | 抽样方案 | 尺寸依图纸及指导书进行检验，抽样数按照本公司标准进行抽检 | | | |
| | | | 备注 | | | | |
| | | | 文件编号 | | | | |
| 版本 | 修改日期 | 变更内容 | 责任人 | 编制 | | 第__页 共__页 | |
| | | | | 审核 | | | |
| | | | | 核准 | | 日期 | |

图 5-4 质量检验指导书（示例）

《质量检验指导书》中应明确规定检验的内容、方法、要求和程序，防止错检、漏检等现象。在编制时，须注意以下事项。

（1）逐一列出作业过程控制中需注意的所有质量特性（技术要求）。

（2）根据质量特性和不同精度等级的要求，选择适用的测量工具，在指导书中标明型号、规格和编号，并说明使用方法。

（3）在采用抽样检验时，根据产品抽样检验的目的、性质、特点选择适用的抽样方案。

## 四、供应商质量评比

供应商质量评比能够激励供应商不断改进质量,提高出货良品率。供应商质量评比依据需求分为月度质量评比、季度质量评比和年度质量评比。企业可依据采购的数量、频次、采购周期来选择合适的质量评比方式。

### 1. 明确评比等级和评比项目

#### 1)供应商质量评比等级

供应商质量评比等级如表 5-9 所示。

表 5-9 供应商质量评比等级

| 得分/分 | $S \geqslant 90$ | $80 \leqslant S \leqslant 89$ | $70 \leqslant S \leqslant 79$ | $S \leqslant 69$ |
|---|---|---|---|---|
| 等　级 | A | B | C | D |

#### 2)供应商质量评比项目

供应商质量评比项目如表 5-10 所示。

表 5-10 供应商质量评比项目

| 序号 | 评 比 项 目 | 参考分/分 | 减 分 基 准 |
|---|---|---|---|
| 1 | 停线发生次数 | 10 | 5 分/次 |
| 2 | 索赔发生<br>(包括因资材不良而造成的即时客户索赔或即时客户向供应商索赔) | 20 | 10 分/次,金额类另减 |
| 3 | 半成品工程使用不良率(ppm) | 25 | 不良率减分 |
| 4 | 受检批次不合格率 | 20 | 不合格率减分 |
| 5 | 质量提升努力度 | 15 | 项目减分 |
| 6 | 质量改善邀请回信率 | 10 | 累计所有未回信总件数 |
| 7 | 质量体系认证(ISO9000 以上体系通过时) | — | +2 分(加分项) |
| 合计<br>(注:评比期间未满纳入 5 个批次以下的不参与评比;按评比项目减分,但每项减分可超出参考分) | | 100 | |

注:ppm(parts per million,百万分之)。

### 2. 月度质量评比计算方法

接下来,笔者逐一就供应商评比项目及评比标准的计算方法进行介绍和说明。

#### 1)停线发生次数

评比期间因资材不良造成停线的,每次减 5 分。

## 2）索赔发生

因资材不良造成索赔发生的，每件扣 10 分；因供应商资材索赔时应按索赔金额减分，减分标准如表 5-11 所示。

表 5-11　按索赔金额减分标准

| 序　号 | 索赔金额/元 | 减分标准/分 |
|---|---|---|
| 1 | 1～5000 | 3 |
| 2 | 5000（不含）～15000 | 4 |
| 3 | 15000（不含）～30000 | 5 |
| 4 | 30000（不含）～50000 | 6 |
| 5 | 50000（不含）～100000 | 8 |
| 6 | >100000 | 10 |

## 3）半成品工程使用不良率（ppm）

通过评比期间半成品投入总个数与不合格总个数的比值来评比，公式如下。

$$半成品工程使用不良率 = \frac{评比期间半成品不合格总个数}{评比期间半成品投入总个数} \times 1000000\, ppm$$

半成品工程使用不良率减分标准如表 5-12 所示。

表 5-12　半成品工程使用不良率减分标准

| 半成品工程使用不良率（ppm） | 0～99 | 100～199 | 200～299 | 300～399 | 400～500 | >500 |
|---|---|---|---|---|---|---|
| 减分标准/分 | 0 | 5 | 10 | 15 | 20 | 25 |

## 4）受检批次不合格率

以评比期间受检总批次数与受检不合格总批次数的比值来评比，公式如下。

$$受检批次不合格率 = \frac{评比期间受检不合格总批次数}{评比期间受检总批次数} \times 100\%$$

受检批次不合格率减分标准如表 5-13 所示。

表 5-13　受检批次不合格率减分标准

| 受检批次不合格率 | 0.5% | 0.5%（不含）～1.0% | 1.0%（不含）～2.0% | 2.0%（不含）～5.0% | 5.0%（不含）～10% | 10%以上 |
|---|---|---|---|---|---|---|
| 减分标准/分 | 0 | 3 | 6 | 10 | 15 | 20 |

## 5）质量提升努力度

供应商为改善质量或预防质量问题进行的改善项目，主要为关联质量数据收到后，质量管理实绩评比的内容。评比公式如下。

$$质量提升率 = \frac{上月受检批次不合格率 - 本月受检批次不合格率}{上月受检批次不合格率} \times 5 + \frac{上月工程使用不良率 - 本月工程使用不良率}{上月工程使用不良率} \times 10$$

质量提升努力度减分标准如表 5-14 所示。

表 5-14 质量提升努力度减分标准

| 序号 | 减分项目 | 减分标准 |
|---|---|---|
| 1 | 变更点未通报 | 5 分/件 |
| 2 | 故意或纵容提供虚假数据 | 3 分/件 |
| 3 | 质量数据记录错误、检查项目或裁决遗漏、标签贴错等 | 1 分/件 |
| 4 | 连续 3 个月供应商月质量评比 C 级以下者，第 3 个月减分 | 5 分/次 |
| 5 | 受检散布异常 | 2 分/件 |

6）质量改善邀请回信率

因受检、工程等异常质量改善邀请回复不及时发生时（如发信后 7 天内未按要求质量改善回复），未回复件数累加，影响月度质量评比结果。

$$未回信率 = \frac{累计未回复件数}{评比当月总发生件数} \times 10$$

$$减分标准 = 加重值 - \frac{规定期限内质量改善邀请已回复件数}{评比期间发出质量改善邀请件数} \times 加重值$$

件数统计标准说明：将上月发生的件数作为当月总发生件数，未回复件数为所有发生过但未回复的件数，既包括当月的，也包括以前发生过的未回复件数。也就是说，此项为累计评比——上月未回复件数移至下月评比，直至回复。

下月 1～7 日前回复的在下月评比时不减分，否则仍减分。

7）质量体系认证

通过 ISO9000 系列以上质量体系认证（如通过 ISO14000 系列、QS9000 系列、TL9000 系列、TS16949 等且在认证有效期内的质量体系）的供应商加 2 分。

3．评比结果处理

来料检验部门将每月的质量评比结果编制成《供应商质量评比通知书》（见

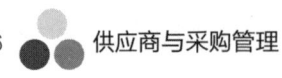

专栏 5-3），批准后通报供应商和采购部。采购部根据当月质量评比结果调整采购量和采取相应措施，并将措施与来料检验部门合议后通报供应商。

专栏 5-3　供应商质量评比通知书

供应商质量评比通知书

受信：供应商 董事长
参照：质量部经理
发信：××企业来料检验部门
供应商名称：_____　　　　评比等级：_____

1. 质量评比结果

| 序号 | 评比项目 | 加权值 | 得分/分 |
|---|---|---|---|
| 1 | 受检批次不合格率 | 20% | |
| 2 | 半成品工程使用不良率（ppm） | 25% | |
| 3 | 质量改善邀请回信率 | 10% | |
| 4 | 质量提升努力度 | 15% | |
| 5 | 索赔发生 | 20% | |
| 6 | 停线发生次数 | 10% | |
| 7 | 质量体系认证（ISO9001、TS16949等） | | +2（加分项） |
| 合计 | | 100% | |

2. 主要质量问题点

| 序号 | 发生场所 | 模型名 | 部品名 | 问题点及不良项目 |
|---|---|---|---|---|
| 1 | | | | |
| 2 | | | | |
| 3 | | | | |

3. 月度评比情况

| 月份 | 1 | 2 | 3 | 4 | 5 | 6 | 7 | 8 | 9 | 10 | 11 | 12 |
|---|---|---|---|---|---|---|---|---|---|---|---|---|
| 得分/分 | | | | | | | | | | | | |
| 等级 | | | | | | | | | | | | |

4. 措施

_____
_____
_____
_____
_____
_____

### 1）对 C 级的供应商处理

对被评为 C 级的供应商，要求其编制《质量改善对策书》，送交来料检验部门。

### 2）对 D 级的供应商处理

对被评为 D 级的供应商，质量部以企业董事长的名义发送《质量恶化警告书》；供应商需编制《质量改善对策书》，送企业来料检验部门，而企业的质量部需对其送来的《质量改善对策书》进行有效性确认。

（1）当六个月内，第一次被评为 D 级时，按如下方式管理。
- 以企业董事长的名义发送《质量恶化警告书》。
- 供应商进行回复，质量部确认对策有效性。
- 质量部有必要对质量严重不达标或质量恶化严重的供应商进行现场工程质量审查（Quality Process Audit，QPA）。

（2）当六个月内，累计两次被评为 D 级时，按如下方式管理。
- 质量部以企业董事长的名义发送《质量恶化警告书》。
- 供应商代表来访，发表防止再次发生类似情况的对策。
- 适当减少供应商下月订单数量（如对比发生月减少 30%以上的订单数量至少三个月）。若该供应商为一元化供应商，则开发二元化新供应商（六个月内）。

（3）当六个月内三次或三次以上被评为 D 级时，企业将考虑暂时或永久终止订单，必要时进行检查；在特殊情况下不能终止的，应由质量、采购及其他关联部门协商同意，取得改善后方可继续合作。

### 4．供应商的综合评比

每月对各供应商进行质量评比，由质量部经理评出最佳和最差供应商。评比依据 ERP 系统记录的数据，将最差供应商作为重点改善对象，由质量部发出《质量恶化警告书》，并按要求完成改善事项。

### 5．年度优秀供应商综合评比

为鼓励供应商持续改善质量，质量部与采购部综合月度质量评比实绩及采购综合指标，选定一定数量的优秀供应商进行授奖，对被选为年度优秀供应商的可优先给予订单并考虑增加订单数量。

## 第三节　供应质量检验管理

为了实现质量检验管理的工作目标，质量部应努力做好从样品到出货的整个过程的检验工作。

### 一、设计质量检验控制点

控制点的设计，一般由技术部会同质量部负责，在过程质量控制的制度中明确规定。在确定控制点后，应编制过程质量检验控制点的明细表，必要时绘制过程质量检验控制点流程图。

#### 1. 质量检验控制点前移

企业在做质量检验时，一定要将检验关口前移，即从供应商那里就开始检验质量。很多企业将来料检验作为供应商质量检验的第一道关口，这种检验方式不能有效预防质量风险，因为企业采用这种检验方式虽能及时发现来料不良等问题，但也带来了停线的风险。质量检验控制点前移属于提前预防，质量检验控制点前移的工作内容如表 5-15 所示。

表 5-15　质量检验控制点前移的工作内容

| 工作内容 | 说　明 |
| --- | --- |
| 样品试制 | 对样品进行检查、验证，当样品符合生产质量要求后进行小批量生产，并跟踪生产过程中存在的技术问题和质量问题，只有当质量完全符合要求后才能进行批量生产 |
| 首件检验 | 首件检验指对生产加工的第一个工件或在加工的过程中由于换人、换料及换工装等改变生产工序后所加工的第一个工件进行检验。对于大批量的生产来说，首件检验也可以指对样品进行检验 |
| 巡回检验 | 巡回检验又称流动检验，指专职检验员到操作者的工作场地所进行的检验。企业通过巡回检验可以及时发现生产过程中的不稳定因素并加以纠正，防止成批产生不良品，便于专职检验员对操作者进行指导 |
| 末件检验 | 末件检验指当产品形成了一个完整的检验批后，按规定的抽样方案随机抽取样品，将检验结果与判定标准对照，确定该批产品能否放行的检验 |
| 成品检验管理 | 成品检验管理主要是通过对成品下线和出货进行质量控制，杜绝不合格品流入市场 |
| 不合格品处理 | 不合格品处理指对生产过程中检验出的不合格样品、半成品和成品等采取科学的办法进行管理，避免与合格品混淆 |
| 员工标准化作业 | 员工标准化作业指督促工作岗位上的每位员工，包括生产人员，通过自我监督和管理，以更好地完成本职工作，避免将麻烦留到下一道工序 |

企业通过对上述质量检验控制点的前移，可以更好地保证来料的零缺陷率。

## 2. 导出产品关键质量特性作为关键检验点

新产品的质量检验控制点依据《供应商产品规格书》（示例截图见图 5-5）的内容进行确认。采购部门与质量、生产、设计等部门预先确定该规格书中的关键质量特性，如温度、电压等，对其进行标记，并反映在《质量检验指导书》中。

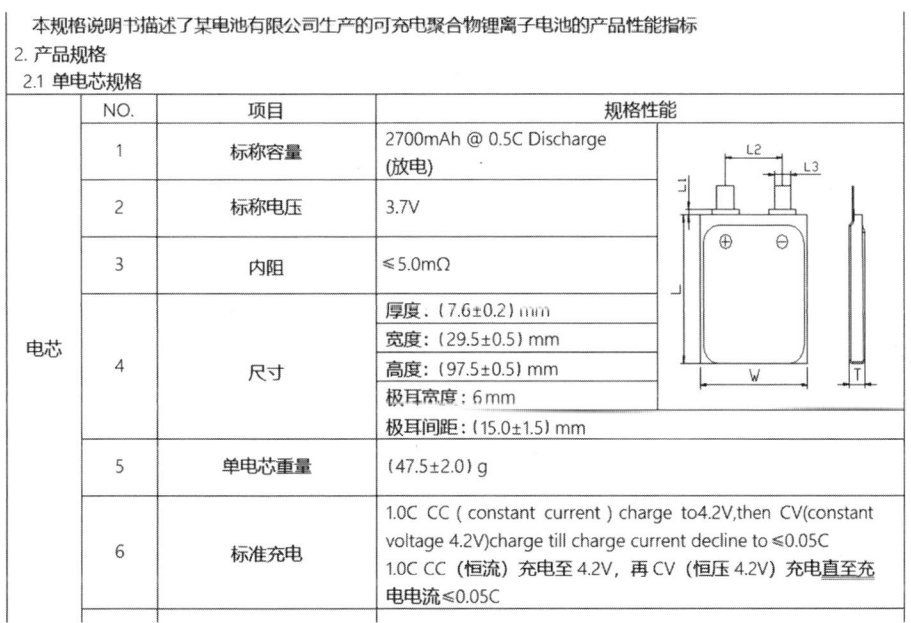

图 5-5　供应商产品规格书（示例截图）

通常，《供应商产品规格书》中只有那些对产品的性能、精度、安全性、寿命和可靠性等有直接影响的质量特性才能作为质量检验控制点。除此以外，采购部也可以依据供应商提供的《产品关键质量特性清单》确认质量检验控制点。

某企业产品关键特性和重要特性管制清单如表 5-16 所示。

表 5-16　某企业产品关键特性和重要特性管制清单

| 客户名称 | | | | 客户型号 | | | | | 本企业型号 | | | |
|---|---|---|---|---|---|---|---|---|---|---|---|---|
| 制程能力分析 | | 序号 | 质量特性 | 特性类别 | 允收基准 | Cpk | 重要度 | 选定依据 | 抽样数 | 分析方法 | 异常处置 | 备注 |
| 初期 | 量产 | | | | | | | | | | | |
| | | | | | | | | | | | | |
| | | | | | | | | | | | | |
| | | | | | | | | | | | | |
| | | | | | | | | | | | | |
| | | | | | | | | | | | | |
| | | | | | | | | | | | | |
| | | | | | | | | | | | | |
| | | | | | | | | | | | | |
| | | | | | | | | | | | | |

1. 特性类别分为产品特性和过程特性。
2. 特性符号说明。
重要特性（Significant Characteristics, SC）。
关键特性（Critical Characteristics, CC）：安全性、法规性。
3. 符号说明。
〇代表定期试验。
△代表定期精测。

| 审查 | 制表人 | 参与人会签 |
|---|---|---|
| 核准 | | |

质量部、采购部需要参考产品关键特性和重要特性来分析供应商在生产制造过程中哪些质量特性满足能力较弱,以此作为质量检验控制点,选择合适的检验方法,如抽样检查、管理检查等。

### 3. 质量检验控制点的更新

质量检验控制点的设计是一个动态的过程,随着供应商的持续生产,各种质量问题都会暴露出来。这就需要企业的质量部门对供应商的质量问题进行统计和分析,将整理出的重点、突出的问题作为改善方向,同时作为质量检验控制点,在后续检验中确认其是否得到改善。

在三星电子,检验负责人一般会在每年的 1 月、4 月、7 月、10 月召集开发、技术、生产、采购、出货检查等关联部门的责任人员一起检讨并修订检验管理项目,在相关检验项目调整得到质量部经理批准后,将质量检验的重点在《检验标准书》中体现出来,以便于把握重点检验项目及减少检查费用。零部件检验项目评审表(示例)如表 5-17 所示。

表 5-17 零部件检验项目评审表(示例)

| 序号 | 品名 | 关联特性 | 重要度 | | 检查状态 | | 原因 | 改善方法 | 推进日期 |
|---|---|---|---|---|---|---|---|---|---|
| | | | 重要 | 一般 | 完善 | 不完善 | | | |
| 1 | 部件装配 | 接触及绝缘阻抗 | ○ | | | ○ | 无测定机 | 购入测定机 | |
| 2 | 微电子元件 | 电气特性 | ○ | | | ○ | 无测定机 | 供应商内部管理 | |

设计质量检验控制点前期主要参照《供应商产品规格书》等,后期则会参考《供应商质量履历》《企业质量检验履历》。正确地确定质量检验控制点,是做好质量检验和预防质量问题出现的重要前提。

## 二、来料质量的检验规则

检验是指对每件产品或批次,根据各种标准所定的方法来测定或试验,之后将其结果与检验标准相比较,来确定每件产品合格或不合格,并对批次检验结果进行判定的过程。来料质量的检验指对来自供应商的物料与检验标准进行比较,决定是否应该接收,判定合格与否的检查。检验标准是指检验时所用的规则、规格、标准书。

### 1. 明确检验方法的适用情况

质量部经理依据权限及质量经营现状决定采用何种检验方法。

### 1）全数检验

进行全数检验的情况：当不允许有不良品的情况时；认为检验容易，能得到比检验更多的收益时；为进行分析，特别是需要获取相关数据时。

### 2）抽样检验

进行抽样检验的情况：当破坏检验时；来料数量多或来料为连续体时；因检验项目多，不可能进行全数检验时。

### 3）特殊检验

这包括几种情形：认为来料的检验稳定，来料质量可以被充分信赖时；与批次大小无关，减少试料也可以保证质量时；检验时间较长或检验费用较多时；采购企业没有检验设备或不具备检验条件的检验（或可靠性检验）项目，有必要进行外部检验时；因要求高技术化、精密化而难以进行检验时。

### 4）免检

来料免检一般包括两种情形：一是企业在制造工程能确保工程质量能力时；二是企业对供应商的制造工程进行确认后认为能够保证质量时。

### 5）管理检验

对于质量稳定的项目，企业以全体供应商为对象，可按照下面的细则适用基准进行，也可按照制品特性制定其他的详细基准进行。

- 核心物料：连续五批次以上合格。
- 精密物料：连续五批次以上合格。
- 样品物料：连续三批次以上合格。
- 一般物料：一批次以上合格。
- 半成品/原材料：采购部购买半成品与内部生产物料相同时实施管理检验。
- 当企业检验费用增加，供应商能够保证质量时。
- 环境试验、寿命试验及检验时间过多的情况。
- 在破坏性检验情况下的连续试验、可靠性试验、精密测定等。
- 按相同作业条件可判定批次质量的项目。

### 2. 确定检验场所

检验业务以在本企业内实施为原则，但当不具备检验条件和检验设备，需要高精检验技术时，企业可向具有检验条件的外部公认机构申请检验，或者企业检验员出差，通过上报由专门人员来检验。

### 3．明确责任与权限

企业要明确来料检验的责任与权限,以确保检验能够有效开展。

**1)来料检验责任人的责任**

来料检验的责任人主要有质量部经理/委派的检验主管、检验实施人、检验员。

(1)质量部经理/委派的检验主管的责任及权限。

质量部负责检验,第一责任人是质量部经理/委派的检验主管,具体负责以下工作。

- 对不适合产品及可疑制品采取改正措施,并反馈给关联部门。
- 周期性地对检验体系进行点检及改善,研究改善检验业务(检验项目、方法、标准),为提高检验能力对检验员进行教育。
- 对设计及设计变更品进行检讨合议。
- 对检查资料的收集、报告及评价。
- 对检查规格、指导书的承认及对检查测定机(设备)的维护。
- 收集《不良改善对策书》回信,通报关联部门进行系统录入管理,并对改善事项进行二次跟踪和报告(质量经营会议)。

其权限可以由接受委任的检验者代行。

(2)检验实施人的责任。

作为直接实施检验的人,其负责如下业务。

- 依据检验标准实施检验。
- 负责对质量管理情报进行收集和向关联部门进行反馈。
- 对检验项目的设定及对检验方法、标准的研究改善。
- 对检验员的教育及管理。
- 对质量问题的对策事项进行事后管理。
- 对检验结果使用统计技法进行整理。
- 对实行改正措施事项的一次跟踪及报告(周间会议)。

(3)检验员的责任及资格。

检验员负责对供应商提供的质量保证数据进行确认;按照关联检验标准进行检验;根据直属上司的指示,维护检验的正确性和公正性;负责对检验结果、检验记录的管理及对改正措施的实施。

检验员需要具备一定的资格，如表5-18所示。

表5-18　检验员的资格

| 状　态 | 教　育　内　容 | 教育周期及评价 |
|---|---|---|
| 新/转入人员 | 质量控制教育（质量控制七大工具教育、质量管理初级课程教育、环境有害物质教育等）<br>● 零部件/制品教育<br>● 单位作业的技能教育（零部件的各项目检验方法、测定机使用方法等）<br>● 检验标准教育 | ● 教育时间：16小时以上<br>● 由检验主管判断后，根据资格认证规则对检验员进行资格认证 |
| 有经验人员 | ● 单位作业的技能教育（零部件的项目检验方法、测定机使用方法等）<br>● 检验标准教育 | ● 教育时间：每年4小时以上 |

#### 2）采购部的责任

采购部对购买的物料质量负有责任，有责任采购合格的物料。

- 对供应商进行管理与辅导：当供应商供给的物料有质量问题时，应在关联部门的协助下进行处理。
- 对质量绩效低或无质量改善意识的供应商要按照规则进行处罚。
- 新的或变更的零部件在入库前必须经过设计部的承认。

#### 3）物料管理部的责任

- 对待检、检验合格、检验不合格的物料要进行识别和区分管理。
- 物料入库要遵守先入先出原则，防止因保存不当引起物料的破损和变形等不良情况的出现。
- 对物料搬运人员进行教育（教育其合理搬运物料）。

### 4．实施步骤

原则上应根据零部件的检验数量进行抽样检验，但也可以进行全数检验、特殊检验等。

（1）检验责任人需把握本部门纳入的全部零部件的质量现状，并定期整理相关零部件检验实施文件。

（2）明确区分全部零部件的检验状态（抽样检验、管理检验、免检、安全规范检验、精密检验等）。

（3）对于新的或变更的零部件，在零部件首次入库时应对零部件图样的要求、所含物质成分（尤其对有害物质）等项目实施全部规格的测试，并在当月进行综合汇报。

（4）将安全规格审查（如 CCC、UL 等认证机构）和有害物质的检验结果立即反映到相关部门。以上原则上由供应商在每批次出货以前进行检测，并提供相应的公认机构检验合格的证明，对不符合相关规定的产品全部进行返品处理。

（5）来料检验依据《来料检验标准书》所规定的项目及抽样方案实施，但由于特别原因，无法按《来料检验标准书》检验时，得到质量部经理许可后，可按其他方式进行检验。

（6）《来料检验标准书》由检验负责人在充分讨论后编制，在从技术部门接收相关标准并得到质量部经理的承认后，可作为来料检验标准。

（7）从供应商处周期性收集对物料的有害物质成分及含量的分析数据，并提交给环境安全部门，自己保存复件（1次/年）。

**5．确定来料检验方法**

以实施抽样检验为原则，特殊检验、免检、全数检验等在一定条件下转换实施。

**1）抽样检验**

检验以计数调整型一次抽样检查为原则，但抽样检验方案制定时应得到检验实施。部门经理的承认通常1批次最多不能超过2000000个，但对自动插入和芯片类零部件入库品以3000000个以下为准进行管理。

合格质量水平的选用：检验数量按不同类型物料的来料检验规格来实施，以保证生产顺利进行和企业对制品的质量要求为原则。对于品质异常的制品的判定以无缺陷为基准，如果适用此基准比较困难（如外观判定等），则可要求双方协商，在得到确认后可以使用其他的判定基准。

检验项目：在没有特别要求时，来料检验负责人充分查验承认书及有关资料，确定适合于来料检验业务的内容及指定检验项目，如外观、机构性能、电器性能等方面的检验。

抽样方法：根据本企业标准实施检验，其抽样方案由检验责任人制定，经所属部门经理裁决后实施（各部门可根据产品要求制定抽样方案）。

## 2）免检

无检验关联项目按企业制定的免检运营规则实施。实施中要注意以下几点。

- 得到有关质量认证机构认可的品目可以免检，但与安全事项有关的品目必须实施来料检验。
- 纳入批次的供应商需提供出货检验确认书或可靠性试验报告书，以及其他必要的资料。
- 确定为免检的品目在生产工程上发生不良情况时，应立即按抽样检验的规则实施检验。

## 3）特殊检验

特殊检验项目及试验指因零部件的长期试验或因自身设备不具备而不能对每个批次都实施检验的情况。

- 特殊检验项目的检验以必要实施为原则，检验部门可以任意指定实施。
- 试料数与批次大小无关，应根据检验的项目、零部件重要度、试验种类及方法来确定。

## 4）公认机构检验

对于企业指定为需要第三方给出检验认证的物料，应附加第三方认证机构的认证书入库。例如，现有安全规格审查（如 CCC、UL 等认证机构）和有害物质的检查结果。IQC 有责任确认供应商提供的有害物质的检查结果的妥当性及真实性。对于强制认证的制品要做到如下几点。

- 确保加贴强制性认证标志的产品符合认证标准的要求。
- 建立文件化的程序，确保认证标志的妥善保管和使用。
- 建立文件化的程序，确保不合格产品和获证产品变更后未经认证机构确认，不贴强制性认证标志。

## 6．检验批次的区分

供应商交货明细单所提供的同一规格的品目叫作一批次。批次小且在相同条件下生产的批次可以集中为一批次；同一次购入的品目不是在相同的条件下生产的，应分别归入在相同条件下生产的批次来进行检验；检验的批次数量过大时，来料检验责任人可根据实际情况将其区分为多个批次进行检验。

## 7. 检验结果的判定

检验结果的判定可参照如下内容进行。

- ♪ 确认有关检验标准规定的合格与否的判定标准及合格与否的数量。
- ♪ 在检查外观时与所定的限度样本比较判定。
- ♪ 检验员只按有关检验标准判定合格与否。
- ♪ 检验员在难以单独判定时，报告给检查实施负责人并接受指示。
- ♪ 检查判定标识应明确。
- ♪ 检查结果在通过负责人的裁决后产生效力。
- ♪ 将检查及判定结果录入系统。

在来料检验完成后，依据判定结果（合格、不合格、管理检验），以单位批次的托盘或箱为单位在现品票上盖章；但在特殊情况下经资材管理部门和检验部门合议后，允许在单位批次的包装箱最显眼的位置上盖章。

### 三、异常物料的处理与改善

若在供应商来料检验中发现不合格物料，来料检验责任人应及时与企业相关部门、供应商进行联系和改善，一方面保证当前生产线不缺料，另一方面杜绝在今后出现不良物料。异常物料一般发生在试料和批量检查阶段。

#### 1. 对试料不良品的处理

检验员若发现试料不良品，应在标记后通报给企业相关部门、供应商，为使供应商不再发生相同不良而要求其采取措施。

假如检查出有违反环境有害物质标准的不良品，应在标记后通报给环境安全部门、供应商、采购部。

假如发现投入生产的不良品，应由检验部门填写《质量异常发生报告书》后连同不良品一起转送到资材管理部门，由资材管理部门将不良品与供应商进行交换，由检验部门负责制定改正预防措施。

#### 2. 批次不良的处理

检验员在发现批次不良时，要及时向主管责任人报告，由主管责任人专门负责不良批次处理。具体处理如下。

（1）在《检验确认书》上标示"不合格"，编制两份《质量异常发生报告书》，将一份《质量异常发生报告书》和《检验确认书》给资材管理部门，将不合格试料和另一份《质量异常发生报告书》通报给有关供应商,并将其发送给供应商,供应商在接收后三日之内采取措施。

同样,若检查出有违反环境有害物质标准的不良批次,应在标记后通报给环境安全部门、供应商、采购部,并要求供应商采取改善措施。

(2)在包装盒上盖"不合格"章。

(3)对于判定为不合格的批次处理决定应参考检验结果及其他事项,由检验部门确认,而接受处理结果通报的资材管理部门应迅速处理。

(4)当供应商来料长期为库存品(距生产时间超过 12 个月)时,检验部门应按不合格品处理;对事前经过协商的情况,可按正常的受检程序进行。

(5)对处理为返品的批次且无任何对策再制作样品的,可对供应商采取适当的惩罚措施。

(6)针对紧急资材的不良批次应召开材料审查会议。

### 3.《质量异常发生报告书》的发送

来料检验部门或通过本企业的检验员,针对不合格批次,把《质量异常发生报告书》发送给供应商,通报不良原因,促使其改善,并对改善结果实施追踪管理。《质量异常发生报告书》(示例)如图 5-6 所示。

| 发生/发行 | 汇报 | 审议 | 决定 | 质量异常发生报告书 | 合议 | 汇报 | 审议 | 决定 |
|---|---|---|---|---|---|---|---|---|
| 件名 | | | 发行部门 | | 改善部门 | | 供应商 | |
| 品名 | | | 机种 | | 发行日 | | 不适合批次 | |
| 批次 | | | 批数量 | | 试料数: 不良数: | | 不良率(ppm): | |
| 现状/问题 | | | | | | | | |
| 发生原因 | | | | | | | | |
| | 改善部门在接收 7 日以内向发生/发行部门回信 | | | | | | | |
| FP 适用及检讨 | □适用 □不适用 | | | *FP 适用时请在对策中说明 FP 适用的对策内容 | | | | |

图 5-6 质量异常发生报告书

| 改正措施事项 | 变更点管理 | □适用 □不适用 | | 标准变更 | | □适用 □不适用 | | |
|---|---|---|---|---|---|---|---|---|
| | 临时措施 | | | 根本措施 | | | | |
| | 检讨上述对策对类似产品或工程的质量及其他事项的影响： □无影响 □有影响（进行说明） ||||||||
| | 改正措施预定日（最终完成日程基准）： | | | | | 改善部门经理： | | |
| | 再检验结果（不良数： 个，日期： 月 日 ，所需时间： 分，再检验者： ） ||||||||
| 改正措施 | 改正措施预计在 7 日以内确认<br><br>确认日期：<br>确 认 人： （印） ||||||||
| 效果确认 | 改正措施实施后 50 日以内确认<br><br>确认日期：<br>确 认 人： （印） ||||||||

图 5-6 质量异常发生报告书（续）

## 四、供应商质量检讨会议

企业召集几家供应商（包括质量不好的供应商）检讨质量问题：一是向各个供应商传达近期出现的质量问题，共享信息；二是针对近期的不良情况进行强调，要求全体供应商增强质量意识。一般来讲，采购部每个月都要召开供应商质量检讨会议。

### 1. 展示重要指标

在会上，采购部一定要预先准备好供应商质量信息，包括未达成指标和已达成指标，并将每个指标细化，以直方图全面呈现，同时进行分析。采购部不仅要展示单个供应商的数据，而且要将供应商之间的不良问题进行横向展示。

需要注意的是，针对具体不良问题的分析要基于数据，对问题的关联单位、部门都要明示。

### 2. 把握好关键（重点）事件

召开质量检讨会议，要把握好关键事件，将统计出来的发生频率较高的质量问题作为重点讨论和改善的对象。在会上，采购部应要求供应商做出整改承诺。

### 3. 提出对供应商的期望

在分析总结后,企业要明确期望,并制定具体的指标,如下个月不良率下降多少或何时完成改善工作,都要有硬性指标。

### 4. 预先告知供应商会议内容

在召开质量检讨会议前,企业应预先告知供应商参会准备讨论的内容,以确保会议的效果。假如企业准备就供应商未能落实预防措施的情况进行讨论,就需要让供应商提前获知相关信息,以便其做好讨论准备。

### 5. 准备好质量问题台账

召开质量检讨会议要依据质量问题台账进行,这样便于有针对性地进行讨论。建立供应商质量问题台账,企业应依据问题严重程度把问题分为 A、B、C 三类。关联人员应对 A、B 类问题重点跟进,并制作问题解决进度表。

在质量检讨会议上,采购部按月度、季度、年度进行周期性通报和检讨,将 C 类问题作为观察项进行管理。质量问题分类如表 5-19 所示。

表 5-19  质量问题分类

| 问 题 分 类 | 说　　明 |
| --- | --- |
| A 类 | 批量性缺陷、重复性缺陷、违规操作导致的重大质量问题 |
| B 类 | 设计或工艺等技术因素引发的质量问题;缺少标准导致的质量问题 |
| C 类 | 分布零散的各类质量问题,具有偶发性 |

A、B 类问题都要有对应的《纠正预防措施报告单》,并列为供应商质量检讨会议的内容。一个问题对应一个报告单,报告单应包括短期、中期和长期的解决方案,要对问题的追踪形成闭环(详见本章第四节的内容);之后在月会上重点通报方案是否落地执行,并评价执行效果。

质量检讨会议上所有质量问题的解决最终都要输出一个长效机制。也就是说,质量检讨会议要能够切实解决质量问题,形成可落地的整改决策。

## 第四节　供应商的配合与改善

采购部与供应商应该就物料生产做好协同管理,确保供应商的新品可以顺利导入生产,同时在现场给予供应商全面辅导,帮助其改善质量异常的问题。

## 一、供应商质量改善小组的建立

企业为了熟知供应商异常改善的成效、促进有效的双向沟通、改善供应商内部质量管理现状，可以要求供应商成立 QIT（Quality Improvement Team，质量改善小组）。QIT 是质量管理活动小组的一种形式，包括三个部分，Quality（质量）、Improvement（改善）、Team（小组），以质量为核心，通过持续改善过程，依靠团队提高质量水平。无特殊情况，QIT 一般向企业的供应商质量工程师负责。在面向企业时，QIT 主要有以下三个职能。

♫ QIT 是供应商与企业的对接窗口，是企业在供应商方面的代理者。
♫ QIT 推动企业的质量改善方案的执行，是供应商内部质量推进的主导方。
♫ QIT 定期汇报各类改善进度，提供改善报告。

### 1．QIT 的业务流程

QIT 的业务流程如图 5-7 所示。

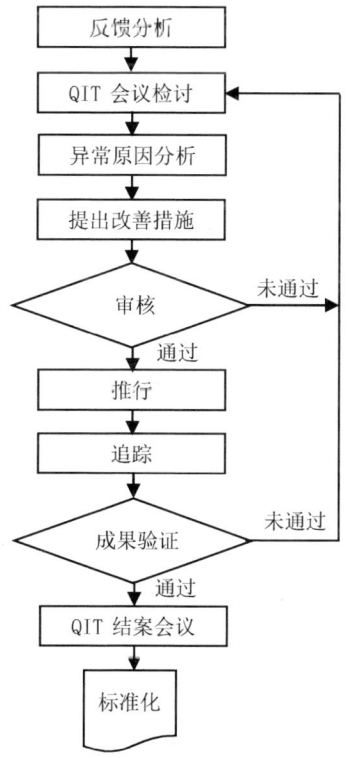

图 5-7　QIT 的业务流程

## 2. QIT 的工作内容

QIT 在配合供应商质量改善方面主要负责以下几项工作。

（1）制订部门年度质量目标工作计划。QIT 依据年度质量目标制订各部门年度目标工作计划，并将计划提交给客户。

（2）质量改善方案的确定和实施。QIT 统计月、季、年度质量数据，分析质量目标现状，提出相应的改善措施，并跟踪实施。

（3）变更确认。当供应商的新产品、新材料、检验、作业发生变更时，QIT 第一时间进行确认，并通知客户。

（4）质量检讨会议的召开。QIT 定期召开月质量例会，检讨每月质量状况和纠正预防措施等情况，检讨客户投诉情况、目标达成情况，并提出改善方案。

（5）《供应商异常改善报告》的对策（包括暂时对策、永久对策）的实施、确认、验证和追踪报告，向企业的供应商质量工程师汇报。

（6）必要时完成产品前期质量策划、新产品的导入工作，时刻与企业的供应商质量工程师等保持联系，确保在完成首件、首批检验后开始量产。

在供应商成立质量改善小组后，企业应与其保持密切联系，必要时辅导质量改善小组，提升其成员的工作能力。

## 二、供应商新品导入

供应商在进行新品导入时需要严格遵守导入程序，常见的导入程序为 PPAP（Production Part Approval Process），即生产件批准程序。其目的是在首批产品出货前，通过产品核准承认的手续，验证由生产工装、过程制造出的新产品符合客户的技术要求。

### 1. 生产件批准程序

生产件批准程序如表 5-20 所示。

### 2. 生产件批准程序说明

生产件批准程序说明如表 5-21 所示。

## 表 5-20 生产件批准程序

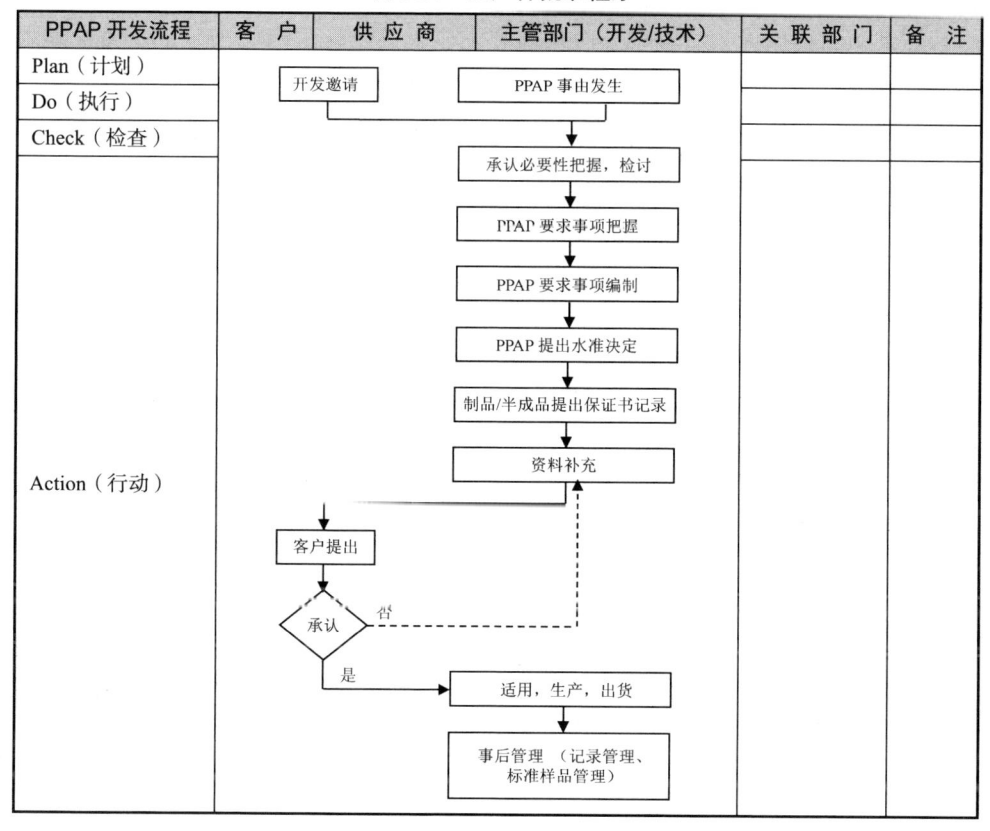

| PPAP 开发流程 | 客户 | 供应商 | 主管部门（开发/技术） | 关联部门 | 备注 |
|---|---|---|---|---|---|
| Plan（计划） | | | | | |
| Do（执行） | 开发邀请 | | PPAP 事由发生 | | |
| Check（检查） | | | 承认必要性把握，检讨 → PPAP 要求事项把握 → PPAP 要求事项编制 → PPAP 提出水准决定 → 制品/半成品提出保证书记录 → 资料补充 | | |
| Action（行动） | 客户提出 → 承认（否/是） | | 适用，生产，出货 → 事后管理（记录管理、标准样品管理） | | |

## 表 5-21 生产件批准程序说明

| PPAP 开发流程 | 输入 | 主要活动 | 输出 | 承认者 | 适用文件 | 周期 |
|---|---|---|---|---|---|---|
| Plan（计划） | 客户要求事项/客户通知 | ● 资料收集<br>● PPAP 必要性检讨 | 是否推行 PPAP | 开发部经理、相关部门经理 | 会议记录 | 发生时 |
| Do（执行） | ● 设计记录/图纸<br>● 变更点申请书 | ● 成品、半成品测定及记录<br>● 材料/性能测定及记录<br>● 初期工程能力分析<br>● 外观项目确认<br>● 提出水准等决定 | ● 成品、半成品量产承认<br>● 各项记录 | 开发部经理、相关部门经理 | ● 成品、半成品量产承认<br>● 质量记录<br>● 管理样式 | 发生时 |
| Check（检查） | 成品、半成品量产承认 | 向客户提出 必要时出具客户协议 | PPAP 的推行结果 | 开发部经理、相关部门经理 | 成品、半成品量产承认 | 发生时 |
| Action（行动） | 新规限度样本 | 事后管理活动 | 样品清单 | 开发部经理、相关部门经理 | 相关样品 | 发生时 |

## 3. 生产件批准程序（示例）

在供应商新品导入过程中，企业需要与供应商进行紧密配合。企业要求供应商充分理解生产件批准程序，并提供相关表单、确认书；供应商应严格按照生产件批准程序进行新品试产、小批量生产及相关文件的准备。生产件批准程序（示例）如专栏5-4所示。

**专栏5-4　生产件批准程序（示例）**

1. 目的

　　本规则的制定目的是使企业生产的制品能够获得客户承认，确保满足客户要求的所有事项，追求具体的制品保证和客户满足。

2. 适用范围

　　本规则适用于要求 PPAP 的客户在提出制品承认请求时。

3. 用语定义

　3.1　PPAP：为了量产制品（半成品）初期的承认或变更承认将要求的步骤进行记述，必须在制品（半成品）出货前完成。

　3.2　PSW（Part Submission Warrant，零件生产保证书）：对新的制造工艺或修正的制品（半成品）要求的保证书，保证生产出来的制品（半成品）的检查及试验符合客户的要求事项。

　3.3　AAR（Appearance Approval Report，外观承认报告书）：根据客户要求指定外观项目时制定。

　3.4　管理计划书（Control Plan）：以文件化进行制品（半成品）及工程系统管理，为了显示制品（半成品）的重要特性及技术上的要求事项而制定。制品（半成品）最好有管理计划，但是当制品（半成品）种类较多的时候，对于共同工程可以将综合的《管理计划书》进行活用。《管理计划书》有可能在客户生产制品（半成品）之前要求制定。

　3.5　初期工程能力（Preliminary Process Capability）调查：为了接收新规或改定工程的初期资料而进行的短期性调查。因新规、工程的展开而在多个地点进行工程能力调查，此调查尽可能依据多次的测定。

　3.6　测定系统评价（Measurement System Analysis）：对测定机的正确度、精密度（反复性和再现性）、线性、安定度进行评价，包括为了得到某种测定值而使用的所有器具（检校正用、试验用计测器等），特别是《管理计划书》上提及的所有计测器方面的测量系统分析。

　3.7　完全承认（Full Approval）：意味着制品（半成品）满足客户的技术规格和所有的要求事项。供应商按照客户的订单要求生产出来的制品（半成品）具备能够出货的资格。

　3.8　暂时承认（Interim Approval）：对限定时间或数量，允许量产制品（半成品）出货，只有满足下列条件才允许暂时承认。

　　3.8.1　阻碍量产承认的不适合事项的根本原因被明确掌握的时候。

　　3.8.2　应该准备客户同意的《暂时承认措施计划书》，当图纸及样品与生产出来的制品（半成品）不一致时，为了得到完全承认要接受再承认。如果暂时承认半成品的不适合事项的改善不能充分满足要求条件，则不能得到完全承认。

3.9　不予承认（Rejected）：提出制品（半成品）、制造制品（半成品）的量产批次及添附的文件不能充分满足客户要求的事项，只有修正的制品（半成品）和文件提出后经过承认的量产制品（半成品）才可以出货。

3.10　承认图纸（Approval Drawing）：客户署名后配备的技术样品及图纸。

3.11　散装资材（Bulk Material）：黏合剂、化学物质（洗涤剂、光泽剂、添加剂、调整剂）、涂料（皮膜剂、表面处理剂）、织物、润滑油等不能以尺寸显示的固体、液体、气体物质。

3.12　设计记录（Design Record）：为了转达制品（半成品）生产需要的情报而使用的图纸、技术规格、电子媒体（CAD）等资料。

3.13　量产准备完了承认：当开发品可以进行量产时，所有状态（生产、质量、纳期等）都具备可以向客户交付订单产品的条件。

4. 责任及权限

4.1　开发部经理。

4.1.1　开发根据客户要求或自行开发的新规制品的客户承认用的 PPAP。

4.1.2　在量产的制品（半成品）的客户承认用 PPAP 作成时，提供关联的资料。

4.2　技术部经理。

4.2.1　主管开发完了量产中的制品（半成品）的客户承认用 PPAP。

4.2.2　在新规开发品、变更品的客户承认用 PPAP 作成时，提供关联的资料。

4.3　关联部门（质量部、生产部、销售部）：客户承认用 PPAP 作成时提供关联的资料。

4.4　承认权者。

| 业务内容 | 承认权者 | 业务内容 | 承认权者 |
| --- | --- | --- | --- |
| 客户承认用 PPAP 资料 | 开发部经理 | 部门 PPAP 资料准备 | 关联部门经理 |

4.5　产品批准过程应符合客户认可的批准程序。（注：产品批准应是制造过程验证后的程序，供应商应遵守产品制造过程的批准程序。）

5. 业务处理程序

5.1　PPAP 承认必要性把握。

承认必要的时期如下。注意：在供应之前，技术及生产的制品（半成品）必须得到承认。

5.1.1　新规开发制品或半成品。

5.1.2　对提出制品（半成品）的不适合事项进行改善后（不适合的改正后）。

5.1.3　对量产制品（半成品）设计记录、样品书、材料/技术上的变更制品（半成品）。

5.1.4　以下事项根据《变更点管理规则》进行再承认。事前与客户协商后可以省略，但客户有要求时要及时提出并获得承认。

（1）承认的制品（半成品）使用其他的生产方式或材料。

（2）用新规或变更的工具（消耗性工具除外），包括追加或代替模具（工具）、模具、铸型等生产时。

（3）现在使用的，或者设备进行整备或重新配置后生产的制品（半成品）。

（4）设备及工具移至其他工厂或在扩张的工厂当中生产出来的制品（半成品）。

（5）对客户的形象、功能、耐久性或性能要求事项有影响的制品（半成品），或者服务（热处理、镀金）供应商变更时。

（6）模具（工具）在 12 个月以上量产未使用，重新开始生产的制品（半成品）。

（7）供应商生产的半成品的资材和工程变更时（供应者向客户提出之前也应得到供应商的同意）。

（8）散装资材的情况：

① 从新规或以前的合作单位新规调达具有特殊特性的原资材；

② 《外观样品书》上没有的制品（半成品）外观特性的情况；

③ 半成品的 DFMEA（Design Failure Mode and Effects Analysis，设计失效模式与影响分析）变更。

（9）试验/检验方法变更时（新的技法对承认基准没有影响时）。

5.1.5 不需要给客户通知（PPAP 提出）的情况。

（1）承认的制品的设计记录不会受到影响（由内部或供应商生产的半成品图纸变更）。

（2）使用同一工厂内同一设备的，对工程流程不会有影响，不需要分解的模具（工具）及设备的移动。

（3）使用相同的基本技术、方法的同一个工程流程中进行设备变更。

（4）更换同样的计测器。

（5）对工程流程无影响的作业者、作业内容的再调整。

（6）在工程流程无变化的情况下为了减少 PFMEA 的 RPN 而进行的变更。

（7）散装资材的情况：

① 承认的制品（半成品）的 DFMEA（配合比变更、包装设计）内的变更；

② PFMEA 内的变更；

③ 对特殊特性没有大的影响的变更；

④ 承认的制品（半成品）成分（无编号）的变更及供应商的变更；

⑤ 生产没有特殊特性的原资材供应商的生产位置的变更；

⑥ 没有特殊特性的新规原资材的调达；

⑦ 客户/市场允许的界限的强化。

5.2 PPAP 提出制品（半成品）的生产条件。

5.2.1 承认制品（半成品）限于 4M，在具备量产条件的工厂中生产的制品（半成品）。

5.2.2 承认制品（半成品）的生产量，赋予了权限的客户代理人不另行指定时，就限于以 1 小时到 8 小时的生产量为基准，最少 300 个连续生产的制品（半成品）。

5.3 PPAP 要求事项。

5.3.1 PPAP 资料应满足客户的所有要求事项（设计记录、技术规格），脱离了技术规格的资料不能提出。

5.3.2 为了满足客户的要求事项，应在工程改善上努力，当难以满足客户的要求事项时所采取的适当的修正措施应该与客户协商。

5.3.3 为了 PPAP 提出的检查及试验。

（1）应该利用得到 ISO/TS 16949 质量体系认证的试验室或国家、国际上公认的试验设施。

（2）在利用公认试验机构的时候，应该提出由公认试验机构发布书面形式的试验结果。

（3）与客户合议时可以利用客户的试验室进行试验。

5.3.4 PPAP 客户要求事项作成（准备）。

| 序号 | 要求事项 | 事项细则 |
|---|---|---|
| 1 | 设计记录 | ① 制品（半成品）的详细图纸、样品书、CAD/CAM 数据资料等属于此类。<br>② 设计记录是电子形态时，可以采用硬拷贝（图纸、图片）方式进行输出。<br>③ 客户指定的特殊特性遵照客户要求标示 |
| 2 | 设计变更文件（发生时） | 虽然适用于制品（半成品），但是没有被包含在设计记录上的承认的所有设计变更文件及客户发行的设计变更文件属于此类 |
| 3 | 客户设计承认（要求时） | ① 对客户的制品（半成品）图纸或样品书上要求的制品（半成品）图纸或设计。<br>② 记录文件必须包含客户承认的依据资料 |
| 4 | 设计 FMEA | ① 本企业在设计上有责任（参照《FMEA 制定管理规则》），与此相关时提出。<br>② 设计矩阵应在进行 DFMEA 以前制定 |
| 5 | 工程流程图 | ① 包含再作业或修理作业的，明确显示生产工程整体的阶段及顺序的流程图。<br>② 工程流程图应满足客户的要求事项和期望，可以使用本企业使用的格式 |
| 6 | 工程 FMEA | 根据《FMEA 制定管理规则》制定的工程 FMEA 资料属于工程 FMEA，在采取改正措施后提出改善结果和 RPN 分析的最新版本 |
| 7 | 《尺寸报告书》（尺寸结果） | 在设计记录（图纸等）及《管理计划书》上写明的所有尺寸，包括下面的测定结果都属于《尺寸报告书》中的内容。<br>① 对生产线及所有铸型、模具的尺寸结果。<br>② 所有承认的设计变更文件上应该标示日期。<br>③ 测定制品（半成品）的其中一个应该作为总样本进行识别。<br>④ 所有辅助文件上记录变更水准、图纸制定日、提供者的姓名及半成品的编号。<br>辅助文件：精密检验报告书、投影图、截面图、得分结果、几何学尺寸及公差书，或者与半成品图纸一起使用的其他辅助图纸（按照保留/提出要求事项表将《尺寸报告书》添附上） |
| 8 | 《材料/性能试验报告书》 | 对设计记录（图纸等）及《管理计划书》上明确的试验，应该准备资材或性能试验结果的记录。<br>① 材料试验的要求事项（化学的、物理的或金属的）中应明确，对所有制品（半成品）材料、资材样品和《管理计划书》上要求的试验，记录试验结果。<br>② 制品（半成品）上虽然适用了，但在设计记录上没有包含的设计变更文件也应标示。<br>③ 在《试验结果报告书》上将试验数量、结果以方便的格式记录，并包含下列内容。<br>• 试验的设计记录变更标准及试验适用规格、日期、变更标准标记<br>• 试验实行的日期标记<br>• 材料供应商、客户承认供应商的时候客户供应者编码 |

续表

| 序号 | 要求事项 | 事项细则 |
|---|---|---|
| 9 | 《初期工程能力调查书》 | ① 将客户指定的或自主指定的特殊特性的测定数据用控制图收集、分析。<br>② 利用 Xbar-R 管理图进行的短期调查应该以 100 个以上的读数的 25 个或 25 个以上的子群数据（4~5 个）作为根据。<br>③ 不稳定的工程应该向客户通报，在 PPAP 提出前向客户提出修正措施计划。<br>④ 当 PPAP 提出之前不能按照客户的要求水准进行工程改善时，将修正措施计划和执行正常的进行了 100%检查的修正管理计划作为证明向客户提出 |
| 10 | 《测定系统分析调查书》 | ① 对《管理计划书》内包含的所有的测定量具实施 MSA，并保留其结果。<br>② 当从客户那里得到许可的时候，MSA 中可以省略一部分。<br>③ 对于同一类型的多种量具，最少使用一种。<br>④ 合格与不合格的判定标准。<br>·10%以下：可以使用<br>·10%~30%：根据使用中的量具的重要性、价格、修理费等，决定使用与否<br>·30%以上：有必要采取措施<br>⑤ 在使用其他的合格与不合格判定标准的时候有必要得到客户的承认 |
| 11 | 赋予了资格的试验室文件 | ① 试验室应将能保证范围（试验项目、人员、装备、规格）和试验结果的方针、系统、项目、步骤书、指针书及结果物文件化。<br>② 准备 ISO/TS 16949 认证书、国家公认机构认证书和试验范围（试验项目、人员、装备、规格）资料 |
| 12 | 《管理计划书》 | ① 为了管理与制品（半成品）的重要特性相关联的工程，提出明确管理项目及检查项目的工程图。<br>② 只要客户没有另外要求，在产品质量前期策划阶段，将提出零件生产保证书阶段的管理计划 |
| 13 | 《制品（半成品）提出保证书》（PSW） | ① 在测定和检查结束后，若其结果满足要求事项，则将必要情报记入保证书。<br>② 只要没有客户的另外的合议，就按照客户所需的半成品的编号制定。<br>③ 制品（半成品）生产中使用的各个模具、工具、生产线或工程中一个以上的制品（半成品）应测定的特定模具、工具、生产线应能够被识别。<br>④ 任意选择不包含包装材料的 10 个制品（半成品）分别测定重量，将其平均值以千克为单位记录到小数点后 4 位数。<br>⑤ 最终承认权者（事业部长或开发部经理） 签字后记录日期、职位及电话号码 |

续表

| 序号 | 要求事项 | 事项细则 |
|---|---|---|
| 14 | 《外观承认报告书》（适用可能时） | 客户对半成品的外观也进行管理及检查的事项，在图纸或《技术样品书》上有外观项目（颜色或表面）的时候制定 |
| 15 | 《散装物料要求事项检查清单》（散装物料PPAP） | ① 当客户对散装物料有要求时，提出PPAP。<br>② 针对大量资材方面的客户要求事项使用检查清单 |
| 16 | 样本制品（标准样本） | ① 遵照承认的检查规格及《管理计划书》制作的两个或与客户合议了数量的样本制品（半成品）提出来。<br>② 标准样本将从生产半成品承认记录期间或新的标准样本得到客户承认为目的开始一直保留到生产为止，并记载客户承认日期。<br>③ 当标准样本由于大小不合适而难以保管的时候，制品（半成品）保存要件根据客户的质量活动可以进行变更或获得许可 |
| 17 | 检查辅助工具 | ① 在与客户的要求相关的时候提出来。<br>② 检查辅助工具可以包含提出的制品（半成品）的特定的固定工具、量具、铸型、托板等。<br>③ 量具样品应与制品（半成品）尺寸要求事项一致。另外，应该提出所有的设计变更已经适用于量具的文件。<br>④ 对所有检查辅助工具进行的预防保全活动和MSA活动应与客户要求事项一致 |
| 18 | 客户要求事项遵守记录 | ① 应该坚持管理客户要求事项记录。<br>② 如果是散装物料，则将客户要求事项在检查清单上文件化 |

5.4 PPAP提出水准决定。

5.4.1 应该在提出客户要求的水准上明确的项目及记录。

5.4.2 在未指定PPAP提出水准而要求另行的基准时，应遵照客户承认的基准。

5.4.3 PPAP提出水准。

| 级别 | 内容 |
|---|---|
| 1级 | 保证书提出（限于指定的外观品目，也包含《外观承认报告书》） |
| 2级 | 保证书、制品（半成品）样品、指定的设计记录、《试验报告书》等提出 |
| 3级 | 保证书、制品（半成品）样品及所有关联数据提出 |
| 4级 | 保证书、所有关联数据提出 |
| 5级 | 保证书、制品（半成品）样品及本企业中检讨的关联记录提出 |

5.4.4 补充/提出要求事项目录表。

| 要求事项 | 提出水准 | | | | |
|---|---|---|---|---|---|
| | 1级 | 2级 | 3级 | 4级 | 5级 |
| 设计记录 | R | S | S | ※ | R |
| ·独家结构件/加工件 | R | R | R | ※ | R |
| ·其他结构件/加工件 | R | S | S | ※ | R |
| 设计变更文件（发生时） | R | S | S | ※ | R |
| 客户设计承认（要求时） | R | R | S | ※ | R |
| 设计 FMEA | R | R | S | ※ | R |
| 工程流程图 | R | R | S | ※ | R |
| 工程 FMEA | R | R | S | ※ | R |
| 《尺寸报告书》 | R | S | S | ※ | R |
| 《材料/性能试验报告书》 | R | S | S | ※ | R |
| 《初期工程能力调查书》 | R | R | S | ※ | R |
| 《测定系统分析调查书》 | R | R | S | ※ | R |
| 赋予了资格的试验室文件 | R | S | S | ※ | R |
| 《管理计划书》 | R | R | S | ※ | R |
| 《制品（半成品）提出保证书》 | S | S | S | S | R |
| 《外观承认报告书》 | S | S | S | ※ | R |
| 《散装物料要求事项检查清单》 | R | R | R | ※ | R |
| 样本制品（半成品） | R | S | S | ※ | R |
| 标准样本 | R | R | S | ※ | R |
| 检查辅助工具 | R | R | R | ※ | R |
| 客户要求事项遵守记录 | R | R | S | ※ | R |
| 说明 | S | 向客户提出，在适当的场所记录或保留文书复印件或目录 | | | | |
| | R | 在适当的场所保留，当客户代理人邀请时及时提出 | | | | |
| | ※ | 在适当的场所保留，当客户邀请时提出 | | | | |

5.5 制品（半成品）提出状态。

5.5.1 按照客户的通报掌握进行状态，承认后应保证生产能够持续性地满足客户要求事项。

5.5.2 在客户承认前绝对不能出货。

5.6 记录和标准样品保存。

5.6.1 提出的所有记录根据文件管理规则进行管理。

（1）根据标准样本管理规则对标准样品进行管理。标准样品在生产期间应一直保存，变更时保存客户最终承认的样品。

（2）标示客户承认日期。

5.6.2 记录及标准样品的保存期限为停止采购后的 1 年以上。

5.7 《制品（半成品）提出保证书》的记录方法。

5.7.1 制品（半成品）信息。

（1）制品（半成品）名：记录客户的半成品名（本企业的制品名）。

（2）制品（半成品）编号：记录客户的半成品编号。
（3）安全/法规关联品目：有关用"是"表示，无关用"否"表示。
（4）设计变更水准及承认日期：记录提出时的变更水准及日期。
（5）追加的设计变更：记录所有设计图纸中未包含的变更事项。
（6）图纸编号：提出制品（半成品）对应的设计记录。
（7）购买订单：记录订单编号。
（8）制品（半成品）重量：制品（半成品）的重量保留小数点后4位数，以千克为单位记录。
（9）检查辅助工具的编号：在检查尺寸时如果使用了检查辅助工具，就需要记录相关辅助工具的管理编号（或登录编号）。
（10）记录检查辅助工具的设计变更水准和承认日期。

5.7.2 本企业生产情报。
（1）企业名称和编码：记录订单中的企业名称和制造处编码。
（2）企业地址：制品生产地的正确地址。

5.7.3 承认（提出）信息。
（1）提出形态：在有关部分标记。
（2）企业名称：记录企业名称和部门（或关联部门）。
（3）客户名称：记录客户名称及编码。

5.7.4 适用：模型年度、车辆种类或马达种类、传输种类等承认（提出）事由，标记有关提出事由并添附详细说明。

5.7.5 要求的提出水准：记录客户要求的水准。

5.7.6 承认（提出）结果。
（1）在尺寸、材料检验、性能检验、外观评价和统计资料的有关栏上标记。
（2）在有关栏上标记结果，如果为"否"，则要注明原因。

5.7.7 约定。
（1）说明（注释）：对承认（提出）结果必要时做详细的说明或追加说明。
（2）承认权者检查所有要求事项是否与客户的要求事项一致，经过鉴定合格的要签名，并记录职务、电话号码等。

5.7.8 客户使用栏：保留空栏。

6. 质量记录管理

虽然提出的 PPAP 和关联记录由主管部门保管，以记录留痕管理为原则，但是根据需要可以由其他关联部门保管。质量部根据需要可以指定限度样本以得到客户的承认。这时应选定识别及有效期限。

6.1.1 《制品（半成品）提出保证书》。
6.1.2 《外观承认报告书》。
6.1.3 《尺寸检查说明书》。
6.1.4 《材料试验说明书》。
6.1.5 《性能试验说明书》。

7. 关联标准

7.1 《品质手册》。
7.2 文件管理规则。
7.3 新制品开发业务规则。
7.4 变更点管理规则。

> 7.5 标准样本管理规则。
> 7.6 MSA（测定系统分析）规则。
> 7.7 统计的管理规则。
> 7.8 事前制品品质企划规则。
> 7.9 FMEA 制定管理规则。

### 三、供应商的反应速度与配合度

每个企业都期望供应商能够快速响应和满足自己的质量需求。在实际的供应商管理中，由于实力、经营方式、企业与供应商关系的疏密度、采购方式等因素，供应商表现出的配合度是不同的。很多企业希望通过供应商关系维护来达到目的。基于这些不确定因素，笔者认为单靠维护好与供应商的关系是远远不够的，建议企业建立沟通规则，最大限度地提升双方的配合度。

#### 1. 明确供应商质量管理的沟通需求

企业与供应商沟通要做到有的放矢，只有明确自己的需求，才能与供应商就质量话题展开有效的对话。供应商质量管理的沟通需求如表 5-22 所示。

表 5-22　供应商质量管理的沟通需求

| 沟通项目 | 说明 |
| --- | --- |
| 批次不合格率 | 批次不合格率指不合格批次数占总批次数的比率。此指标包括入库批次不合格率和受检批次不合格率两类 |
| 半成品工程使用不良率 | 在来料检查合格后，半成品投入工程前或工程中发现的不良品数为半成品工程使用不良数，该不良数与半成品投入数的比率就是半成品工程使用不良率（ppm） |
| 客户投诉（采购方客户） | 供应商提供的主材料、辅助材料，在本企业或本企业的客户处发生因零部件不良而引发的产品（包括完成品、半成品等）不良发生时 |
| 质量改善邀请回信率 | 质量改善邀请回信率指本企业《质量异常发生报告书》（包括受检、出检、工程、可靠性等异常）发送后，在规定期间回复的对策件数占发送的《质量异常报告书》总件数的比率 |
| 停线 | 因材料不良而造成停线所出现的关联事项 |
| 索赔费用 | 因资材不良造成索赔时所产生的费用 |

在日常的供应商质量管理中，企业应着重关注以上几个事项，避免与供应商陷入琐碎的质量问题沟通中，力求解决重点问题。

#### 2. 选派供应商质量工程师为沟通桥梁

企业与供应商在质量沟通方面应选派专人负责日常联络和管理，多人面向客户的效率和效果反而不佳。现代供应商质量管理通常会设置供应商质量工程师一职作为企业和供应商沟通的桥梁。供应商质量工程师具体的工作职责如表 5-23 所示。

表 5-23 供应商质量工程师具体的工作职责

| 职 责 | 说 明 |
| --- | --- |
| 来料质量保证 | 由于供应商供应物料的质量缺陷引发的问题要及时反馈给供应商，并要求其改善 |
| 物料异常追踪与改善 | 追踪确认供应商改善及实施效果，必要时实施现场审核检查及辅导 |
| 制订来料检验计划 | 制定来料检验部门的检验规范及检验计划，并对检验员进行培训 |
| 供应商样品评估 | 参与供应商初始样品的评估和承认工作 |
| 供应商月度/季度质量评比 | 每月或每季度对供应商的质量状况进行评分，对评分较低的供应商提出限期改善要求并追踪 |
| 新供应商的审核 | 参与新供应商开发与审核，与采购部、研发部一起对新供应商进行评价 |
| 推动供应商内部质量改善 | 推动供应商成立质量改善小组，实现供应商制程质量体系的改善 |

供应商质量工程师在履行工作职责的同时应持续提升自身工作素养，以应对不断变化的供应链关系。对此，企业要给予足够的支持。

此外，企业还应让供应商设立质量联络工程师（Joint Quality Engineer，JQE）一职，作为供应商日常质量管理的代理人。

### 3．明确供应商质量管理的沟通方式

企业在供应商质量管理中应以数据、程序、标准等为准绳与供应商展开对话，如此才能有说服力，让其心甘情愿地配合质量管理工作。常见的供应商质量管理的沟通方式如表 5-24 所示。

表 5-24 常见的供应商质量管理的沟通方式

| 沟 通 项 目 | 说 明 |
| --- | --- |
| 质量体系审查（Quality System Audit，QSA） | 为维持供应商质量管理体系的正常运行，需对供应商至少每 18 个月进行一次质量体系审查。审查时，适用 QSA 清单（参照《供应商质量安全审查清单》） |
| 工程质量审查（Quality Process Audit，QPA） | 为持续对供应商工程质量进行有效管理，需对供应商工程进行定期或非定期的审查，以跟踪供应商的工程质量是否按要求的方法进行管理。对已要求的事项（如前次审查的指责事项等）进行现场追踪和确认也属于 QPA 的一种形式。QPA 可随时进行，审查时应依据供应商生产品目，适用 QPA 清单，必要时也可追加其他必要的确认项目 |

续表

| 沟通项目 | 说明 |
|---|---|
| 异常处理与索赔程序 | 按照异常处理流程和索赔流程进行 |
| 供应商月度质量会议 | 检验部门以书面的形式在会前3日向各供应商发出会议通知。会上来料检验部门对各供应商提出本月质量及管理问题点,并讨论改正措施。各供应商需在3日内回复本月质量及管理问题点的改善对策并持续管理 |
| 供应商质量工程师沟通 | 以扎实的专业知识、操作技能、谈判技能、沟通技能解决各类问题 |

### 4. 熟练掌握质量管理的分析工具

作为沟通者,不论是企业一方的,还是供应商一方的,都应熟练掌握质量管理的分析工具、管理程序,以便双方能够准确理解彼此的意图,尽快达成共识和展开行动。质量管理的分析工具如表5-25所示。

表5-25 质量管理的分析工具

| 分析工具 | 说明 |
|---|---|
| 统计的工程管理 | 为把握、控制工程的变化采取相应的措施,运用管理图等统计技术对零部件、半成品及成品的质量现状进行调查/分析,以维持稳定的工程状态,使工程能力持续提升 |
| 工程能力 | 稳定工程本身(或变化)的范围 |
| 管理计划 | 对通过失效模式与影响分析选定的管理项目采取最佳的管理方法,使制品及工程散布最小化,并制订满足要求的产品的生产计划 |
| 供应商质量企划文件 | IQC保存的关于供应商管理计划、审核及质量改善关联资料的总称 |
| 环境有害物质管理 | 镉及其化合物的检测方法 |

表5-25是基于供应商质量工程师管理规则提出的,目的是确立一个可以固化的沟通规则,以促进企业与供应商的配合的效能提升。

## 四、质量异常的处理与索赔

企业如果在来料检验中发现质量异常,可遵照质量异常的处理与索赔程序进行处理。质量异常的处理与索赔程序如图5-8所示。

任何不合格品的处理均由MRB(Material Review Board,材料审查委员会)来负责,该委员会有质量管理、工程、采购、企划、生产等有关主管/工程师参加,以确保处理方案的正确性和有效性。针对讨论的结果,供应商质量工程师负责对供应商的质量投诉及改善进行跟进。

第五章 供应质量与服务管理

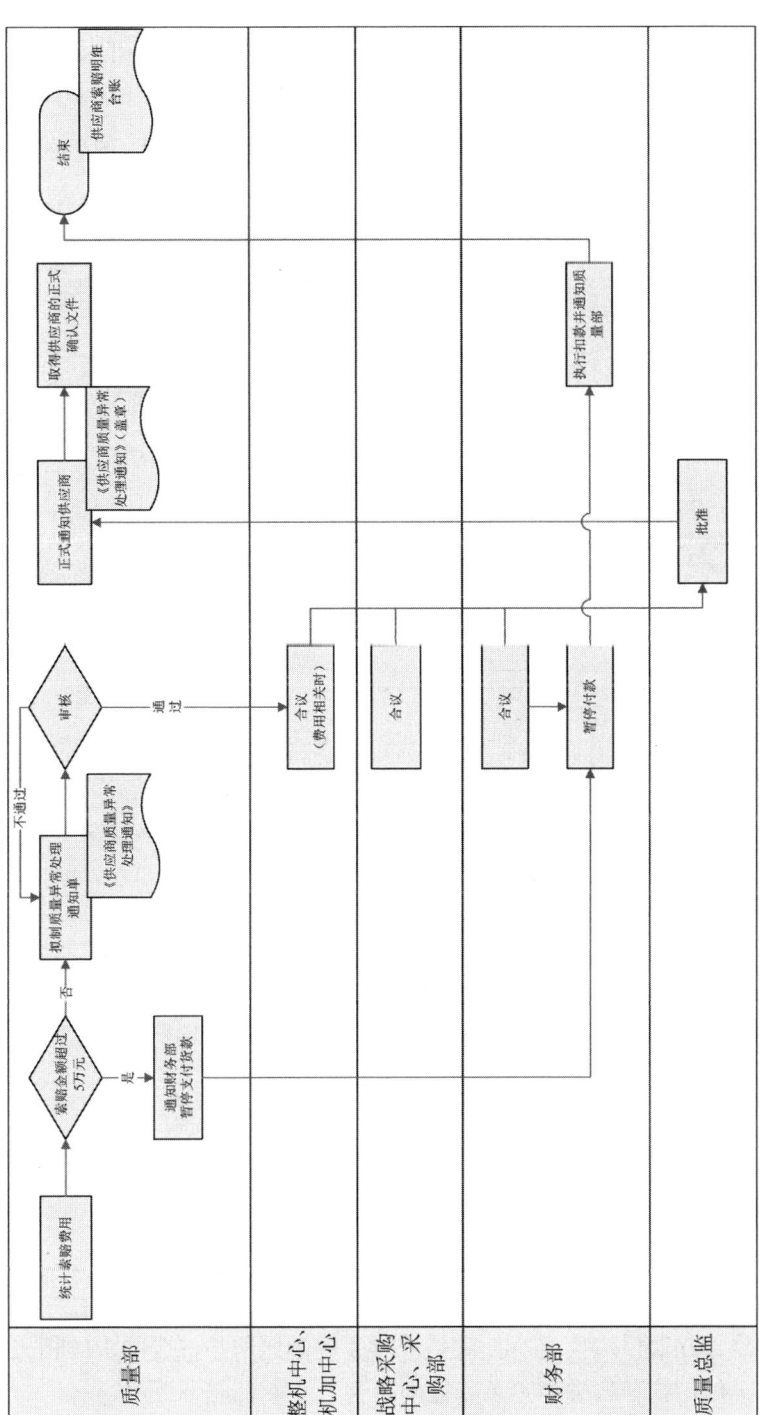

图 5-8 质量异常的处理与索赔程序

在质量投诉过程中，MRB 应要求供应商检查其库存品及正在生产的产品的质量状况，分析不合格的根本原因，采取短期的纠正措施及长期的预防措施。对于所有投诉，供应商须在 48 小时内予以回应。在月报分析中，MRB 应总结该月的质量投诉情况及改善跟进状况。同时，MRB 派发《供应商质量异常处理通知》，其示例如专栏 5-5 所示。

**专栏 5-5　供应商质量异常处理通知（示例）**

| 一、问题描述 |
| --- |
| 问题背景：<br>20××年 11 月，在进行产线物流柜耐压测试时，出现加热器烧毁问题。<br>　　经过同贵公司的相关人员现场讨论分析，供货的加热器存在安全隐患。该次质量事故直接导致我公司已发货的 160 台产品的市场整改。<br>不良原因：<br>　　由于本批次供货的加热器电路板焊盘尺寸变大，导致焊盘与附近电容之间的爬电距离减小，在进行 1500V 耐压试验时，容易产生电弧从而造成附近电容被击穿。 |
| 二、处理过程 |
| 调查围堵产品如下：<br>　1. 我公司库存及在制品（150 台）：贵公司至现场整改。<br>　2. 已发货整机（160 台）：售后人员至客户现场整改。 |
| 三、供方处置 |
| 处置如下：<br>　1. 贵公司应针对本次问题积极分析，查找问题原因，制定后续的永久改善措施。<br>　2. 对存在问题的批次加热器进行处理，并将相关处理结果通报给我公司。<br>　3. 贵公司承担本批次不良处理的直接损失费用 49263 元。<br>　　（1）工程师处理异常费用：40（小时）×2（人）×70（元/小时）=5600 元。<br>　　（2）市场整改费用：差旅费（11117 元）+人工费（28626 元）=39743 元。<br>　　（3）改善后产品验证、检测费用：可靠性测试费（1680 元）+入厂检验费（2240 元）=3920 元。<br>上述费用合计：5600+39743+3920=49263（元）。<br>备注：我公司管理费用为工程师 70 元/小时，操作员 24 元/小时。<br>__上述费用，我公司将从贵公司应付货款中扣除，特此通知。__ |

| 拟制 | | 审核 | | 批准 | |
| --- | --- | --- | --- | --- | --- |
| 合议 | | | | | |
| 供方签字 | | 此文件 10 日内盖章回传，逾期自动执行此文件。 | | | |

值得注意的是，在对供应商进行扣款处理时，应遵照所签订合同中的相关条款严格执行，对于任何徇私舞弊和不负责任的行为，企业都应予以严惩。

# 第六章 供应交期与风险控制

对产品的供应交期进行有效控制,其目的在于杜绝交期延误、供应不足等问题,确保供应商能够准时、准量交付物料。

# 第一节 供应交期的早期确认

交期是指从采购订货日开始至供应商送达日之间的时间。也就是说,从采购企业向供应商表达出其需求时开始计算,直到采购企业的需求被完全满足为止,其中所花费的时间总和为交期。在通常情况下,采购企业须做好供应交期的早期确认。

## 一、定时定量的需求确定

何时采购物料,物料何时到位,直接影响着采购企业生产的顺利与否。若采购计划与采购事项进行得过早,则会增加库存量;若存量不足,则会出现生产线停工待料的情况。

### 1. 明确采购需求时间

采购企业要准确地说明自己需要什么和什么时候需要。在通常情况下,需求进度由与物料相关的部门(如库存控制部或生产计划管理部)制定。

### 2. 核算交期

交期由四个部分组成,如图6-1所示。

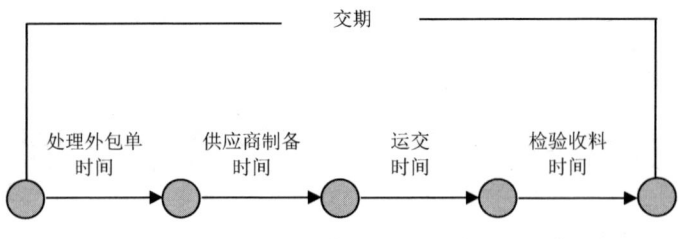

图 6-1 交期的四个部分

交期的长短，因采购性质、市场情况、物料来源、采购制度的不同而不同。为了加强对采购进度的管理，企业有必要将交期进行细化，并分数类列出。

交期可细化为行政作业时间、原材料采购时间、生产制造时间、运送时间、验收检查时间和其他预留时间。

**1）行政作业时间**

行政作业时间存在于采购企业与供应商之间，为双方共同完成采购行为所必须进行的准备工作。

（1）采购企业：包括选择或开发供应商、准备采购订单、取得采购授权、签发订单等。

（2）供应商：包括采购订单进入生产流程、确认库存、客户信用调查和生产能力分析等。

**2）原材料采购时间**

为了完成采购企业的订单，供应商需向自己的供应商采购原材料，这需要花费一定的时间。在不同的生产模式下，原材料采购时间也会有所不同，如表 6-1 所示。

表 6-1 不同生产模式下的原材料采购时间差异

| 生 产 模 式 | 原材料采购时间 |
| --- | --- |
| 订单生产模式 | 产品的生产是等收到客户订单之后才开始的，依订单生产的形态，原材料的采购占交期总时间相当大的比例。同时，供应商的原材料供应商也需要处理订单的作业时间 |
| 组合生产模式 | 产品的组合生产是在客户订单收到后才开始生产的，但其所需的标准零件或次组装已事先准备妥当，一旦接到订单，即可按客户要求从标准件或次组装中快速生产出所需产品 |
| 存货生产模式 | 产品在收到客户订单前已经被生产好存入仓库；原材料采购前置时间少，通常收到订单即可安排运送 |

### 3）生产制造时间

供应商内部的生产线制造出订单上所订产品的生产时间，包括生产线排队时间、准备时间、加工时间、不同工序等候时间及搬运时间。在不同的生产模式下，各类时间在总时间中所占的比例各不相同。

（1）在非连续性生产模式下，排队时间占总时间的大部分。

（2）在订单生产模式下，非加工时间在总时间中所占的比例较大，所需的交期较长。

（3）在存货生产模式下，采购交期相对缩短。

（4）组合生产模式具有快速反应的能力，各类时间所占比例相对均衡。

### 4）运送时间

当订单完成后，物料被运送到企业指定的交货点所花费的时间即运送时间。运送时间的长短与供应商和企业之间的距离、交货频率及运输方式直接相关。

### 5）验收检查时间

验收检查时间主要包括卸货与检查时间、拆箱检验时间。

（1）卸货与检查：检查是否有不完整的出货、数量是否有误、有无明显的包装损坏情况。

（2）拆箱检验：确认物料是否与订单一致，检查数量与外观瑕疵，完成验收文件，并将物料搬运到适当的地点。

### 6）其他预留时间

其他预留时间包括一些不可预测的外部或内部因素所造成的时间延误，以及供应商预留的缓冲时间。交期的统筹与规划，需要供需双方事先商榷好，以便于控制交期，避免生产计划因采购交期的偏差而受到影响。若在实施过程中出现偏差，应及时找出偏差根源，并做出调整，从而最大限度地减少损失。当市场发生变化时，应对交期加以修正。

## 二、核查供应商的交付能力

采购人员应当在产品投产前到供应商处进行审查，以确认供应商的交付能力，在核查供应商的交付能力时需要考虑的项目如表 6-2 所示。

表 6-2　在核查供应商的交付能力时需要考虑的项目

| 项　目 | 说　明 |
|---|---|
| 订单的频率和数量 | 若物料采购量大，采购频率高，则应确认供应商的实际产能 |
| 处理订单时间 | 供应商处理订单平均要花多长时间？较长的订单处理时间会增加整个过程的时间，从而导致大量的事后审查和紧急处理工作 |
| 产能 | 供应商是否有足够的设施满足订单交付速度要求 |
| 质量管理体系 | 供应商是否有全面的质量管理体系？供应商用什么机制来保证质量？关于质量的记录是否全面、系统？供应商产品的返修比例大吗？其他采购企业是如何对该供应商供应的产品进行质量记录的 |
| 专业技术 | 供应商对这一产品/服务是否具有丰富的经验或专业技术？供应商的服务水平如何 |
| 订单储备 | 是否高估了供应商的生产能力？其作业效率是否较高？是否有大量的订单积压？备货周期变长了还是缩短了 |
| 供应商的"外包"计划 | 供应商是否需要从他处采购物品？或者，需采购的物品只有该供应商才能生产吗 |
| 交货周期/备货周期 | 供应商的交货周期/备货周期如何？通过提前通知，是否能改善交货周期或备货周期？供应商是否会同意按照进货程序来提供短周期的交付服务 |
| 灵活性 | 灵活性是供应商适应变化的愿望和能力。这一能力会使供应商的工作具有动态性，并能对市场变化做出灵活响应 |
| 历史交易参考 | 从与供应商有过交易的企业获取信息资料，了解供应商提供的产品质量和产品交付状况 |
| 电子商务能力 | 供应商是否有网站？网站是否能开展电子商务活动？是否使用条码技术？在电子商务方面的投资会简化 B2B 交易和降低管理费用，并且使双方运作更有效率 |
| 生产线能力 | 供应商有能力生产多种产品吗？若供应商具有多品类交付的能力，则企业可以减少供应基地的数量，调节订单量，提供更好的价格，并提高运输效率 |
| 可用能力 | 将理论能力和目前的作业能力相比较，供应商可以提供多少额外生产能力 |
| 供应基地 | 与关键供应商的关系如何？供应商用何种适当的方法促进自身发展 |

采购企业依照以上项目对供应商的交付能力进行实地核查，而后对供应商的交付能力进行量化评分，并向企业管理层提交核查报告，以便管理层进行决策。

### 三、分析供应链上的交期

供应链是把制造企业的业务流程纳入一个整体中，从需求预测到采购寻源，从生产制造到运输交付，形成一条完整的价值链。供应链的结构模型如图 6-2 所示。

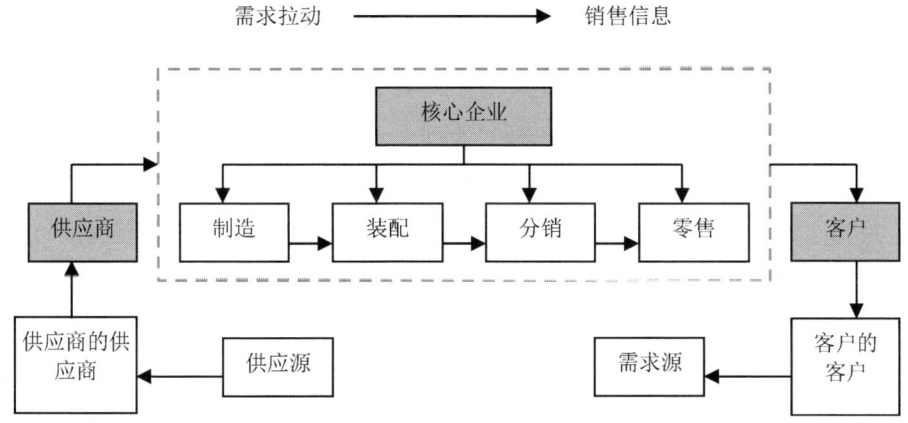

图 6-2 供应链的结构模型

由图 6-2 可以看出，供应链由所有加盟节点企业构成，以核心企业为中心，各节点企业之间是一种需求与供应的关系。整个供应链的驱动力来自最终客户。由此可见，供应链上的交期由以下三类交期组成。

（1）供应商的交期取决于供应商的供应商。

（2）核心企业的交期取决于各供应商。

（3）客户的交期取决于核心企业。

供应链上各供应环节的交期由下一个节点企业负责管控。任意一个节点企业出现交期延迟都会影响整个供应链的交期与进度。做好供应链上的交期管理应重点关注以下几点。

（1）供应链上的企业之间可以通过需求管理对市场和客户的需求状态、趋势进行准确预测。

（2）通过供应链的自动化，供应链上各企业共享需求信息，制订并随时微调供应计划，保证准时生产，提高订单交付率。

（3）供应链上的企业之间利用互联网建立完善的信息共享平台，使供应链各企业能够实时获取并处理信息，提高整个供应链对客户的有效反应能力。

供应链上的交期控制对企业的内部管理及供应商的能力提出了更高的要求。

## 四、交期的日常管理

企业在发出采购订单或与供应商签订采购合同之后，为确保采购物料的交货期，应采取一些日常管理措施。

## 1. 确保按期交货的对策

在采购部开立订单或签订合同后,供应商有责任完成订单或合同所定交货任务。在合同执行期间,采购部应做好日常监督工作,确保供应商按时履约。

### 1)交期常规监督

采购部在开立订单或签订合同时,应确定监督进度的方法。若采购项目并不重要,则仅做常规监督,注意供应商是否确实能按规定时间提交检验报表。若采购项目较为重要,则应考虑较周密的监督程序。

采购部通过供应商制程管制资料、生产汇报资料、实地考察记录资料或供应商按规定送交的定期进度报表等实现常规监督。

### 2)比较进程

在采购订单或合同中,企业可明确要求供应商编制进度表——应包括全部筹划供应作业的时程。例如,企划作业、设计作业、采购作业、工厂能量扩充、工具准备、组件制造、次装配作业、总装配作业、完工试验及装箱交运等的时间预期。

### 3)工厂实地查证

对于重要的采购项目,除要求供应商按期送交进度表外,企业还应实地前往供应商的工厂访问、查证。对于此项查证,应在订单或合同内特别说明,必要时派专人驻厂监督。

### 4)供需双方信息的沟通

供需双方可建立沟通系统,一旦采购需求发生变动,可立即通知供应商;假如供应商出现供应问题,也可随时通知采购企业,及时解决交货问题。

### 5)特案的处理

对于特殊的采购案,企业可用各种标准化流程加以管制,如借助甘特表、计划评核术、关键路径法等来实施交货管理。

### 6)供需协调配合

交期日程未设定正常的延时期限,采购计划未就来源、市场变动等因素加以预估,从而导致实际交货时间与计划交货时间不符,造成交期延误。

因而,要防止交期延误,采购企业应关注需求与供应计划,重视各计划之间的配合度。

## 2. 突发情况下的应变措施

为确保物料的及时供应,采购企业有必要针对一些偶发因素(偶发因素多属事先无法预料或不可抗力因素）制定应变措施，如表 6-3 所示。

表 6-3  突发情况下的应变措施

| 偶 发 因 素 | 应 变 措 施 |
| --- | --- |
| 战争 | 战争发生时，虽然签订了合同，但因属不可抗力因素，无法索赔或追究责任。倘若采购地区有发生战争的可能，应事先研拟适当的应变措施 |
| 罢工或停工 | 企业需要在采购之初做好调查，凡有劳动纠纷的，宜避免与之签约 |
| 自然灾害 | 台风、水灾或地震等自然灾害会导致交货延误，应视情况采取应变措施：<br>·凡属存货生产的，则可在市场上随时收购现货<br>·凡属需特殊采购的，则应向备选供应商采购 |
| 经济因素 | 经济因素包括通货膨胀、汇率及利率变动等。这些因素会导致供应商生产成本增加，如无适当补偿，供应商必然会毁约停产。企业一方面要做好定价方案，如浮动定价；另一方面给予供应商相应的帮助 |
| 政治或法律因素 | 认真研究采购地区的法律，避免发生法律纠纷；研判政治形势，从大方向上规避采购风险。对已经发生延误的，要及时向备选供应商采购 |

# 第二节  供应交期的全程控制

全程控制交期应基于生产部门常用的生产进度表，按照交货期限要求，做好交期的事前、事中及事后跟催工作。

## 一、协定供应商的供应时间

协定供应商的供应时间主要从两个方面入手：一是在充分考虑供应商产能的前提下，与之约定好交期；二是分解交期目标，按期安排收货。

### 1. 约定交期

在约定交期时，采购企业要充分考虑自身的需求，以及供应商的生产能力和生产瓶颈，帮助供应商从交期的计算公式中寻求改善。其计算公式如下。

交期=行政作业时间+原材料采购时间+生产制造时间+运送时间+
验收检查时间+其他预留时间

其他预留时间可以适当放宽，可以规定为交期的 5%。交期最终要反映在协议中。确定交期的步骤如图 6-3 所示。

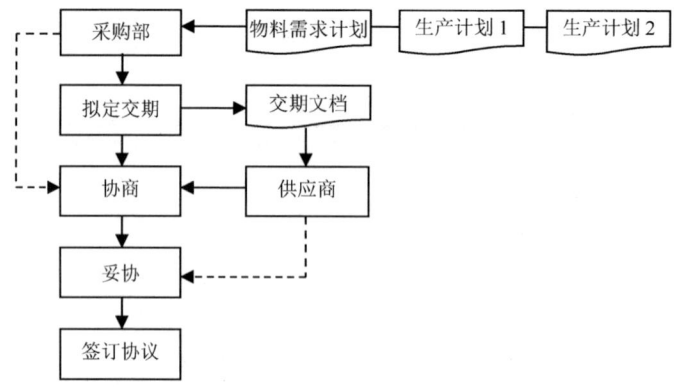

图 6-3　确定交期的步骤

其中，生产计划 1、生产计划 2 分别是采购企业和供应商的生产进程安排。

《交期管理协议》是为了规范交期管理，确保生产按照计划有序进行而制定的。

### 2．分解交期目标

对于交期较长的产品，采购企业与供应商可协商分期交货。在通常情况下，双方进行交期分解，即将交期目标分配给不同的职能部门。

事先协定交期，并将协定内容落实到合同上，有助于双方就交期目标达成一致，同时可以从法律上使双方避免供应风险。

## 二、为供应商交付提供支持

采购企业应与供应商保持沟通，商讨产品验收的具体作业事项，为供应商按时交付提供支持。

### 1．协定供应商的供应方式

协定供应商的供应方式十分重要。通常，协议上会写明供应商必须在某年某月某日前交货，且须在交货前若干日先将《交货清单》送交采购企业，以方便采购企业准备相关验收工作（包括安排验收点和存储空间、拟定验收作业流程等）。

需要强调的是，在供应商每次交货之前，采购企业都应提醒其准备《交货清单》（一式若干份），在清单中需注明交付货品的名称、数量、商标编号、毛重、净重、运输工具的牌照号码、班次、日期，以及其他需注明的内容。此外，合同的统一编号、分区号码、合同签订日期及通知交货日期等也应在清单上注明。

## 2. 提前通知供应商

采购企业应提前通知供应商交货，通知的内容如表 6-4 所示。

表 6-4　通知的内容

| 内　　容 | 说　　明 |
|---|---|
| 验收时间 | 物料的交货日期 |
| | 特殊器材验收所需的时间或分期交货的时间 |
| | 对交货延期的处理 |
| 验收地点 | 通常以合同规定地点为准，当预定交货地点无法使用，需转移至他处进行验收工作时，应事先通知供应商 |

## 3. 事先限制交货作业

在物料入库前，采购企业应处理好验收的速度、平衡交货数量等，具体内容如图 6-4 所示。

| 处理订购信息 | 包括订单内容、替代品、供应商考核等级、生产制造能力等信息 |
|---|---|
| 限制提前交货 | 明确规定允许交货的期限，严格加以限制，避免提前付款 |
| 处理好验收速度 | 明确规定验收作业的程序及时限，对已收到的物料必须迅速进行验收及入库 |
| 平衡交货数量 | 交货数量应尽可能保持均衡，避免交货数量过大而占用仓储空间 |

图 6-4　限制交货作业的内容

## 4. 辅导供应商进行交期管控

采购企业督促供应商内部各部门做好协调工作，与其共同探讨，防止交期延误现象的出现。供应商内部各部门协调说明如表 6-5 所示。

表 6-5　供应商内部各部门协调说明

| 协调项目 | 说　　明 |
|---|---|
| 销售部门与生产管理部门的协调 | 销售部门与生产管理部门不能协调一致，是交期延误的主要原因之一。若双方难以协调，不管孰对孰错，都会使企业蒙受损失。因此，销售部门与生产管理部门协调是产销顺畅的最好保证 |
| 设计部门与生产部的协调 | 设计部输出明确的原材料、零部件与产品的设计图。设计部与生产部协调一致是确保生产顺利、交期正常的重要课题之一。<br>● 产品一经设计完成，设计部就应将产品所需的材料、零部件全部填在原材料、零件表上。生产部依据原材料、零部件表编制计划<br>● 设计部在设计产品时应考虑可制造性、可装配性，避免生产部无法生产<br>● 针对客户的订货交期，设计部与生产部应相互协调，确定适当的设计时间 |

续表

| 协调项目 | 说　　明 |
|---|---|
| 物料管理部与生产管理部门的协调 | 物料管理部与生产管理部门就下列各项内容展开协调。<br>● 防止生产线停工待料<br>● 稳定生产计划<br>● 有效的生产指令与完整的领料制度<br>● 账物一致与情报传递迅速 |
| 采购部与物料管理部的协调 | 采购部与物料管理部协调的重点如下。<br>● 建立《基准日期表》，避免紧急采购<br>● 尽量批量请购，提升采购效能<br>● 加强采购事前管理，以防止原材料、零部件不能如期进厂 |
| IE（Industrial Engineer，工业工程）部门与生产部门的协调 | IE部门与生产部门是相辅相成的，其协调的途径如下。<br>● IE部门建立标准工时，以利于生产部门工作指派的进行<br>● IE部门妥当地安排制造途程，以利于生产管理工作的顺利进行<br>● 批量化生产，使工时及制造过程稳定 |
| 质量部与生产管理部门的协调 | 质量部与生产管理部门必须密切协调，其协调途径如下。<br>● 记录质量部产品质量水准，以便于生产管理工作的进行<br>● 产品质量力求稳定 |
| 制造部门与生产管理部门的协调 | 制造部门与生产管理部门如何协调联系，是决定交期能否准时最重要的因素之一。制造部门与生产管理部门协调的方法如下。<br>● 生产管理部门稳定生产计划，从而使制造部门的制造稳定<br>● 生产计划尽量批量化，使制造部门易于控制产品质量与成本<br>● 制造部门降低人员流动率，以协助生产管理部门达成生产计划 |

针对供应商交货延误，采购企业应加强双方沟通与协作，督促供应商注重其内部各部门的协调与合作。

## 三、跟催供应商的交付进度

跟催供应商的交付进度是采购人员的一项重要职能，一是确保交期准时，二是及时发现交付隐患，并采取补救措施。在合同签订后，采购人员需要定期做好供应商交付进度的核查，一旦发现某批次物料存在延误风险，就应及时跟催。

### 1．有计划地开展跟催工作

由于采购物料的品种繁多，采购人员须按照一定的步骤开展跟催工作。交期跟催步骤如图6-5所示。

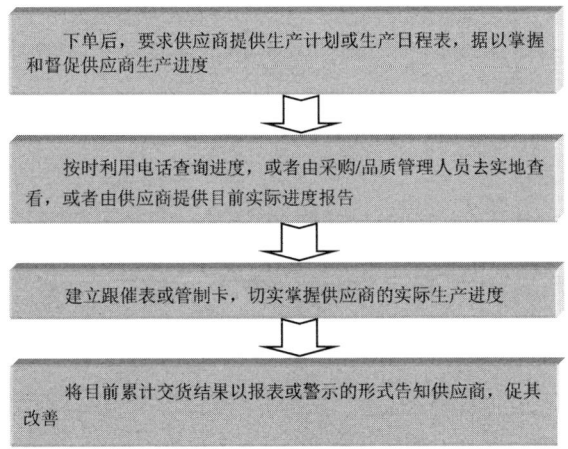

图 6-5 交期跟催步骤

### 2．掌握特定的跟催方法

为了确保跟催工作顺利进行，采购人员必须掌握一定的跟催方法。采购人员可利用的交期跟催方法如表 6-6 所示。

表 6-6 交期跟催方法

| 方　法 | 说　明 |
|---|---|
| 订单跟催 | 按订单上的进料日期提前一定时间进行跟催，可采用联单法、统计法和跟催箱。<br>● 联单法：将订购单按日期排列好，提前一定时间进行跟催<br>● 统计法：将订购单统计成报表，提前一定时间进行跟催<br>● 跟催箱：制作一个 32 格的跟催箱，将订购单依照日期先后放入跟催箱，每天跟催相应的订购单；将紧急订购单放入第 32 格，进行特殊处理 |
| 定期跟催 | 每周固定时间将要跟催的订购单整理好，打印成报表定期统一跟催，并通过传真的方式提醒供应商按时交货 |

企业采用以上两种方法都需要制作跟催表，以掌握供料情况，明确跟催对象，确保交期。

此外，订购单也可以依交期先后顺序加以整理，放置于订购单卡箱。

## 四、及时跟催不良品的处理进度

企业处理不良品应先隔离不良品，再选择处理方式。

### 1．隔离不良品

来料检验员在进行检验后对判定为"不合格"者应用粉红色"待处理"标签标示，并将其隔离至"不合格品区"，避免与其他产品混淆，并出具《来料不良报告》。

### 2．选择处理方式

当发现采购品不良时，企业可基于不良率的高低采取以下四种处理方式。

#### 1）允收

经来料检验员验证，不合格品数量低于限定的不合格品数量的，则判定该批来货为"允收"，检验员在货箱上和来料单上加盖"合格"章，通知仓储部收货。

#### 2）特采

经判定为不良品，但其缺陷不影响产品的主要功能及安全，同时企业基于交期或成本因素考虑，可对物料进行特采。特采说明如表6-7所示。

表6-7 特采说明

| 情 况 | 措 施 |
| --- | --- |
| 偏差 | 如果来料全部不良，但只影响企业的生产速度，不会造成产品最终质量不合格，那么经特批，可予以接收。对于此类来料，生产部、质量部预估耗费工时数，对供应商做罚款处理 |
| 全检 | 来料不合格品的数量超过规定的允收标准，经特批后，进行全数检验；将其中的不合格品退给供应商，将合格品办理入库或投入生产 |
| 重工 | 如送检批全部不合格，但经过加工处理后即可被接收，那么企业可抽调人力进行来料再处理。来料检验员对加工后的物料进行重检，对合格品予以接收，对不合格品办理退货。对于此类物料，来料检验员统计加工工时，对供应商做罚款处理 |

#### 3）拒收

若不合格品数量多于限定数量，则判定该送检批为"拒收"。来料检验员应及时填写退货报告，经质量部主管会签后，交仓储部、采购部办理退货事宜，同时在来料单上加盖"退货"章。

供应商必须在三个工作日内将不良品取回或委派人员处理。逾期不处理的，企业可做报废处理。

#### 4）就地报废

如果物料缺陷已严重到无法使用，且供应商取回物料的花费（主要是运费）较大，那么供应商可要求企业将该批物料做报废处理。

需要特别注意的是，跟催不良品处理的关键是分清责任。因供应商质量不良或交期延误所致损失，应由供应商承担赔偿责任。

# 第三节 供应交期的风险应对

采购部要做好交期风险的防范工作，对于生产要有紧急避险计划，对于订购单可分一点给备选供应商，同时保障好关键物料的安全库存。

## 一、生产计划的备选方案

任凭采购人员打电话、发邮件、召开现场会议、去工厂蹲点都无法解决超长的欠料清单。此时此刻，采购企业的生产将被迫延迟，客户订单也无法按时出货。相信许多企业都遇到过这种情形。影响交期延误的情形有许多种，但不论哪种，企业都要尽快处理欠料，避免或降低对生产的影响。一些大企业，如三星、华为等，遇到欠料通常会启动加急订单，同时启动备用生产计划。

2011年7月，泰国南部持续下暴雨并引发洪灾，华为的采购人员潘伟（化名）从广播中听到这个消息后感到不安，因为他隐约记得T供应商在泰国有工厂。潘伟立即排查，发现T供应商果然在泰国有工厂，于是赶紧致电、发邮件给对方确认是否遭受洪灾，是否会影响交付。T供应商反馈没问题。

但两周后，T供应商突然通知潘伟有一个型号的电源器件因测试设备进水报废，无法继续生产，而购买新设备的话从到货、调测至产出至少需要半年时间。这个消息对采购部来说就是灾难。因为依赖该电源器件的主力单板有数百个，现有库存仅能维持两个月。该电源器件当时由T供应商独家供应，这就意味着两个月内若无法解决问题，无线、网络的多个主力单板将停线，无数合同将不能履约，损失难以计算。

当意识到问题的严重性后，潘伟马上组织供应商，以及计划、研发、质量等部门一起商讨解决方案。

（1）要求T供应商立即启动新设备采购计划，用最短的时间恢复产能。

（2）要求T供应商寻找第三方测试厂补产能。

（3）采购部主动出击，寻找替代方案并快速验证。

（4）同步向市场前端通报情况，适当控制需求节奏。

（5）启动紧急生产计划，逐一审视、确认两个月内的合同优先级，合理排产，尽可能将库存物料用在紧急、重要的生产订单上，以延长库存物料的使用时间。

在多套方案的组合下，终于在库存物料消耗完毕前，有两家供应商实现同步出货。

华为的 T 供应商因洪灾无法供货，直接导致华为只剩两个月的库存物料。在危机发生后，华为在寻求外部资源的同时放缓了签单速度，调整了现有的生产计划，最终等到了外部资源的到来，持续两个月的危机得以解决。

企业在制订或启动备用生产计划时，首先要暂停或减缓前端销售，避免交期延误范围如滚雪球一般越来越大；然后依据库存量、合同优先级重新排产，也可以先生产其他品类的产品。对于产品单一的生产线，备用生产计划只能是停掉一部分生产活动。

我们需要注意，备用生产计划只能暂时缓解交期延误带来的问题，最终还是要在库存物料消耗完之前找到相关的供应商完成补货。

### 二、采购订单的避险分配

这样做是为了避免出现因物料供应不足而导致的停线问题。采购人员在交期管理中，要优先做好采购订单的分配工作。

#### 1. 依据供应商的产能分配

这主要针对大批量采购模式。在进行大批量采购时，采购人员要分析供应商的产能，要依据供应商的实际产能进行订单分配。当供应商产能超过最佳批次或最大采购量时，过多的采购订单比例反而会带来交期风险。供应商的产能决定了其所能分配到的订单的比例。通常，对同一个物料号物料的采购会选择 2 家供应商，或者 2+1 家，少数企业会选择 3+1 家，再增加的话，企业管理供应商的成本就会大幅增加。

（1）产能高+产能高。两家供应商的议价能力都很强，这对企业的还价能力有极高的要求。订单比例可以围绕五五开的比例进行调整，这样做的一个好处是，一旦其中一家交期延误，另一家可实现额外供货。

五五开的比例并非一成不变，为了强化竞争策略，分配比例可依据供应商的绩效考核结果来确定。例如，A 类供应商分配 60%~75%；B、C 类供应商分配 25%~40%。

（2）产能高+产能低。这里的产能低，不是产能差的意思，而是指该供应商的规模相对小一些。对此，订单分配比例可按三七开，将产能低的供应商作为补充，防止产能高的供应商出现供应风险。

## 2. 多批少量生产模式下的采购订单分配

当批量较小时，大批量采购模式下的订单分配不一定合适。多批少量的生产模式越来越盛行，最早由丰田公司提出和实践，即准时化生产方式，采取多品种、少批量、短周期的生产方式，以此来消除库存，或者使库存量实现最少。

但是，这种生产方式下的采购降低了规模效益。这时候，企业可将一个物料号作为一个采购整体来考虑。除非这个料号对应的是标准件，否则对供应商而言，要么全做，要么不做，也就是我们常说的独家供应。

对于物料号对应的是标准件的，企业可保持两个供应商（或一个备选）互为备份，关键时刻联系采购即可。对于特有物料号的物料，可以由供应商独家供应，为了避免交期风险，企业一方面适当增加安全库存，另一方面提前做好供应商记录留痕管理，定期开发供应商，确定备选供应商，确保到时能快速完成产品测试、批量生产工作。

## 3. 采购订单的外包分配

这里还需要指出一点，那就是如果企业将业务外包给供应商，那么该供应商就是一级供应商，采购订单由谁来负责？如果将二、三级供应商交由一级供应商管理，那么当企业想限制或更换一级供应商时，就会遇到麻烦。最常见的就是一级供应商预先从二、三级供应商那里听到消息，开始根据往期需求限制供应，让企业无法建立起足够的库存，从而只能依赖该一级供应商。

为了避免出现这种情况，大部分企业在订单分配上采取甲指甲供或甲指乙供的方式。

此外，企业在分配采购订单的时候会借助数学模型，这也是一个很好的方法，企业在实践中可以在数学模型比例的基础上加以调整。

## 三、核心物料的安全库存

核心物料是企业生产线的命脉，企业应不断加强风险管理，不论在何种情况下都要保障供应安全。

### 1. 充分利用数学模型计算安全库存

与其他类型的物料一样，核心物料也需要通过相关软件系统（如 ERP）来计算安全库存。通常，企业通过安全库存、提前订货两种方法来管理交期和进行需求预测。

（1）安全库存：依据往期数据计算出需要的库存数量，用以管理数量的不确定性。

（2）提前订货：通过预先下单和预先收料来管理交付时间的不确定性。

这两种方法都是通过数学模型来计算的，是企业管理核心物料安全库存的主要工具。

此外，采购人员还应知道决定安全库存的因素，并在实践中把握运用。

- 需求的变化：变化越大，安全库存越高。
- 供应商的服务水平：供应商的服务水平越高，安全库存越高。
- 提前订货：订货提前期越长，采购周期越长，安全库存越高。

### 2. 做好风险预案，进行端到端防范

对于核心物料的库存管理，企业必须有前瞻性，能够有意识地识别风险，做好风险预案，进行端到端防范，即在销售、下单、跟催、验收、生产、库存、供应商监控等一系列环节全面拉通物料信息，将什么时候有需求、需求是多少、采购多少、什么时间到货、到哪里、供应商现状怎样等一一呈现在企业高层、采购部面前。这样便于企业联动预判潜在风险和确定解决方案。

华为总裁任正非曾专门强调了核心物料的重要性，他指出：对核心物料和关键物料要有备选方案，加强对产品的归一化设计，同时持续加强对计划水平的提升，对于关键瓶颈物料及高风险物料，该储备的要储备，不要计较一时的储备成本，保障供应安全是第一位的。对此，我们可以从中得出如下启示。

- 核心物料要有备选方案。
- 关键物料和核心物料必要时要增加库存量。当然，这要建立在需求和需求预测的基础上。
- 优化计划水平，保障核心物料的合理利用率。
- 在产品设计上，注重通用件、标准件的使用和设计。

对于核心物料的库存管理，企业还要做好日常管理，诸如浪费、报废、过期、闲置等，这些都会引发库存消耗或增加库存成本。

### 3. 做好核心物料的日常管理

在日常生产活动中，存储、搬运、不合理的作业等都可能导致核心物料的不必要消耗。为此，企业应制定核心物料管理的相关制度、程序、标准和办法。企

业对核心物料的日常管理可以从以下几个方面展开。

- 循环盘点。对于核心物料,每一至两周盘点一次,以确保准确性。
- 单货一致。严格遵守出入库流程,确保单随货走,杜绝无单出入库的现象。
- 损耗与补料。核心物料的损耗、补料需经物控计划主管、生产主管签字确认,物控计划员录入数据,仓库按单发料。
- 核心物料尽可能按照准时化生产采购或根据物料需求计划计算采购需求。
- 对于采购周期长的核心物料,企业应提供生产计划(或做安全库存)给供应商,避免影响企业按时出货。

# 第四节 交期延误的有效处理

如果交期延误的情况经常出现,那么采购企业应积极核查供应商交期延误的原因,客观、公正地判定双方所应承担的责任,积极采取补救措施,最大限度地挽回损失,并探讨改善交期的方法,避免交期延误情况的再次出现。

## 一、交期延误的原因分析

影响物料交期的常见因素如表 6-8 所示。

表 6-8 影响物料交期的常见因素

| 因　素 | 说　明 |
| --- | --- |
| 请购日期 | 提早请购会增加库存与仓储费用,延迟请购则会影响交期,甚至因为交货不及时而导致停产 |
| 交货前置期 | 交货前置期包括请购、订购、生产、运输、交货及验收全过程,因此,在设定交期时,应充分考虑交货前置期的影响 |
| 采购部的管理方面 | • 供应商选择错误<br>• 业务手续不齐全<br>• 采购价格不合理<br>• 采购进度掌握与督导不力<br>• 经验不足,下单量过大,供应商生产能力无法满足需求<br>• 重新更换供应商<br>• 付款条件过于苛刻或未能及时付款<br>• 缺乏交期管理意识<br>• 所要求的交期说明不清楚 |

续表

| 因　　素 | 说　　明 |
|---|---|
| 采购人员方面 | • 因紧急订购导致供应商交期延误<br>• 库存数量计算错误导致必须紧急订购<br>• 采购人员没有准确把握物料供应来源及时机<br>• 与供应商议价时间过长，导致购运时间不足<br>• 选错订购对象<br>• 所选供应商的生产能力欠佳或其物料来源困难<br>• 采购人员跟催不及时 |
| 供应商方面 | • 接单量过大，其生产能力显不足<br>• 技术、工艺能力不足<br>• 对时间估计存在偏差<br>• 生产管理不力，对当前作业量掌握不准确<br>• 物料供给不足<br>• 对新单不熟悉<br>• 质量管理不当，经常出现不良品<br>• 再转包能力不足<br>• 与企业缺乏沟通<br>• 客户服务理念不佳<br>• 缺乏交期管理能力 |
| 采购企业其他部门的原因 | • 请购前置时间不足<br>• 技术资料不完备<br>• 紧急订购<br>• 生产计划变更<br>• 设计变更或标准调整<br>• 订购数量太少<br>• 对供应商质量辅导不足<br>• 点收、检验等工作延误<br>• 请购内容有误 |
| 供需双方沟通情况 | • 未能掌握一方或双方的产能变化<br>• 指示、联络不及时<br>• 技术资料交接不充分<br>• 质量标准不一致<br>• 单方面确定交期，缺乏沟通<br>• 首度合作，出现偏差<br>• 缺乏合适的沟通渠道<br>• 未就交期、单价、付款等问题达成共识<br>• 对交期理解存在偏差 |
| 偶发的不可抗力因素 | • 战争、自然灾害<br>• 经济因素<br>• 政治或法律因素 |

一旦出现供应商交期延误的情况，采购企业应立即根据交期延误的实际情况

对影响交期的因素进行综合分析，从而找出造成交期延误的原因，明确交期延误的责任。

## 二、交期延误的责任区分

当交期延误时，人们大多认定为供应商的责任。其实，影响交期延误的因素非常多，有时候交期延误也有采购企业的责任。

### 1．供应商的责任

（1）在生产状况方面：接单超过产能所能负荷；产能满载，无法将订单排入生产；订单批量太小，供应商需将几批订单合起来才可生产；生产技术跟不上；制程中的不良率、重工率过高；生产计划不妥当；机器数量不足，突然宕机或精度较差；制程的不完备或不落实；内部出货检验不合格。

（2）在生产管理方面：不能掌握上游材料来源；原材料欠缺，零部件交期很长；进度管理不善；品质管理制度不落实；对交期的估计错误；上游材料质量不良；外包能力不足或转包不善；员工工作意愿低；出货文件错误；报价错误；供应商缺乏责任感。

### 2．采购企业的责任

（1）在沟通协调方面：临时紧急订购，紧急订单前置时间不足；临时更改设计或规格，对新材料规格未进行充分沟通；质量要求说明不清；对图纸、规格的了解存在偏差；生产计划不周全或变更，未及时通知供应商；单方面指定交期；双方没有定期审核进度；对对方的体制、作业形式不熟悉；不能及时提供外包所需的材料或模具；技术转移或辅导不周全。

（2）在采购流程方面：供应商选择不当；订单寄发失误；价格决定很勉强；采购价格过低；付款条件不好；付款记录不佳；对供应商产能、技术调查不足；订单或要求事项不明确；对质量的要求不明确；未及时了解进度；采购人员经验不足；频繁更换供应商。

交期延误并不都是供应商一方的过失，采购企业可能也要承担一定的责任。另外，尚有一些不可抗力导致的偶发事件，责任虽不属于任何一方，却也影响交期，采购人员应全面考虑这些因素。

## 三、交期延误的及时补救

交期延误一旦出现，且已成为无法改变的事实，采购企业就应尽快采取补救措施,将损失降至最低。

### 1. 继续跟催供应商,掌握真实情况

采购人员应先确认好所有细节,包括价格、交期、产品的特殊要求、包装的特殊要求等,然后核查供应商的落实情况。

(1)若供应商不能满足要求,则需向部门主管及时报告,以采取进一步的补救措施。

(2)了解供应商目前的生产安排及排产期限,并估测供应商的产能能否满足要求,尽可能把主动权掌握在自己手上。

(3)定期跟踪供应商生产进度,给供应商施加足够的压力,以免交期延误事件的再次发生。

### 2. 及时上报交期延误事件

在交期延误事件发生之后,采购人员应将"事故"上报部门主管,并详细介绍相关情况。同时,与仓储部和生产部积极协调沟通,避免缺料问题的出现。

一旦出现缺料问题,企业就应与备选供应商联系,如果该供应商能满足交期要求,就可启动紧急请购程序。与此同时,遵照与原供应商签订的合同做好索赔与后续工作。

紧急请购作业流程如图6-6所示。

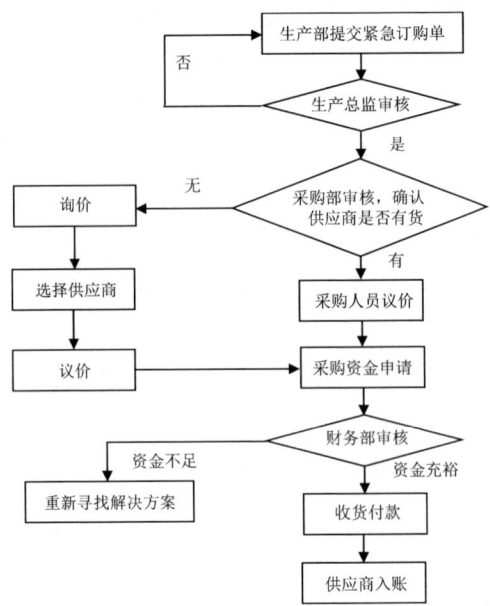

图6-6 紧急请购作业流程

## 四、交期延误的有效改善

避免交期延误的一种主动且有效的方法是从了解交期的构成开始,找到问题产生的根源,从根本上改善交期延误问题。

### 1. 选择改善交期延误的方法

根据影响交期的因素,企业可采取以下方法来改善交期延误(见表6-9)。

表6-9 改善交期延误的方法

| 方　　法 | 说　　明 |
| --- | --- |
| 缩短前置时间 | • 建立供应商引进制度,选择能配合交期的供应商<br>• 对常使用的物料确保安全库存<br>• 采用标准化的物料,以便寻找更多的供应商<br>• 建立《采购作业计划进度表》,严格管理采购进度 |
| 降低供应商接单的变化性 | • 与供应商进行有效沟通,使供应商了解企业的实际需求<br>• 了解供应商的产能状况,确保供应商的产能匹配企业的实际需求,减少由于更改数量、设计、交期等带来的损失<br>• 控制紧急采购项目和次数 |
| 减少供应商准备时间 | 改善供应商的准备时间,增加其排产的弹性,减少生产时间。具体方式包括如下几种。<br>• 购买新机器设备<br>• 使用电动或气动辅助设备<br>• 通过作业工程对工作流程进行分析改善<br>• 使用标准工具 |
| 解决供应商的生产线瓶颈问题 | 生产线瓶颈会影响产出量,也会影响交期,因此企业须协助供应商解决生产线瓶颈问题,缩短其生产时间 |
| 减少运送的时间 | 运送的时间与双方的距离、交货频率及运输方式有直接关系。<br>• 尽量使用当地的供应商,以减少运送的时间<br>• 选择信用良好、价格合理的货运合作伙伴 |
| 及时供货采购 | 采用JIT采购方式,以利于减少库存,提高准时交货率 |
| 减少行政作业时间 | • 与供应商共同努力,双方进行良好沟通,正确传递各类信息<br>• 采用规范的采购作业流程,有效减少行政作业时间 |

### 2. 强化交期意识

采购企业可以通过制定各种制度来强化供应商及采购人员的交期意识(见表6-10),提高供应商的准时交货率。

表 6-10　强化交期意识的制度（示例）

| 制　度 | 说　明 |
|---|---|
| 异常发生报告制度 | 采购企业有义务向供应商发送《质量异常发生报告书》，包括机器设备、模具、夹具的故障或不良、交货延期原因等 |
| 延迟对策报告制度 | 供应商有义务对其改善措施提出报告 |
| 交期延误公告制度 | 计算供应商每月的交期延误率，并发布公告 |
| 表扬、惩罚制度 | 对交期良好的供应商，按年、上下半年和季度给予表扬，对不合格的供应商进行惩罚 |
| 订货量制度 | 根据供应商遵守交期的程度，采购企业对不同级别的供应商采取不同的措施。例如，对 A 级供应商增加订货量，对 B 级供应商维持订货量，对 C 级供应商减少订货量等 |
| 指导训练制度 | 召开经营者研讨会，开展供应商有关人员的集中培训，对个别供应商进行巡回指导等 |
| 抱怨、期望处理制度 | 诚恳听取供应商的抱怨、期望，并迅速回复、处理 |

在制定强化交期意识的制度时，企业需注意收集的信息如表 6-11 所示。

表 6-11　制定强化交期意识的制度需收集的信息

| 信　息 | 说　明 |
|---|---|
| 交货不及时的原因 | 按照不及时原因分类编号，制作延迟原因类别频度统计图表，明确延迟责任，以此研讨提高交货及时率的措施 |
| 慢性延迟品目表 | 将反复发生延迟的物料及供应商抽出，并将其频度图形化，使采购人员直观地掌握延迟实况 |
| 采购人员延迟状况表 | 将延迟件数、延迟日数等按照采购经办人进行汇总，并加以图形化，同时计入绩效考核，加强采购人员的交期意识 |

采购人员可对这些信息进行统计分析，并采取相应的改善措施。

### 3．对交期延误改善效果的及时追踪

追踪供应商交期延误改善工作应从建立交期延误改善指标，以及查找问题发生的原因开始，将实际情况与计划目标相比较，直至达成改善的目标。

（1）建立供应商交期延误改善的指标，并使其了解计算标准。

（2）统计交期问题的形态，了解发生的原因，以及延迟交货与提前交货的比率，之后依照 80/20 法则进行重点项目管制。

（3）定期向供应商公布交货绩效，检讨交货准确性的统计记录，并与交货计划目标进行比较。

（4）与供应商确定改善交货准确性的行动方案与对策。

（5）持续追踪考核供应商，直到交期获得改善为止。

对频繁出现交期延误情况的供应商，企业应给予处罚；对交期良好的供应商，企业应给予适当的奖励。

# 第七章 供应商评价与激励

> 日趋激烈的市场竞争环境要求供需双方建立更为牢固与紧密的战略合作关系。在与供应商建立战略合作关系的过程中,供应商绩效考核是非常重要的一环,它是构建战略性供应商关系的基础,也是提升供应商绩效的依据。

## 第一节 建立供应商评价模型

供应商评价模型有助于企业系统、客观地了解供应商管理的内容,以及准确地评价供应商。

### 一、检视产品管理计划

企业应随时把控供应商的产品质量,预先做好管理计划,确保供应商不断提高产品质量。通常,供应商产品控制会在供应商一方进行,以三星电子为例,其会提供品质控制文件,并派遣驻厂人员指导供应商质量改善小组作业,直至品质控制文件落地。产品管理计划有很多种,最常见的就是初、中、终物管理。供应商初、中、终物管理基准(示例)如表7-1所示。

表 7-1 供应商初、中、终物管理基准（示例）

| 工程 | 样品抽取基准 | 测试样品数 | 样品保管方法 内容 | 数量 | 期限 | 备注 |
|---|---|---|---|---|---|---|
| 注塑/熔铸/冲压 | 各注塑机白班 3 次，夜班 3 次，初、中、终物段样（以4小时为单位） | 外观、尺寸及其他检查用 1 个 | 白班夜班各自的终物样品 | 1 个 | 1 年 | 没有外观损伤的样品保管 1 年 |
| | | 冲压包胶确认样品用 1 个以上 | 包括钩子等部位 | 1 个 | 1 个月 | 测试数据 1 次/日，发送给原材料部 |
| | 精密尺寸检讨用 1 个以上 | 各注塑机 1 日 1 个以上（型号变更时追加） | 涂膜厚度终物样品（下涂、下涂+上涂样品） | 各 1 个 | 1 个月 | |
| 涂装工程（外观真空镀） | 各批次初、中、终物管理 | 外观及色差检查各 5 个以上 | 各批次测试长期可靠性样品 | 各 1 个 | 3 个月 | 可靠性测试结果；记录留痕管理；1 年保管样品是没有外观损伤的样品 |
| | | 短期可靠性样品管理 <br>● 涂膜厚度样品管理 <br>● RCA 清洗、落锤、X-切割、耐药、铅笔硬度（U/V 除外）1 个以上 | 涂装（外观真空镀样品） | 1 个 | 1 年 | |
| | | 长期可靠性测试实施周期：50k 以上每 1 次，50k 以下每月 1 次 <br>● 耐缓冲液、盐水喷雾、耐化妆品、热冲击、恒温恒湿、耐热烫（外观真空镀）各 3 个以上 | | | | |
| EMI（Electro Magnetic Interference，电磁干扰）涂抹 | 各治具腔初、中、终物抽取 | 初、中、终物各腔 1 个 <br>2 套治具（5 腔）是 10 个 | 保管到生产工程结束为止，本批次完成后进行出货检查 | — | — | 检查记录留痕管理 |
| EMI 蒸镀 | 蒸镀按炉线单位 2 个 | 可靠性（X-切割/落锤）1 个 <br>● 尺寸/外观/电阻测试 1 个 | 保管到生产工程结束为止，本批次完成后进行出货检查 | — | — | 检查记录留痕管理 |
| 垫圈 | 各治具腔初、中、终物抽取 | 初、中、终物各腔 1 个 <br>2 套治具（4 腔）是 8 个 | 某管到生产工程结束为止，本批次完成后进行出货检查 | — | — | 检查记录留痕管理 |

续表

| 工　程 | 样品抽取基准 | 测试样品数 | 样品保管方法 | | | 备　注 |
|---|---|---|---|---|---|---|
| | | | 内　容 | 数　量 | 期　限 | |
| 组装工程 | 各批次初、中、终物抽取1个以上 | 外观及配件确认用1个以上<br>熔接工程的话另外用1个以上 | 初、中、终物样品批次完成后进行出货检查 | — | — | 检查记录保留痕管理 |
| 镀金工程 | 各批次终物按各料架的上、中、下部位分别抽取样品<br>● 小件、短射基准 | 外观检查5个以上<br>可靠性测试各3个以上<br>● 镀金厚度/耐缓冲盐水喷雾 | 耐缓冲盐水喷雾 | 各1个 | 1年 | ● 可靠性测试结果<br>● 记录保留痕管理<br>● 1年保管样品是没有外观损伤的样品 |
| | | | 各批次终物样品 | 1个 | 1年 | |
| 加工工程 | 各机台白班3次、夜班3次的初、中、终物抽取（4小时单位） | 尺寸及其他检查用1个 | 白班/夜班各自的终物样品 | 1个 | 1年 | 1年保管样品是否有外观损伤的样品 |
| 出货检查 | 各批次检查样品1个保管1年 | | | | | |

## 二、输出多部门协同方案

企业在与供应商确定合作关系后,应积极给予帮助,在其发展过程中输出多部门协同方案,从各个方面提高供应商的工程良品率、改善交期,使其不断优化成本、周期性地降低价格。

以三星电子为例,其在刚开始与供应商合作时,会考虑良品率低的问题,假如良品率为80%,则会给予较高的采购价格,随着良品率的提高,采购价格会逐渐降低。几年前十分畅销的手机三星5100,为了追求完美,后壳的工艺较为复杂,初始良品率只有50%,当时三星电子给的采购价是一个手机后壳50元。其间,三星电子派人到供应商现场,制定各种管控标准,从各个方面不断改善,包括安全、人力资源部门都会做协同管理。三个月后,良品率从50%逐渐上升,实现良品率为80%以上。随之而来的是供应商开始主动降价,手机后壳的价格降到了每个5元。

这些供应商与三星电子合作收获巨大。现在,很多手机厂商都会使用以前三星电子的供应商,因为这些供应商的管控标准完全继承了三星电子的标准。

企业应帮助供应商建立各种标准,给予供应商积极的帮助。常见的管控标准如QPA、QSA、QMP(Quality Management Plan,质量管理计划),这些管控标准既是供应商的评价标准,又是供应商的学习标准。QMP报告(示例)如专栏7-1所示。

专栏7-1 QMP报告(示例)

| 细部项目 | 提出周期 | 状态 |
| --- | --- | --- |
| 1. 采购方市场品质现况 | 日 | ● |
| 2. 组装工程品质现况 | 月 | ● |
| 3. 来料检验品质现况 | 月 | ● |
| 4. 出货检验品质现况 | 月 | ● |
| 5. Cpk管理现况 | 月 | ● |
| 6. 模具寿命管理现况 | 月 | ⊙ |
| 7. 变更点管理现况 | 月 | ● |
| 8. 供应商审查实施现况 | 季度 | ○ |
| 9. 6σ推进现况 | 月 | ◎ |

注:○计划,◎进行中,●结束,⊙取消

### 1. 月度供应商市场品质分析（图略）

单位：个

| 状态 | | 某年 | 1月 | 2月 | 3月 | 4月 | 5月 | 6月 | 7月 | 8月 | 9月 | 10月 | 11月 | 12月 | 累计 |
|---|---|---|---|---|---|---|---|---|---|---|---|---|---|---|---|
| 目标(ppm) | | 9000 | 146 | 146 | 146 | 138 | 138 | 138 | 130 | 130 | 130 | 123 | 123 | 123 | 123 |
| 不良率(ppm) | | 153 | 18 | 6 | 49 | 21 | 27 | | | | | | | | 24 |
| 不良数量 | | 241 | 15 | 5 | 42 | 18 | 22 | | | | | | | | 102 |
| 投入数量 | | 1,573,503 | 856,023 | 816,651 | 853,577 | 845,460 | 804,339 | | | | | | | | 4,176,050 |
| 不良分类 | 外观不良 | | | | | 10 | 12 | | | | | | | | 22 |
| | 尺寸不良 | | | | | | | | | | | | | | 0 |
| | 颜色不良 | | | | | | | | | | | | | | 0 |
| | 功能不良 | | | 14 | 4 | 32 | 6 | 21 | | | | | | | 77 |
| | 其他不良 | | | 1 | 1 | | 1 | | | | | | | | 3 |
| 总计 | | 0 | 15 | 5 | 42 | 18 | 22 | 0 | 0 | 0 | 0 | 0 | 0 | 0 | 102 |

### 2. 月度供应商工程品质分析（图略）

单位：个

| 序号 | 元件类型 | 供应商名称编码 | 项目 | 状态 | 某年度结果 | 1 | 2 | 3 | 4 | 5 | 某年度 | 7 | 8 | 9 | 10 | 11 | 12 | 合计 |
|---|---|---|---|---|---|---|---|---|---|---|---|---|---|---|---|---|---|---|
| | | | 月度合计 | 目标(ppm) | 75000 | 68945 | 68945 | 68945 | 65317 | 65317 | 65317 | 61688 | 61688 | 61688 | 58059 | 58059 | 58059 | 58059 |
| | | | | 不良率(ppm) | 72,574 | 44,523 | 67,109 | 66,666 | 62,857 | 58,467 | | | | | | | | |
| | | | | 不良数(个) | 272,304 | 75,860 | 126,500 | 122,365 | 115,920 | 100,812 | | | | | | | | |
| | | | | 投入数(个) | 3,752,092 | 1,703,820 | 1,885,000 | 1,835,500 | 1,844,200 | 1,724,261 | | | | | | | | |
| | | | | 不良率(ppm) | | | | | | | | | | | | | | |
| | | | | 不良数(个) | | | | | | | | | | | | | | |
| | | | | 投入数(个) | | | | | | | | | | | | | | |
| | | | | 不良率(ppm) | | | | | | | | | | | | | | |
| | | | | 不良数(个) | | | | | | | | | | | | | | |
| | | | | 投入数(个) | | | | | | | | | | | | | | |
| | | | | 不良率(ppm) | | | | | | | | | | | | | | |
| | | | | 不良数(个) | | | | | | | | | | | | | | |
| | | | | 投入数(个) | | | | | | | | | | | | | | |

### 2.1 月度供应商市场品质与工程品质改善对策

单位：个

| 序号 | 生产日 | 型号 | 品名 | 不良现象及原因 | 对策及措施事项 | 日程 | 责任人 |
|---|---|---|---|---|---|---|---|
| 1 | | SDSH-1230W-032 | | 线圈虚焊 断线 导线断线=作业者作业不认真 | 对作业者加强管理教育，提高作业意识 | | |
| | | | | | | | |
| | | | | | | | |

### 3. 供应商月度来料检验品质现况（图略）

单位：个

| 状态 | | 某年 | 1月 | 2月 | 3月 | 4月 | 5月 | 6月 | 7月 | 8月 | 9月 | 10月 | 11月 | 12月 | 累计 |
|---|---|---|---|---|---|---|---|---|---|---|---|---|---|---|---|
| 月度合计 | 目标 | 2250 | 696 | 696 | 696 | 659 | 659 | 659 | 622 | 622 | 622 | 586 | 586 | 586 | 586 |
| | 不良率(ppm) | 732 | 136 | 227 | 68 | 137 | 207 | | | | | | | | 1,000,000 |
| | 不良数量 | 454 | 39 | 63 | 39 | 51 | 43 | 0 | 0 | 0 | 0 | 0 | 0 | 0 | 235 |
| | 检查数量 | 619957 | 286,540 | 276,925 | 574,234 | 371,446 | 207,860 | | | | | | | | 1,717,005 |
| | 外观不良 | | 30 | 38 | 20 | 39 | 34 | | | | | | | | 161 |
| | 尺寸不良 | | 3 | 15 | 19 | 12 | 9 | | | | | | | | 58 |
| | 颜色不良 | | | | | | | | | | | | | | 0 |
| | 功能不良 | | | | | | | | | | | | | | 0 |
| | 其他不良 | | 6 | 10 | | | | | | | | | | | 16 |
| | 总计 | 0 | 39 | 63 | 39 | 51 | 43 | 0 | 0 | 0 | 0 | 0 | 0 | 0 | 235 |

## 4. 供应商出货检验品质现况

单位：个

| 状态 | 2008 | 1月 | 2月 | 3月 | 4月 | 5月 | 6月 | 7月 | 8月 | 9月 | 10月 | 11月 | 12月 | 累计 |
|---|---|---|---|---|---|---|---|---|---|---|---|---|---|---|
| 目标 | 1300 | 462 | 462 | 462 | 438 | 438 | 438 | 413 | 413 | 413 | 389 | 389 | 389 | 389 |
| 不良率(ppm) | 486 | 471 | 448 | 436 | 404 | 379 | | | | | | | | 0 |
| 不良数量 | 94 | 71 | 65 | 66 | 58 | 151 | 0 | 0 | 0 | 0 | 0 | 0 | 0 | 0 |
| 检查数量 | 193,359 | 150,806 | 145,126 | 151,500 | 143,701 | 398,309 | | | | | | | | 989,442 |
| 外观不良 | | 45 | 55 | 55 | 46 | 105 | | | | | | | | 0 |
| 尺寸不良 | | | | | | | | | | | | | | 0 |
| 颜色不良 | | | | | | | | | | | | | | 0 |
| 功能不良 | | 26 | 10 | 11 | 12 | 46 | | | | | | | | 0 |
| 其他不良 | | | | | | | | | | | | | | 0 |
| 总计 | 0 | 71 | 65 | 66 | 58 | 151 | 0 | 0 | 0 | 0 | 0 | 0 | 0 | 0 |

## 3.1/4.1 供应商月度来料/出货检验品质改善对策

单位：个

| 序号 | 生产日 | 型号 | 品名 | 企业名 | 工程名 | 不良现象及原因 | 对策及措施事项 | 责任人 | 备注 |
|---|---|---|---|---|---|---|---|---|---|
| | | | | | | | | | |
| | | | | | | | | | |
| | | | | | | | | | |

## 5. CTF 项目 Cpk 管理现况

单位：个

| 供应商 | 管理对象 | | Cpk | 2008 年实绩 | | | | | | | 责任人 |
| | 类别 | 管理规格 | | 1月 | 2月 | 3月 | 4月 | 5月 | 12月 | 平均 | |
|---|---|---|---|---|---|---|---|---|---|---|---|
| | 外径长度 | 13.9～14.1 mm | 1.33 | 2.02 | 2.12 | 1.90 | 1.78 | 1.87 | | 1.94 | |
| | 厚度 | 3.6～3.8 mm | 1.33 | 1.47 | 1.56 | 1.86 | 1.82 | 1.95 | | 1.73 | |
| | 频率 | 637.5～862.5Hz | 1.33 | 2.12 | 2.02 | 2.22 | 1.92 | 2.13 | | 2.08 | |
| | 电阻 | 6.8～9.2Ω | 1.33 | 2.44 | 1.89 | 2.36 | 1.76 | 2.38 | | 2.17 | |
| | 外径长度 | 13.9～14.1 mm | 1.33 | 1.90 | 1.90 | 1.48 | 1.28 | 1.54 | | 1.62 | |
| | 厚度 | 3.6～3.8 mm | 1.33 | 2.01 | 2.12 | 2.38 | 1.66 | 1.58 | | 1.95 | |
| | 频率 | 637.5～862.5Hz | 1.33 | 1.63 | 1.36 | 1.81 | 1.69 | 1.67 | | 1.67 | |
| | 电阻 | 6.8～9.2Ω | 1.33 | 2.34 | 2.05 | 2.73 | 3.16 | 2.67 | | 2.59 | |
| | 外径长度 | 11.9～12.1 mm | 1.33 | 2.67 | 2.15 | 1.68 | 1.68 | 2.84 | | 2.20 | |
| | 厚度 | 3.85～4.05 mm | 1.33 | 2.04 | 1.65 | 1.98 | 1.98 | 2.15 | | 1.96 | |
| | 导线长度 | 14.5～17.5 mm | 1.33 | 2.51 | 2.16 | 2.10 | 6.10 | 1.67 | | 2.91 | |
| | 电阻 | 27.20～36.80Ω | 1.33 | 1.53 | 1.48 | 2.71 | 2.71 | 2.67 | | 2.22 | |
| | 外径长度 | 11.9～12.1 mm | 1.33 | 1.46 | 2.48 | 1.49 | 2.14 | 2.17 | | 1.95 | |
| | 厚度 | 4.1～4.3 mm | 1.33 | 1.47 | 1.28 | 1.50 | 1.62 | 3.13 | | 1.82 | |
| | 导线长度 | 5.5～8.5 mm | 1.33 | 2.13 | 1.89 | 2.01 | 2.13 | 1.68 | | 2.09 | |
| | 电阻 | 27.20～36.80Ω | 1.33 | 2.11 | 1.47 | 1.63 | 1.46 | 2.34 | | 1.80 | |
| | 外径长度 | 12.9～13.1 mm | 1.33 | 1.65 | 2.48 | 2.60 | 1.50 | 2.48 | | 2.14 | |
| | 厚度 | 5.4～5.6 mm | 1.33 | 1.76 | 1.55 | 1.83 | 1.75 | 2.67 | | 1.91 | |
| | 频率 | 637.5～862.5Hz | 1.33 | 2.77 | 1.78 | 1.92 | 2.51 | 1.64 | | 2.12 | |
| | 电阻 | 6.8～9.2Ω | 1.33 | 2.01 | 2.16 | 1.26 | 1.17 | 3.47 | | 2.01 | |
| | 外径长度 | 12.00～12.20 mm | 1.33 | 1.45 | | 2.09 | 1.87 | 1.87 | | 1.81 | |
| | 厚度 | 3.65～3.85 mm | 1.33 | 2.22 | | 1.97 | 1.68 | 2.64 | | 2.13 | |
| | 导线长度 | 8.0～11.0 mm | 1.33 | 1.7 | | 1.50 | 1.44 | 3.15 | | 1.95 | |
| | 电阻 | 27.20～36.80Ω | 1.33 | 2.48 | | | 2.70 | 2.66 | 3.06 | 2.73 | |
| | 外径长度 | 17.0～17.2 mm | 1.33 | | | | 1.37 | 3.17 | | | |
| | 厚度 | 4.5～4.7 mm | 1.33 | | | | 1.43 | 2.68 | | | |
| | 频率 | 637.5～862.5Hz | 1.33 | | | | 3.14 | 3.16 | | | |
| | 电阻 | 6.8～9.2Ω | 1.33 | | | | 2.99 | 2.96 | | | |
| | 外径长度 | 12.0～12.2 mm | 1.33 | 1.70 | 2.09 | 2.24 | 2.21 | 2.18 | | 2.08 | |
| | 厚度 | 3.8～4.0 mm | 1.33 | 1.85 | 1.98 | 1.35 | 2.78 | 3.54 | | 2.30 | |
| | 导线长度 | 7.5～10.5 mm | 1.33 | 2.19 | 2.14 | 1.92 | 1.88 | 2.67 | | 2.16 | |
| | 电阻 | 27.20～36.80Ω | 1.33 | 3.15 | 2.48 | 2.29 | 2.89 | 1.68 | | 2.50 | |
| | | | | 2.05 | 1.93 | 1.98 | 2.13 | 2.42 | | 2.09 | |

## 5.1 Cpk 计算公式

| 项目 | 数值 | | 状态 | 1 | 2 | 3 | 4 | 5 | 6 | 7 | 8 | 9 | 10 | 11 | 12 | 13 | 14 | 15 | 16 | 17 | 18 | 19 | 20 |
|---|---|---|---|---|---|---|---|---|---|---|---|---|---|---|---|---|---|---|---|---|---|---|---|
| 产品型号/部件型号 | — | | 测试 | 359.0 | 360.0 | 362.0 | 364.0 | 360.0 | 359.0 | 361.0 | 359.0 | 362.0 | 359.0 | 364.0 | 361.0 | 361.0 | 361.0 | 364.0 | 362.0 | 358.0 | 361.0 | 362.0 | 359.0 |
| 模型/样本 | SDSH-1232W-032G | | Data | 364.0 | 358.0 | 362.0 | 364.0 | 359.0 | 364.0 | 359.0 | 362.0 | 361.0 | 359.0 | 362.0 | 363.0 | 362.0 | 359.0 | 362.0 | 361.0 | 362.0 | 363.0 | 361.0 | 362.0 |
| 测定者 | 李丽红 | | | 358.0 | 363.0 | 363.0 | 362.0 | 358.0 | 361.0 | 362.0 | 361.0 | 360.0 | 362.0 | 361.0 | 360.0 | 363.0 | 363.0 | 365.0 | 362.0 | 361.0 | 359.0 | 362.0 | 359.0 |
| 测定单位 | ℃ | | | 364.0 | 362.0 | 358.0 | 363.0 | 364.0 | 364.0 | 361.0 | 360.0 | 360.0 | 361.0 | 361.0 | 362.0 | 361.0 | 362.0 | 362.0 | 362.0 | 362.0 | 362.0 | 365.0 | 360.0 |
| 规格 | 标准值 | 360.00 | | 362.0 | 358.0 | 362.0 | 359.0 | 363.0 | 362.0 | 358.0 | 359.0 | 361.0 | 358.0 | 358.0 | 361.0 | 359.0 | 362.0 | 363.0 | 359.0 | 361.0 | 359.0 | 362.0 | 365.0 |
| | 上限值 | 370.00 | 平均(X) | 361.4 | 360.2 | 362.2 | 361.6 | 360.6 | 362.0 | 360.2 | 360.2 | 360.8 | 361.0 | 361.2 | 361.8 | 361.2 | 362.2 | 362.0 | 360.8 | 360.4 | 361.0 | 362.4 | 361.0 |
| | 下限值 | 350.00 | 极差(R) | 6.0 | 5.0 | 1.0 | 6.0 | 5.0 | 6.0 | 3.0 | 2.0 | 4.0 | 6.0 | 2.0 | 4.0 | 5.0 | 3.0 | 6.0 | 3.0 | 4.0 | 4.0 | 6.0 | |
| | 种类 | 双边值 | Zlt | | | | | | | | | | | | | | | | | | | | |
| | | | Zst | | | | | | | | | | | | | | | | | | | | |

| 2. 统计值 | |
|---|---|
| 不良率 (%) | 0.0000% |
| Cpk | 1.55 |
| Cpu | 1.55 |
| Cpl | 1.96 |
| Cp | 1.76 |
| 最大值 | 365.000 |
| 最小值 | 358.000 |
| 平均(X) | 361.170 |
| 标准偏差(σ) | 1.897 |
| X | UCL | 363.65 |
| | CL | 361.17 |
| | LCL | 358.69 |
| R | UCL | 9.09 |
| | CL | 4.30 |

4. Histogram

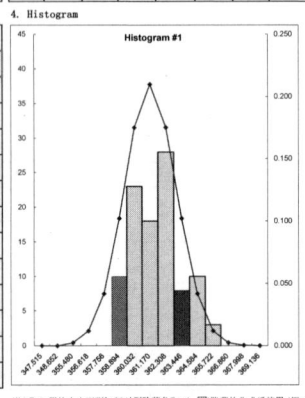

5. Xbar-R 管理图

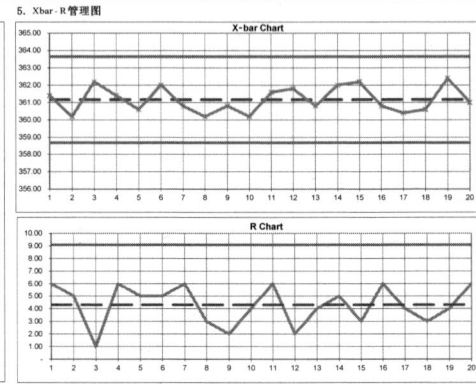

(注) Data 群的大小不到 k=28 时删除蓝色 Box( )隐藏的公式后使用.(例: k=20时 → 删除 $Z_{10} \sim AJ_{11}$)

## 5.2 Cpk 未达成工程改善

| 管理对象 | 基础值 | 规格 | 上个月 | 当月 | 原因 | 改善对策 | 日程 | 责任人 |
|---|---|---|---|---|---|---|---|---|
| | | | | | | | | |
| | | | | | | | | |
| | | | | | | | | |

## 6. 模具寿命管理现况(略)

## 7. 变更点管理现况(略)

## 8. 自主工程及二次供应商审查实施现况

| 企业名称: | | 审查人: | | 审查日期: | | | | | |
|---|---|---|---|---|---|---|---|---|---|
| 序号 | 项目 | 不符合内容 | 改善事项及对策 | 日期 | 责任人 | 改善结果确认 | | | |
| | | | | | | 日期 | 结果 | 责任人 | |
| 1 | | | | | | | | | |
| 2 | | | | | | | | | |
| 3 | | | | | | | | | |

9. 6σ推进现况

| 序号 | 项目名 | 推进人 | 状态 | 20××年 | | | | | | | | | | | | 备注 |
|---|---|---|---|---|---|---|---|---|---|---|---|---|---|---|---|---|
| | | | | 1月 | 2月 | 3月 | 4月 | 5月 | 6月 | 7月 | 8月 | 9月 | 10月 | 11月 | 12月 | |
| 1 | | | 计划 | | | | | | | | | | | | | |
| | | | 实际 | | | | | | | | | | | | | |
| 2 | | | 计划 | | | | | | | | | | | | | |
| | | | 实际 | | | | | | | | | | | | | |

## 三、建立供应商管理控制模型

采购部联合供应商的生产、质量等部门讨论供应商管理控制模型的建立。对此，采购企业可从三个方面着手：一是输入企业的要求，目的性要强；二是对标优秀供应商管理企业；三是积极引入数字化平台作为支撑。供应商管理控制模型如图 7-1 所示。

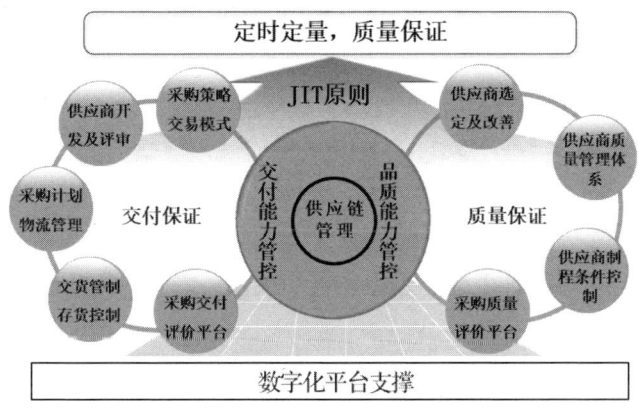

图 7-1 供应商管理控制模型

在对供应商评级后需要对结果进行应用，考核人员应预先建立考核结果的应用模型，具体如图 7-2 所示。

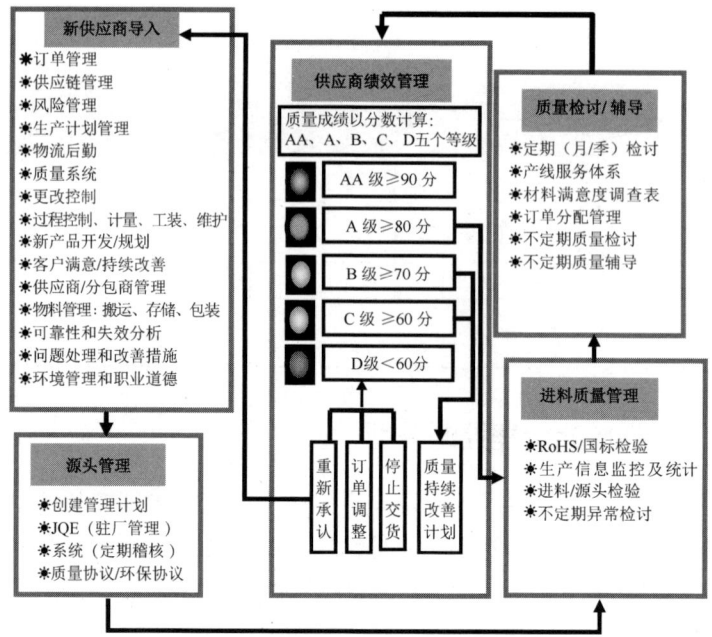

图 7-2 供应商考核结果应用模型

# 第二节 建立供应商绩效考核体系

供应商绩效考核体系是由一组既独立又相互关联,并能较完整地表达评价要求的考核指标组成的评价系统。建立供应商绩效考核体系可以确保绩效考核有依据,同时确保考核结果准确。

## 一、确定供应商考核目标

在对供应商进行绩效考核时,企业必须明确考核目标,以确保考核工作有的放矢。供应商绩效考核目标如表 7-2 所示。

表 7-2 供应商绩效考核目标

| 目　标 | 相关说明 |
| --- | --- |
| 获得符合企业总体质量和数量要求的产品和服务 | 企业有一整套的战略规划和方针。企业在选择供应商时,必须充分考虑供应商的发展方向与本企业的发展方向是否一致,供应商所提供的产品和服务能否满足本企业在质量及数量方面的要求 |

续表

| 目 标 | 相 关 说 明 |
|---|---|
| 确保供应商能够提供最优质的服务、产品及最及时的供货 | 企业在选择供应商并确立双方的供需关系后,必须将最优质的服务、产品及最及时的供货作为考核供应商的根本原则 |
| 力争以最低的成本获得最优的产品和服务 | 企业以追求最大利润为根本目标。因此,在供需关系确立后,企业会采取多种措施来降低自己取得最优产品和服务的成本,而能够提供最大价值的供应商是所有企业都希望与之合作的 |
| 淘汰不合格的供应商,开发有潜质的供应商,不断推陈出新 | 企业与供应商之间并非从一而终的既定关系。双方都会不断地衡量自身利益是否在和对方的合作中得以实现,那些不符合自身利益的合作伙伴最终会被淘汰 |
| 维护和发展良好的、长期稳定的供应商合作关系 | 越来越多的企业意识到,同供应商发展战略合作伙伴关系更加有利于自身发展,这是经过市场检验的基本规律。企业谋求的应该是建立并维持长期的战略合作伙伴关系 |

供应商绩效考核所要达成的目标不同,考核方式及侧重点也会有所不同。例如,当将考核目标设定为"力争以最低的成本获得最优的产品和服务"时,那么,考核方式以"多家供应商对比考核"为佳,考核的侧重点应为产品价格,而价格指标所占权重也会随之提升。

## 二、选定供应商绩效考核方式

目前,国内大部分企业在进行供应商绩效考核时多采用全方位考核、多家供应商对比考核和关键绩效指标考核。

### 1. 全方位考核

全方位考核是指从与供应商(被考核者)存在工作关系的多方主体那里获得供应商的信息,以此对供应商进行全方位、多维度的绩效考核。信息来源是多方位的,包括来自采购部、质检部、生产部、销售部、财务部、仓储部的评估等。全方位考核示意图如图 7-3 所示。

全方位考核与传统的绩效考核和评估方法最大的不同就是,它不再把采购部的评价作为供应商绩效信息的唯一来源,而是将与供应商相关的多方主体作为提供反馈信息的来源。

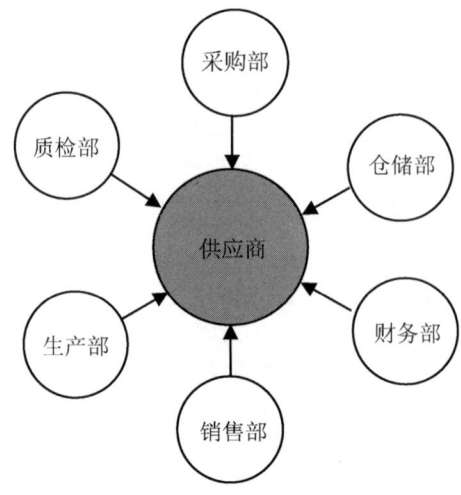

图 7-3　全方位考核示意图

### 2．多家供应商对比考核

这主要是指比较多家供应商的质量、价格与交货情况。在实际考核中，企业要将对比考核作为基本思路贯穿到整个绩效考核的过程中。

在进行多家供应商对比考核过程中，企业要对各类信息进行对照和分析，并通过对两类或两类以上的同类要素的比较来辨别异同或高低，对考核对象的质量、价格与交货等方面的情况做出准确描述，为供应商绩效考核提供有价值的信息。

### 3．关键绩效指标考核

关键绩效指标（Key Performance Indicator，KPI）考核是通过进行供应商绩效特征分析，提炼出最能代表绩效的若干关键指标，并在此基础上进行绩效考核的模式。KPI 必须是衡量供应商作业效果的关键指标，并能够将供应商绩效考核指标细化、量化，从而确保供应商绩效考核的公正与客观。

供应商考核的关键绩效指标的制定流程如图 7-4 所示。

无论采取何种考核方式，考核人员都必须先明确绩效评价要素，设计出绩效考核指标，再进行绩效分值统计。

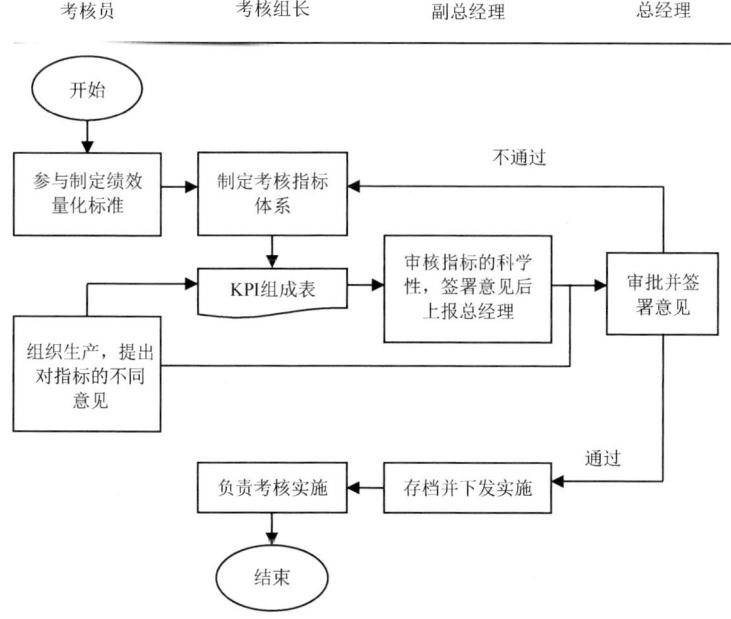

图 7-4 供应商考核的关键绩效指标的制定流程

## 三、设计供应商绩效考核指标

为了如实反映供应商的供应情况,企业应该建立与之适应的供应商绩效考核指标。一般来说,考核供应商绩效的指标主要有四大类:质量指标、交付指标、成本指标、服务指标。企业可以根据需要合理地运用这些指标来对供应商进行科学的评价。供应商考核指标如表 7-3 所示。

表 7-3 供应商考核指标

| 评价指标 | 评价部门 | 分值权重 | 评价内容 | 具体分值权重 | 总分值/分 |
|---|---|---|---|---|---|
| 质量 | 质检部 | 30% | 来料合格率 | 70% | 100 |
| | | | 上线批次合格率 | 30% | |
| | | | 质量黑名单的供应商/质量协议未签订 | -100% | |
| | | | 重大质量异常 | (当有重大质量异常时,根据损失定义,直接扣除分数) | |
| 交付 | 采购部 | 30% | 交付及时率 | 100% | 100 |
| 成本 | 供应商管理部 | 30% | 物料成本 | 100% | 100 |
| 服务 | 采购部 | 10% | 配合度、协议签订情况、改善速度等 | 30% | 100 |
| | 供应商管理部 | | | 30% | 100 |
| | 质检部 | | | 40% | 100 |

确定合理的供应商绩效考核指标后的下一步是确定每个指标的权重。在确定指标权重时，须遵循以下原则。

（1）每个指标的权重范围为 15%～50%。若某项指标的权重太高，则会使供应商只关注这一个指标而忽视其他；若过低，则不能引起供应商的重视。

（2）越是重要的指标，该指标的权重就越大；越是不重要的指标，该指标的权重就越小。

（3）对于配合总目标达成的任何指标，其权重不低于 25%；对于自行设定的次要指标，其权重不得低于 15%。

确定供应商绩效考核指标权重的方法如表 7-4 所示。

表7-4　确定供应商绩效考核指标权重的方法

| 方　　法 | 说　　明 |
| --- | --- |
| 德尔菲法/专家调研 | ● 各部门参与考核的人员和一个外部专家分别对各个指标进行权重设置，并由主管进行汇总平均<br>● 将汇总平均后的结果反馈给这些专家，让他们根据第一次反馈的结果对自己设置的各指标权重分别进行调整，再交主管进行汇总<br>● 二次汇总后，可基本确定各指标的权重（一般取整数） |
| 月亮图法 | 月亮图法又称权值因子法，即专家按照几个维度（如战略相关性、紧急性、完成不了的危害程度）分别进行评分，计算出加权平均值 |
| 排序法 | 先罗列出所有的考核指标，然后通过两两对比的方法，按照重要性对指标进行排序——排在前面的指标权重大，排在后面的指标权重小 |
| 经验法 | 依靠个人（如考核员、考核组长等）的经验判断并赋值 |

在实践中，企业常常根据供应商考评结果对其进行分级管理，以确定哪些为优秀供应商、哪些为合格供应商。

## 四、供应商绩效分统计程序

供应商绩效分统计是供应商绩效考核体系中的关键环节，它直接决定了供应商绩效考核结果的好与坏，对供应商绩效考核起着重要作用。供应商评分标准和计分（示例）如表 7-5 所示。

表 7-5  供应商评分标准和计分（示例）

| 评价指标 | 评价部门 | 分值权重 | 评价内容 | 具体分值权重 | 计算方式 | 总分值/分 |
|---|---|---|---|---|---|---|
| 质量 | 质检部 | 30% | 来料合格率 | 70% | （来料检验合格数量÷来料检验总数量）×100% | 100 |
| | | | 上线批次合格率 | 30% | （上线批合格数量÷上线批数量）×100% | |
| | | | 质量黑名单的供应商/质量协议未签订 | -100% | • 质量黑名单的供应商×0<br>• 质量协议未签订×0 | |
| | | | 重大质量异常 | （当有重大质量异常时，根据损失定义，直接扣除分数） | 根据损失定义红线设置每次超过红线的固定分数 | |
| 交付 | 采购部 | 30% | 交付及时率 | 100% | （准时交付批次数量÷计划交付批次数量）×100% | 100 |
| 成本 | 供应商管理部 | 30% | 物料成本 | 100% | • 阶段性降价<br>• 同类型供应商价格比 | 100 |
| 服务 | 采购部 | 10% | 配合度、协议签订情况、改善速度等 | 30% | • 记录每次沟通、会议、协议签订等反应速度与配合情况，各部门给出分数，综合评分<br>• 质检部将异常重复发生的次数作为评价改善速度的主要依据 | 100 |
| | 供应商管理部 | | | 30% | | 100 |
| | 质检部 | | | 40% | | 100 |

在不同行业、企业、产品需求、环境中，供应商绩效考核的各项指标的权重及评分标准会有所不同。供应商绩效考核小组可根据本企业的实际情况及考核供应商绩效的侧重点，自行设计并调整供应商绩效考核计分系统。

# 第三节  实施供应商绩效评价

企业进行供应商绩效考核就是站在企业竞争力的角度，考核指标和分配数值，确定供应商是否完成了预期绩效，并通过考核结果及形成的文件为供应商管理提供必要的辅导。

## 一、成立供应商绩效考核小组

成立供应商绩效考核小组可以确保供应商考核公正、公平和公开，及时发现供应商存在的问题，促使供应商持续改进和不断优化采购渠道。供应商绩效考核小组的配置如图 7-5 所示。

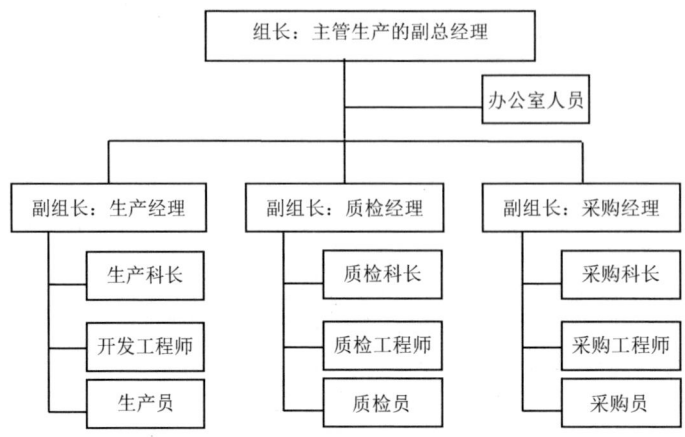

图 7-5　供应商绩效考核小组的配置

供应商绩效考核小组的成员来自各部门。主管生产的副总经理任组长，采购经理、质检经理、生产经理任副组长，采购科长、质检科长、生产科长、采购工程师、质检工程师、开发工程师、采购员、质检员、生产员为小组成员。

## 二、明确绩效考核人员的职责

供应商绩效考核工作由采购部牵头落实，其他部门参与。供应商绩效考核小组的职责划分如表 7-6 所示。

表 7-6　供应商绩效考核小组的职责划分

| | | |
|---|---|---|
| 小组职责 | | • 积极、慎重，考核所有的供应商，用文件规定好考核内容、考核时间、考核方式、考核人员<br>• 事先确定好考核指标，并通过信息系统自动计算考核结果<br>• 确保考核指标明确、合理，并与企业总目标保持一致<br>• 将考核结果反馈给供应商，并及时向企业内部相关人员通报<br>• 组织供应商召开会议，跟进相应的改善行动<br>• 设定明确的改进目标 |
| 小组成员职责 | 采购部 | • 采购经理：在组长的直接领导下，主管供应商绩效考核工作<br>• 采购科长：协助采购经理，负责供应商绩效考核各项工作的组织与开展<br>• 采购工程师、采购员：在采购经理的领导下，负责供应商绩效考核各项工作的具体实施 |

续表

| 小组成员职责 | 质检部 | • 质检经理：协同采购经理对供应商进行绩效考核及定期复核<br>• 质检科长：负责对来料的各种质量数据的分析与审核<br>• 质检工程师、质检员：负责对来料进行检验与试验，并形成记录 |
|---|---|---|
| | 生产部 | • 生产经理：协同采购经理对供应商进行绩效考核及定期复核<br>• 生产科长：负责对来料在生产中的质量表现及问题的追踪与审核<br>• 开发工程师、生产员：负责对来料在生产中的质量表现及问题进行记录 |

原则上，供应商绩效考核小组还应负责供应商绩效的定期复核，对于所有的合格供应商，应每隔半年复核一次。

经复核评定不合格者，应由采购经理决定暂停或减少采购或外包数量，并通知该供应商进行改善，或者由企业安排专人进行辅导。采购人员需追踪供应商改善成效。若成效不佳，则视情况要求该供应商于限期内改善，否则予以淘汰；若复核为合格者，则可继续录入《合格供应商名录》。

### 三、供应商绩效考核的实施步骤

为确保供应商绩效考核的有效进行，以及考核结果的准确性，必须规范绩效考核程序。供应商绩效考核的实施步骤如图 7-6 所示。

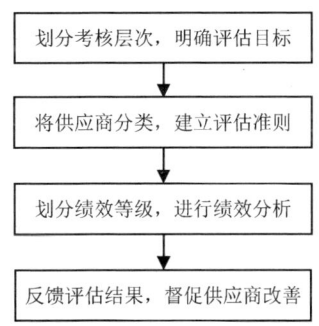

图 7-6 供应商绩效考核的实施步骤

其具体说明如表 7-7 所示。

表 7-7 供应商绩效考核的实施步骤说明

| 序号 | 步骤 | 说明 |
|---|---|---|
| 1 | 划分考核层次，明确评估目标 | 划分出月度评估、季度评估和年度评估（或半年评估）的标准和所涉及的供应商；对核心供应商和重要供应商进行关键绩效指标的高频次评估，对于大部分供应商则主要进行季度评估和年度评估。 |

续表

| 序号 | 步骤 | 说明 |
|---|---|---|
| 1 | 划分考核层次，明确评估目标 | • 月度评估：针对核心供应商和重要供应商，以质量和交货期为主要评估要素，每月评估一次<br>• 季度评估：针对大部分供应商，以质量、交货期和成本为主要评估要素，每季度评估一次<br>• 年度评估（或半年评估）：针对所有供应商，以质量、交货期、成本、服务和技术合作等为评估要素，每半年或每年进行一次评估 |
| 2 | 将供应商分类，建立评估准则 | 根据供应商供应的产品进行分类；对不同类别的供应商确立不同的评估细项，包括不同的评估指标和对应的指标权重 |
| 3 | 划分绩效等级，进行绩效分析 | 根据供应商绩效等级划分，可以清楚地衡量每个供应商的表现，从而采取不同的管理策略。绩效分析分为以下三个层次：<br>• 分析本次考核期的评分和总体排名情况<br>• 对比分析类似供应商在本次考核期的表现<br>• 根据供应商的历史绩效进行分析 |
| 4 | 反馈评估结果，督促供应商改善 | 经过绩效分析，企业将评估结果反馈给供应商，使供应商了解自己的优点和不足。企业需要提供明确的改善目标，让供应商将精力聚焦在需要改善的方面 |

供应商绩效考核的实施是供应商绩效考核的重中之重，对于供应商绩效考核的有效性起着至关重要的作用。因此，企业应按照以上四个行动步骤组织实施，把每个步骤列为一个作业单元，注意在行动前精心组织操作培训和专项辅导，并进行必要的模拟演练。

## 四、供应商绩效考核的常用方法

不同行业所采用的供应商绩效考核方法会有所不同，但常用的方法有三种，分别是项目列举法、加权指数法及成本比率法。

### 1. 项目列举法

项目列举法是一种定性的供应商绩效考核方法。其通常由采购、收料、质量、生产、财务等相关部门，针对其所关切的项目（见表7-8），综合每个供应商过去及现在的表现，给出满意、尚可或不满意的评估结果。

表 7-8　项目列举法示例表

| 考核部门 | 考核项目 | 供应商的表现 |
|---|---|---|
| 采购部 | <ul><li>及时送货</li><li>按所报价格送货</li><li>价格竞争力</li><li>对应急订单的管理</li><li>快速响应</li><li>希望提供的服务</li><li>购买能力的构成</li></ul> | |
| 收料部 | <ul><li>运载货品准确率</li><li>物流效率</li><li>货品包装</li></ul> | |
| 质量部 | <ul><li>来料质量</li><li>ISO 国际认证</li><li>正确的行为</li></ul> | |
| 生产部 | <ul><li>产品的可靠性</li><li>解决生产问题的能力</li><li>快速提供技术信息</li></ul> | |
| 财务部 | <ul><li>发货单的正确性</li><li>及时发出值得信赖的备忘录</li><li>没有附加的支付条件请求</li></ul> | |
| 总体评价： | | |

供应商名称：　　　　　　　　　　　考核时间：

这个方法简单易用，但可能由于主观判断而无法真实地反映供应商的整体绩效，需要考核人员特别注意。

### 2．加权指数法

加权指数法是一种定量的供应商绩效考核方法，每个考核项目（一般为价格、质量与交货情况）根据其重要性给予权重，计算整体分数。加权指数的总和必须是 100%。

对于一项产品的价格来说，假定采购价格加权指数为 50%，质量加权指数为 30%，则交货的加权指数为 20%。供应商 A、B 和 C 报的单价分别为 59 元、63 元和 70 元。在采购交易的一年中，各供应商的各项表现如表 7-9 所示。

表 7-9　供应商 A、B、C 的表现

| 供应商名称 | 单价/元 | 总交货次数/次 | 迟交次数/次 | 退货次数/次 |
|---|---|---|---|---|
| 供应商 A | 59 | 65 | 13 | 6 |
| 供应商 B | 63 | 35 | 2 | 0 |
| 供应商 C | 70 | 45 | 7 | 2 |

对供应商 A、B、C 的具体评价如表 7-10 至表 7-13 所示（部分得数为四舍五入的结果）。

表 7-10　权重因子分析——价格

| 供应商名称 | 单价/元 | 单价比较 | 加权平均指数 | 评定级别 1 |
|---|---|---|---|---|
| 供应商 A | 59 | 59÷59=100% | ×0.5 | 50.0% |
| 供应商 B | 63 | 59÷63 = 93.7% | | 46.9% |
| 供应商 C | 70 | 59÷70 = 84.3% | | 42.2% |

注：单价比较=所提供的最低报价÷实际支付的价格（以最低报价为分子）。

表 7-11　权重因子分析——质量

| 供应商名称 | 总交货次数/次 | 退货次数/次 | 接收率 | 加权平均指数 | 评定级别 2 |
|---|---|---|---|---|---|
| 供应商 A | 65 | 6 | 90.8% | ×0.3 | 27.2% |
| 供应商 B | 35 | 0 | 100% | | 30.0% |
| 供应商 C | 45 | 2 | 95.6% | | 28.7% |

表 7-12　权重因子分析——交货情况

| 供应商名称 | 总交货次数/次 | 迟交次数/次 | 及时交货率 | 加权平均指数 | 评定级别 3 |
|---|---|---|---|---|---|
| 供应商 A | 65 | 13 | 80.0% | ×0.2 | 16.0% |
| 供应商 B | 35 | 2 | 94.3% | | 18.9% |
| 供应商 C | 45 | 7 | 84.4% | | 16.9% |

表 7-13　权重因子分析——总体评价

| 供应商名称 | 评定级别 1 | 评定级别 2 | 评定级别 3 | 评定级别 | 排序 |
|---|---|---|---|---|---|
| 供应商 A | 50.0% | 27.2% | 16.0% | 93.2% | 2 |
| 供应商 B | 46.9% | 30.0% | 18.9% | 95.8% | 1 |
| 供应商 C | 42.2% | 28.7% | 16.9% | 87.8% | 3 |

通过上面的评价可以看出，在这三个供应商里，供应商 B 的整体情况要好于供应商 A 和 C，供应商 C 的整体情况相对较差。

### 3．成本比率法

成本比率法是将所有与采购、收料有关的成本与实际的采购金额进行比较。质量成本比率与交货成本比率的计算则是以采购实际支付的金额除以采购金额。

例如，供应商 A、B 报的单价分别为 5 元和 4 元，在过去一年中企业向供应商 A、B 的采购总金额分别为 250000 元和 280000 元。另外，从其他部门如收料、检验、生产、财务部门得到相关的成本数据，可计算出各项成本比率，如

表 7-14 至表 7-17 所示。

表 7-14 交货成本比率

| 成本比率分析 | 供应商 A | 供应商 B |
|---|---|---|
| 采购的交货运送成本/元 | 10500 | 12000 |
| 采购总金额/元 | 250000 | 280000 |
| 交货成本比率 | 4.2% | 4.3% |

表 7-15 质量成本比率

| 质量比率分析 | 供应商 A | 供应商 B |
|---|---|---|
| 采购的质量成本/元 | 15100 | 15000 |
| 采购总金额/元 | 250000 | 280000 |
| 质量成本比率 | 6.0% | 5.4% |

表 7-16 服务成本比率

| 项 目 | 权 重 | 供应商 A | 供应商 B |
|---|---|---|---|
| 现场服务的表现 | 30% | 40% | 30% |
| 研发能力 | 25% | 30% | 25% |
| 供应商地理位置 | 25% | 30% | 20% |
| 仓储容量 | 20% | 15% | 15% |
| 服务比率总计 | 100% | 115% | 90% |
| 服务成本比率 |  | −15% | 10% |

表 7-17 总的成本比率

| 总的成本比率分析 | 供应商 A | 供应商 B |
|---|---|---|
| 交货成本比率 | 4.2% | 4.3% |
| 质量成本比率 | 6.0% | 5.4% |
| 服务成本比率 | −15.0% | 10.0% |
| 总的成本比率 | −4.8% | 19.7% |

公式的应用：（1+总的成本比率）×单价=调整后的报价。

供应商 A：[1+（−0.048）]×5=4.76（元）；

供应商 B：（1+0.197）×4=4.79（元）。

通过上面的成本比率法分析，我们可以得出供应商 A 的价格要优于供应商 B 的价格。

# 第四节　供应商绩效考核结果应用

供应商绩效考核只是一种手段，而不是目的。在完成对供应商的绩效考核工作之后，供应商管理部门还应依据供应商绩效考核的结果对供应商进行后续处理。

## 一、对供应商的动态评级

供应商动态评级指每个月对供应商进行评价（见表 7-18），按绩效考核结果，将不同类别的供应商划分等级，并根据等级采取相应的措施，如奖罚、改变配额等，以督促供应商积极对各项指标进行改进。

第七章 供应商评价与激励    271

## 表 7-18 供应商质量制程评价（示例）

| 成果展示 | 优秀事迹 | | 不佳事迹 | |
|---|---|---|---|---|

| 评价结果 | | | | |
|---|---|---|---|---|
| 供应商 | | 评价实施部门 | | 实施日期 |
| 受检者 | | 评价 | | 实施周期 |

□ 雷达图

（雷达图：米料质量/出货质量、注塑工程、涂装工程、导电胶工程、蒸镀工程、垫圈屏蔽工程、组装工程、量产保证营运管理；刻度 0%、25%、50%、75%、100%）

□ 评价分数

| 序号 | 评价工程 | 全体 项目 | 全体 合格 | CTQ 必须 项目 | CTQ 必须 合格 | 合格率 全体 | 合格率 CTQ 必须 | 最终分数 | 基准线 |
|---|---|---|---|---|---|---|---|---|---|
| 1 | 米料质量/出货质量 | | | | | | | | |
| 2 | 注塑工程 | | | | | | | | |
| 3 | 涂装工程 | | | | | | | | |
| 4 | 导电胶工程 | | | | | | | | |
| 5 | 蒸镀工程 | | | | | | | | |
| 6 | 垫圈屏蔽工程 | | | | | | | | |
| 7 | 组装工程 | | | | | | | | |
| 8 | 量产保证营运管理 | | | | | | | | |
| | 合计 | | | | | | | | |

注：最终分数=全体合格率×(CTQ 必须)合格率；
评价工程的"CTQ 必须"项目数为"0"时，"CTQ 必须"的合格率以"100%"表示。

续表

| 评价细则 | 序号 | 评价工程 | 状态 | 检查细则 | 评价 | 说明 |
| --- | --- | --- | --- | --- | --- | --- |
| | 1 | 来料检查/出货检查 | \multicolumn{2}{l}{1.1 来料质量成品出货质量共同部分} | | |
| | | | 一般 | √ 各种测试仪的管理状态是否良好？检验校正期限是否有效 | | |
| | | | 一般 | √ 待检查、合格、不合格区域是否有识别标识 | | |
| | | | 一般 | √ 检查室的环境是否合适 [温度/湿度是否合适，温度管理（23±2）℃] | | |
| | | | 一般 | √ 是否进行不良检验？是否进行样品保管？是否进行记录留痕管理？<br>● 周期：以班组为单位，一般每周1次；两班倒时每日2次，三班倒时每日3次<br>● 子工程及二级供应商检验结果应为每日管理<br>● 检验样品保管期限：以检验日为基准，为期一周 | | |
| | | | 必须 | √ 送检的物料是否按标准被放置在检查台上 | | |
| | | | 一般 | √ 对不合格批次物料是否实施改善措施（提出对策） | | |
| | | | \multicolumn{2}{l}{1.2 来料检查} | | |
| | | | 一般 | √ 对所有辅助物料是否以配套基准（SEC）进行检验（手写制作确认） | | |
| | | | 一般 | √ 是否对治具进行水平度、高度等检查？（测量冶具齐全与否确认） | | |
| | | | \multicolumn{2}{l}{1.3 出货检查} | | |
| | | | 一般 | √ 出货检查样品是否进行3个月长期保管 | | |
| | | | 一般 | √ 各项目不同型号的承认限度及检查时能灵活运用 | | |
| | | | 一般 | √ 不良履历现况，不良清单，电镀厚度说明书和精密尺寸测量数据是否进行数字化管理（作为对管理检查出货检查结果的依据是否有效） | | |
| | | | \multicolumn{2}{l}{1.4 可靠性实验} | | |
| | | | 一般 | √ 《可靠性检查规格手册》是不是最新版本的 | | |
| | | | 一般 | √ 是否具备进行实验的实验设备？（符合各零部件实验项目基准） | | |

续表

| 序号 | 评价工程 | 状态 | 检查细则 | 评价 | 说明 |
|---|---|---|---|---|---|
| 1 | 来料检查/出货检查 | 一般 | √ 是否对具备实验条件的设备进行周期性点检（设备点检表） | | |
| | | 一般 | √ 是否使用符合规格的消耗性检验试剂 | | |
| | | 必须 | √ 对新的零部件是否进行可靠性实验（前3批次） | | |
| | | 一般 | √ 量产零部件是否有可靠性实验计划主实施 | | |
| | | 必须 | √ 在进行可靠性实验后资料是否保管3个月（含实验日期、项目、实验位置和批次数量等） | | |
| | | 一般 | √ 消耗性实验试剂使用后是否另行管理并进行处理（有害物质管理） | | |
| | 1.5 环境有害物质（RoHS） | | | | |
| | | 必须 | √ 对出货检查样品是否按照已制定的基准进行测量管理？<br>1) 经光谱仪测定的成品、半成品<br>新产品1批次，变更1批次（颜色、涂料和材质）：检验记录表上的测量结果为手写（标记光谱仪是否要有六大物质）<br>批量产品：对成品（有成品代码基准）每月进行1次测量（物料测定资料保管6个月）<br>2) 未经光谱仪测定的成品、半成品<br>新产品1批次，变更1批次（颜色、涂料和材质）：权威认证机关发出的认证书（有效期3个月以内）<br>批量产品：权威认证机关发出的认证书（有效期6个月以内） | | |
| | 1.6 各工程责任制 | | | | |
| | | 一般 | √ 各工程不良物料的返修、返工程是否具体化 | | |
| | | 一般 | √ 对各工程中的不良、不良日作业不良明确处罚基准（实行方案） | | |
| | | 一般 | √ 对每日作业不良、原材料不良是否进行数据管理 | | |
| | | 一般 | √ 对特定工程中原材料不良是否进行每日质量会议（要有会议记录） | | |
| | 1.7 改善活动 | | | | |
| | | 一般 | √ 开发用物料（包括主材料和辅助物料）是否另行指定区域并进行保管 | | |
| | | 一般 | √ 二级供应商的初、中、终物管理状况是否实行数据化管理（周期性） | | |
| | | 一般 | √ 是否指定二级供应商专门的管理者（组织图中是否有这一职位） | | |

续表

| 序号 | 评价工程 | 状态 | 检查细则 | 评价 | 说明 |
|---|---|---|---|---|---|
| 1 | 来料检查/出货检查 | 一般 | √ 二级供应商的工程不良率数据是否按日进行管理 | | |
| | | 一般 | √ 事前申诉修、返出后，是否及时对相关工程作业者进行培训 | | |
| | | 一般 | √ 对返修、返工的辅助物料是否进行分析，并与相关责任单位讨论（检查会议记录，《质量事故对策书》） | | |
| | | 一般 | √ 试生产、量产中发生的质量缺陷事例与改善事例是否进行整理，下期开发时问题是否能避免 | | |
| | | 一般 | √ 《质量事故对策书》是否在实际操作中适用 | | |

注：各项目评价分为合格与不合格；评价栏中合格为"Y"，不合格为"N"，无相应内容用"NA"表示。

企业应对不同等级的供应商采取不同的管理措施。供应商动态评级与奖惩管理如图 7-7 所示。

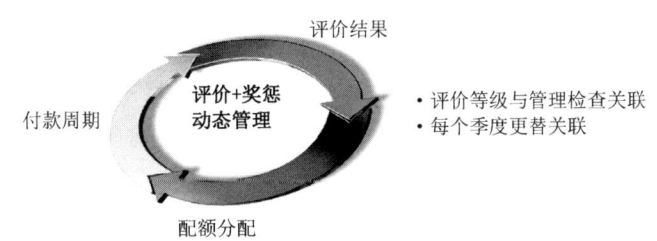

图 7-7　供应商动态评级与奖惩管理

供应商绩效考核小组依据评价等级对供应商实施奖惩动态管理。笔者在这里列举某企业一个奖惩动态管理的事例。

（1）质量风险与向供应商付款关联。

（2）质量保证挂钩付款周期。

（3）评价等级与管理检查关联。

（4）每个季度更替关联。

（5）免检率与配额分配关联。

（6）免检率动态更新。

在实践中，企业依据自身实际情况进行判定和管理，对供应商动态奖惩管理要以制度的形式固定下来，避免奖惩的随意性。

## 二、为供应商提供绩效辅导

对于绩效考核成绩欠佳却又基于价格或其他因素不便淘汰的供应商，企业有必要采取措施协助供应商改善绩效——协助供应商建立一套有效的质量控制体系。

### 1. 协助供应商了解产品要求

当供应商接收到采购订单时，如果其对产品的要求都不清楚，那么其产品质量很难达标，而解释企业对产品的要求是企业的责任。企业应向供应商清晰地解读图纸、规格、检验程序、技术说明及报价要求，指导供应商理解产品要求。

供应商了解产品要求可借助一些途径，如表 7-19 所示。

表 7-19　供应商了解产品要求的途径

| 途　径 | 相　关　说　明 |
|---|---|
| 产品图纸和规格 | 供应商必须检查图纸的公差要求和可能影响装配的组合，以及确定基础表面和基线是否定义清楚且与工艺过程相适应。必要时，供应商应就改变尺寸基准和公差，以及改善清晰度提出建议。供应商必须对材料的要求及其物理特性（如硬度、光洁度和传导性）有全面了解 |
| 技术规格 | 供应商应分析产品的技术规格，以确定产品是否按功能规格要求进行生产 |
| 测试要求 | 供应商必须确定为了证明与规格相符合的企业测试要求。如果企业提供测试设备或仪器，供应商应检查操作程序和校正方法 |

如果供应商在了解了基本要求后仍然能力欠缺，无法满足产品要求，那么企业可酌情提供技术指导及其他方面的帮助。

### 2. 定期稽核与辅导

这主要指组建内部稽核及辅导小组，针对供应商等级评定结果设定供应商稽核频次（A类，1次/年；B、C类，2次/年；D类，按会议决议稽核与辅导）。

此外，针对A类评定稽核结果与供应商签订免检协议的，企业对免检物料的供应商每年至少进行一次系统稽核，确保供应商质量系统的完整性并被有效执行。对于月度综合考评为D级的，应直接淘汰或限期整改，对此，供应商可提出额外稽核要求，但费用自理。

### 3. 不定期稽核与辅导

这主要针对两种情形，一是供应商品质异常，二是供应商提出要求。供应商品质异常的情形包括以下几种。

（1）产品出现重大进料、在线异常或因材料问题造成客户抱怨。

（2）同一问题多次出现。

（3）上线不良率高于质量目标，且呈偏高的趋势。

（4）连续两个月交货批退率高于目标值。

（5）已采取纠正和预防措施，且配合意愿强烈，但由于技术或管理上的问题无法达到预期效果。

## 三、对供应商进行奖惩激励

奖惩激励的目的在于使供应商充分发挥积极性和主动性。对供应商实施有效的奖惩激励有利于供应商之间适度竞争，从而提高供应商的服务水平，降低企业的采购风险。

## 1. 激励供应商的措施

对供应商的激励措施及适用对象如表 7-20 所示。

表 7-20　对供应商的激励措施及适用对象

| 激励措施 | 说　明 | 适用对象 |
| --- | --- | --- |
| 延长合作期限 | 延长与供应商的合作期限可以增强供应商业务的稳定性，降低其经营风险 | 适用于合作期限较短的供应商 |
| 增加合作份额 | 增加订单数额可以提高供应商的营业额及其获利能力 | 适用于具备更大产能、急于提高营业额的供应商 |
| 增加合作的物品种类 | 增加合作的物品种类可以使供应商一次性送货的成本降低 | 适用于增加合作的物品种类有利于降低其成本的供应商 |
| 提升供应商级别 | 增加供应商的美誉度和市场影响力，以及其市场竞争力 | 适用于尚未达到战略合作伙伴级别的供应商 |
| 书面表扬 | 增强供应商的美誉度和市场影响力 | 适用于对荣誉较为看重的供应商 |
| 颁发证书或锦旗 | 提升供应商的美誉度 | 适用于对荣誉较为看重的供应商 |
| 现金或实物奖励 | 向供应商颁奖（奖金、奖品）——这种奖励更能起到激励作用 | 适用于对企业做出重大贡献或特殊贡献的供应商 |

## 2. 惩罚供应商的措施

惩罚供应商属于负激励，一般用于业绩不佳的供应商，其目的在于提高供应商的积极性、改进合作效果、维护企业利益不受损失，一般有以下几种惩罚措施。

（1）由于供应商质量不良或交期延误导致损失的，由供应商负赔偿责任。

（2）考核成绩连续三个月被评定为 C 级的，应接受订单减量、各项稽查及改善辅导措施。

（3）考核成绩连续三个月被评定为 D 级，且未在限期内改善的，停止交易。

奖惩激励由采购部根据绩效考核结果提出，由部门经理审核，报分管副总经理批准后实施。

# 第八章 准时供应与零库存

通常，采购的目的是补充库存，即为了库存而采购。准时供应的目的是满足生产线的及时需要，降低采购成本和库存成本，最终实现零库存。

## 第一节 建设准时供应系统

准时化生产的基本思想是"只在需要的时候，按需要的量，生产所需的产品"，也就是追求无库存，或者实现库存量最小。

### 一、推进准时化生产

准时供应系统是建立在准时化生产的基础上的。准时化生产方式源于日本丰田汽车公司的一种生产管理技术，是将必要的零部件以必要的数量，在必要的时间送到生产线，并保证将所需要的零部件、所需要的数量在正好需要的时间送到生产线上。

#### 1. 准时化生产供应系统的目标

准时化生产供应系统将"获取最大利润"作为最终目标，将"降低成本"作为基本目标，具体目标如图8-1所示。

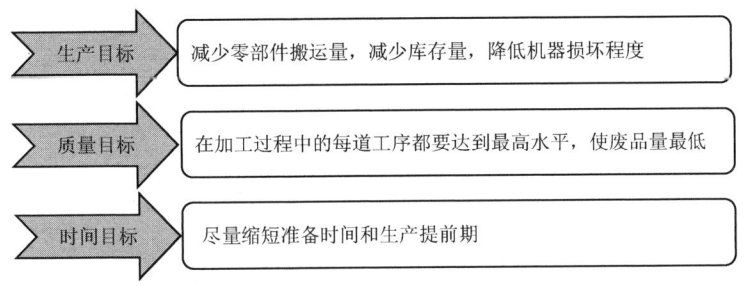

图 8-1 准时化生产供应系统的目标

#### 2. 准时化生产供应系统下的生产方式

在准时化生产环境下,为了实现彻底减少浪费和最大限度地提高效益的目标,企业可通过三种方式进行生产,如表 8-1 所示。

表 8-1 准时化生产供应系统下的生产方式

| 方 式 | 说 明 |
| --- | --- |
| 生产流程化 | 从最后一道生产工序往前推,依次确定前面工序的类别,并合理安排生产流程,根据流程与每个环节所需物料数量和时间先后来安排库存和组织物流,同时,尽量减少物料在生产现场的停滞时间与搬运次数 |
| 生产均衡化 | 通过专用设备通用化和制定标准作业,实现总生产线上的每道工序在向前一道工序领取零部件时,均衡地使用各种零部件,以有效生产各种产品 |
| 资源配置合理化 | 所有设备、人员和零部件在生产线内外都得到最合理的调配和分派,并在最需要时以最及时的方式到位 |

### 二、推广 JIT 采购模式

JIT 采购又称准时化采购,是一种能够快速响应,并满足采购需求,实现零库存生产的采购模式。在 JIT 采购模式下,采购企业根据生产需要对供应商下达订货指令,供应商在指定时间内将指定品种和数量的产品送到指定地点。

#### 1. JIT 采购与传统采购的比较

JIT 采购与传统采购的比较如表 8-2 所示。

表 8-2 JIT 采购与传统采购的比较

| 比较因素 | 传统采购 | JIT 采购 |
| --- | --- | --- |
| 供应商选择 | 选择较多的供应商,双方为短期合作关系,质量不稳定 | 选择较少的供应商,与优质的供应商进行长期合作,质量稳定 |
| 采购批量 | 小批量,送货频率高 | 大批量,送货频率低 |

续表

| 比较因素 | 传统采购 | JIT采购 |
|---|---|---|
| 供应商评估 | 评估合同履行能力 | 评估合同履行能力、生产设计能力、物料配送能力、产品研发能力等 |
| 价格 | 质量评估，大约有10%的偏差 | 没有偏差，根据公式计算的价格 |
| 订货方式 | 具有特定的配送时间和质量 | 可根据情况取消订货 |
| 付款方式 | 每次订货时付款 | 按月寄送发票和收款 |
| 交货方式 | 由采购企业安排，按合同交货 | 由供应商安排，确保交货准时 |
| 进货检验 | 每次进货检验 | 无进货检验 |
| 信息 | 信息不对称，易暗箱操作 | 供需双方高度共享信息资源，快捷、可靠、易建立信任 |
| 采购批量与运输 | 大批量采购，供应商配送频率低，运输次数相对较少 | 小批量采购，供应商配送频率高，运输次数相对较多 |

**2. JIT采购流程与传统采购流程比较**

在JIT采购流程中，供需双方是战略合作伙伴关系，供应商的资格认证、产品质量、信用度是非常好的。

传统采购流程与JIT采购流程分别如图8-2、图8-3所示。

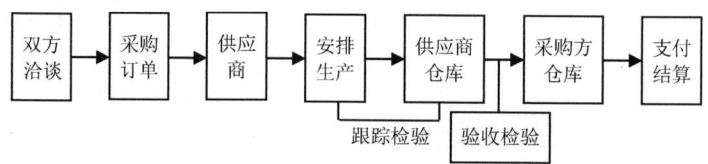

图8-2　传统采购流程

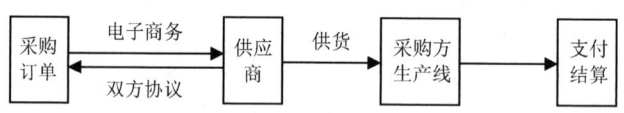

图8-3　JIT采购流程

**3. JIT采购模式的实施条件**

JIT采购模式的实施条件包括六个。

- 与供应商建立战略合作伙伴关系，相互信任，共同谋求长远发展。
- 加强基础设施建设，包括作业基础设施和数字化系统。
- 邀请供应商参与新产品研发，协同发展。
- 由采购、物料、产品设计、生产、质量、财务等部门的相关人员组成JIT采购小组。

◊ 与供应商实现信息互通，包括生产计划和作业数据等信息，便于供应商提早安排生产，确保准时、准质、准量交货。

◊ 加强培训，通过培训帮助供需双方的相关部门掌握 JIT 采购的技术和标准，不断提高合作的质量。

**4．JIT 采购模式的实施步骤**

JIT 采购模式的实施步骤如下。

（1）组建 JIT 采购团队：由产品设计、生产、质量、财务、物料等人员组成，由采购主管领导。

（2）制订采购计划：制定采购程序和实施步骤。

（3）精选供应商，建立合作关系：通过评估与考核，选择符合要求的供应商。

（4）进行采购试验：进入试采购期，再次评估供应商的能力，确定其是否符合合作要求。

（5）同步培训：采购企业与供应商同步参加 JIT 采购的培训。

（6）颁发免检证书：严格考核供应商，给合格者颁发产品免检证书，增强信任度。

（7）实现及时交货：帮助供应商实现弹性生产，及时满足采购企业的物料需求。

（8）持续改进，扩大合作成果。

JIT 采购一般为小批量、多批次、均衡稳定的采购方式，这增加了送货频率和运输成本。因而，JIT 采购要与核心供应商建立长期、稳定的战略性合作关系。

## 三、导入精益化生产模式

实现准时化生产所需的原材料和零部件必须是无缺陷的，保证生产线不停顿；多批次、小批量的采购要求控制成本，实现零库存。企业要达到这两个目的需要导入精益化生产模式——以即时化生产和自动化为两大支柱，囊括生产均衡化、作业人员弹性化、质量改善小组等多方面内容的完整的生产方法体系。

**1．消除浪费**

消除浪费是精益化生产的一项重要内容。

（1）消除动作浪费。寻找所需物料、工具的时间过长或找不到，导致时间的浪费；动作不合理、行走多，导致作业效率低。

（2）消除搬运浪费。人与物料、设备、工具距离远，导致时间和运力的浪费；物料堆积，需要先搬开无关物料，再搬运需要的物料，消耗体力和时间。

（3）消除不良浪费。物料堆积导致挤压变形、变质，物料混放导致误用，设备保养不当等，这些都会导致不良品的出现。

（4）消除等待浪费。生产线缺料导致工序等待，忙闲不均导致部分人等待，造成产能浪费。

（5）消除过度生产。不用的物料不舍得丢弃，继续用于生产；一些物料在不合时宜的情况下用于生产。

（6）消除库存浪费。无法实时观测库存，导致库存积压或库存不足；仓库规划不合理，导致先进先出不畅。

（7）消除安全隐患。作业场所、设备等存在安全隐患，导致安全事故的发生。

（8）消除管理浪费。作业不规范导致返工或作业中断；标准不清晰、指导性不强导致操作失误。此外，人员素养不足，也是导致管理浪费的重要原因。

### 2．生产的同步化

生产的同步化即产品生产的每道工序之间不设停留时间，完成前一道工序后立即进入下一道工序。为了实现生产的同步化，一方面，生产应按照"后工序只在需要时到前工序领取所需加工品，前工序只按照被领取的数量和品种生产"的方式进行；另一方面，配备相应的设备和多技能工。具体方法如表 8-3 所示。

表8-3　实现生产的同步化的方法

| 方　　法 | 说　　明 |
| --- | --- |
| 有效配置生产设备 | 根据加工工件的工序进行生产设备的配置，从而形成相互衔接的生产线 |
| 缩短作业更换时间 | 通过改善工装、夹具和作业方法，提高作业人员的作业速度，或者通过开发简易、小型的设备来实现 |
| 制定合理的生产节拍 | 根据设备能力、作业人数、作业能力等，规定生产节拍变动范围，一般为-20%或-10%≤生产节拍指数≤10%或20% |

### 3．生产的均衡化

这是指均衡地使用各种零部件生产各种产品。生产的均衡化是实现适时、适量生产的前提条件，实现生产的均衡化的关键是合理地制订生产计划。制订生产计划的步骤（示例）如图8-4所示。

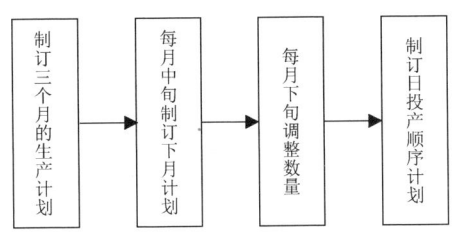

图 8-4 制订生产计划的步骤（示例）

### 4．看板

采用有效的生产管理工具可有效实现适时、适量生产，其中最为有效的工具是看板。生产线状况看板如图 8-5 所示。

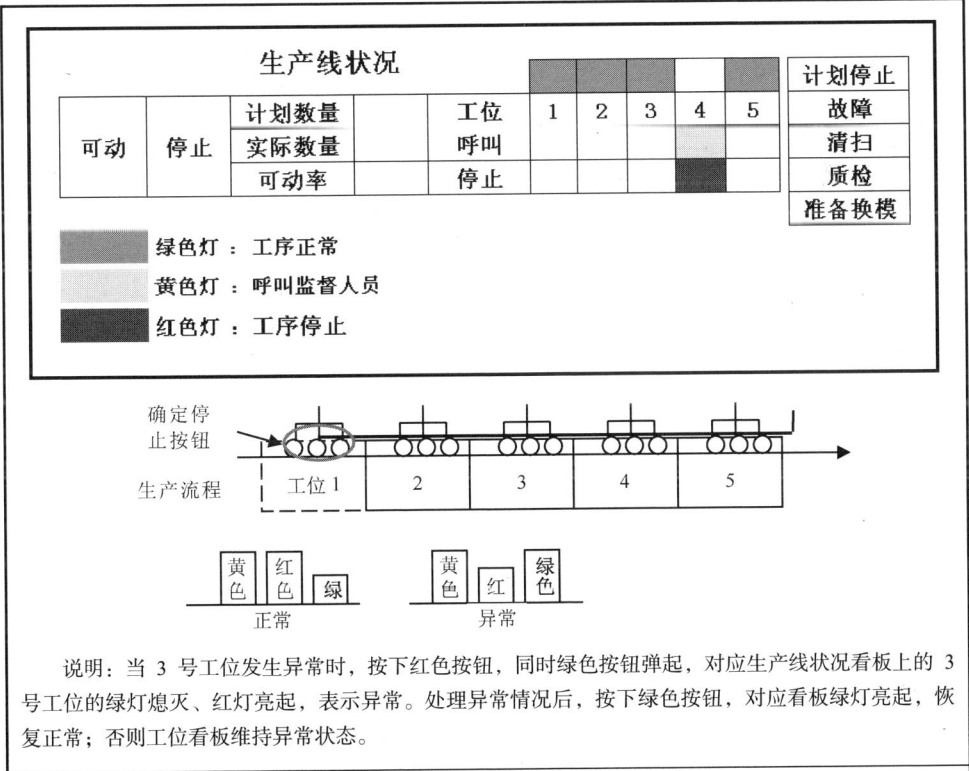

图 8-5 生产线状况看板

作业人员在发现作业异常时，及时按下红色按钮，生产线状况看板的红灯亮起，现场监督人员在看到后及时停止生产，并处理异常情况，阻止不良品进入下一道工序。

我们也可以利用看板控制供应商出货，如表 8-4 所示。

表 8-4 控制供应商出货的看板形式

| 形 式 | 说 明 |
| --- | --- |
| 供应商取货看板 | 为适应生产线的运作环境，固定的供应商可采用直接送货，或者使用第三方物流直接供货的方式，其运作原理如下。<br>• 在预计物料需求稳定的前提下，预先通知供应商做好生产准备<br>• 根据看板的"空"和"满"状态，及时对物料进行补货，并完成相应的入账处理<br>• 通过网络传递信息，在"空"和"满"的状态之间建立中间过程状态，实现对物料补给过程的监控 |
| 采购看板 | 按照固定批量来补充库存，其运作原理如下。<br>• 通过每日比较库存储备和安全库存量而自动产生需求信息，从而生成采购看板<br>• 通过看板状态"空"的改变，与采购订单相关联，并打印派发，或者用邮件通知供应商出货<br>• 到货时，通过看板状态"满"的改变，驱动物料被接收入库，确认后入账，至此完成采购活动 |

当通过看板管理供应商出货时，企业可采用以下流程，如图 8-6 所示。

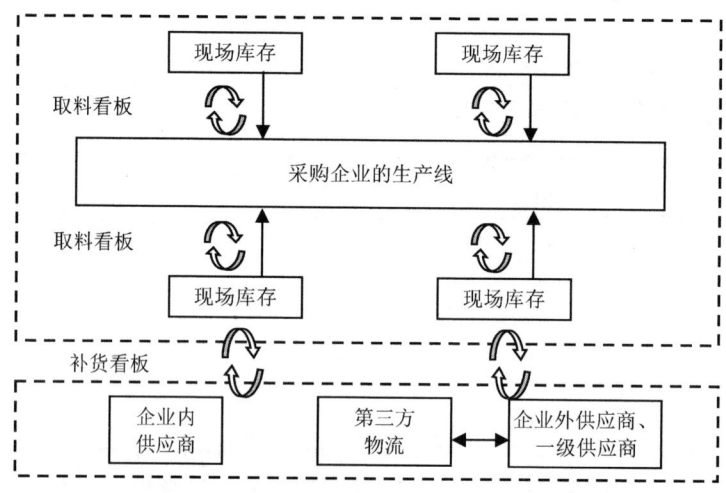

图 8-6 通过看板管理供应商出货的流程

虽然看板管理是准时化生产中最独特的部分，但它仅仅是一种管理工具，并不能把它与准时化等同起来。

### 5. 弹性配置作业人数

在生产过程中，降低劳动力成本是降低生产成本的一个重要方面。为了有效降低劳动力成本，企业可以通过采用弹性配置作业人数的方法来实现。弹性配置作业人数，即根据生产的变化弹性地增减作业人数。实现少人化必须具备以下三个条件。

- 具备适当的生产设备。
- 具有经常审核和定期修改标准作业组合的规定。
- 拥有训练有素、具备多种技能的作业人员。

实现少人化的方法主要有两种，如表 8-5 所示。

表 8-5　实现少人化的方法

| 方　　法 | 说　　明 |
| --- | --- |
| 生产设备的 U 形布置 | 根据企业的特点、生产线的入口和出口的位置，合理安排生产设备的位置，以实现灵活作业 |
| 定期轮换员工岗位 | 通过定期轮岗，使所有作业人员掌握所有的作业技能，进而适应各种岗位的工作 |

### 6．有效实现质量保证

质量是制造出来的而非检查出来的，有效实现质量保证的方法主要有三种，如表 8-6 所示。

表 8-6　有效实现质量保证的方法

| 方　　法 | 说　　明 |
| --- | --- |
| 生产设备或生产线检测法 | 通过生产设备或生产线自动检测不良品，一旦发现异常，设备就立即自动停止运行 |
| 设备操作员检测法 | 设备操作员在发现产品有问题时，有权自行停止生产，以确保产品质量达到要求 |
| 最后一道工序检测法 | 在产品生产的最后一道工序检验产品是否合格，及时处理不合格的产品，尽量减少生产中途停止的情况 |

# 第二节　制造与供应一体化

高效率的供应系统能够及时供应生产所需要的物料，并有效支持生产作业活动，促进企业的快速发展。

## 一、协调与一体化管理

提高企业生产作业与供应系统的协调性，实现一体化管理，有利于提高生产资料的供应效率,并促进产品的销售,为企业的快速发展打下基础。

### 1. 供应系统的协调性

为了提高生产资料的供应速度和效率,促进产品的销售,物流经理需要运用有效的手段,处理好与供应系统各成员的关系。

**1)供应系统不协调的表现**

企业供应系统不协调主要表现在以下几个方面。

(1)供应系统各成员的目标不一致。生产企业注重企业自身的销售业绩和利润水平;供应商关心自身的销售业绩和利润高低;零售商看重销售量的大小、经营利润的高低;企业中的运输部以运输成本高低和运输需求满足程度为业绩评价指标;企业中的采购部以采购成本和产品的价格高低为业绩考核指标;企业中的销售部以月度或年度的销售量为衡量指标。

(2)供应系统各成员的业绩评价和激励方法不同。不同的评价和激励方法会加剧需求数据的波动和成员之间的目标冲突,影响供应链的协调性。

(3)供应系统各成员之间信息不畅。信息流通不顺畅会导致供应系统各阶段的生产或经营计划只能根据下游客户的订单来制订,具有很大的盲目性;供应系统各成员不了解下游客户经营的真实状况,从而导致决策失误。

(4)供应系统各成员经营策略的差异化。供应系统各成员所采用的差异化经营策略会影响供应系统的协调性。

(5)供应系统各成员定价策略的不同。不同的定价策略会导致价格的波动,而价格的波动越大,客户订购量的波动就越大,供应链的协调性也就越差。

(6)供应系统各成员缺乏全局意识。各成员企业为了追求自身利益的最大化,牺牲整个供应系统的利益,导致供应系统失调。

**2)提高供应系统协调性的措施**

为了保持供应系统各成员关系的良性发展,维持整个供应系统的协调性,需要采取如下措施进行调整。

(1)供应系统的目标、激励措施保持一致。制定统一的目标,将传统业绩评价体系和实现目标的激励方式转变为以实现供应链整体目标为核心的业绩评价体系和现代激励方式。

(2)完善供应系统各成员之间的信息沟通机制。建立供应链信息系统,实现信息的共享;降低信息在流通过程中失真的概率。

（3）改变供应系统各成员企业的经营策略。缩短前置时间，提高供应链的协调性；改变订单的配给方式，采用网上订货、共同配送、条码技术、预先到货通知等方式。

（4）设计定价策略，稳定订单规模。价格折扣策略应由订货总量决定；促销活动应均衡化，避免因促销而造成需求突然增大。

（5）供应系统各成员建立战略合作伙伴关系。组建跨部门的联合团队，衡量各方关系状况并提出改进方案，进而实施改进方案。

### 2．供应系统的一体化管理

一体化管理不仅降低了物流成本，减少了库存，而且使社会资源得到优化配置，从而有效衔接生产和销售环节，并使物料、资金、信息等合理地流动。

#### 1）一体化管理的模式

一体化管理有三种重要模式，如表8-7所示。

表8-7　一体化管理的模式

| 类　　型 | 说　　明 |
| --- | --- |
| 纵向一体化 | 基于资源的所有权而形成的，自上而下的官僚管理形态。组织形式为层级制 |
| 价值一体化 | 基于供应链一体化而形成的协同商务模式，依托先进的信息技术，突破时空界限，聚合社会资源的开放性模式。组织形式为代理制 |
| 供应链一体化 | 基于核心优势而形成的管理形态。组织形式为动态联盟 |

#### 2）一体化管理的方法

供应系统一体化是将供应商、生产商、销售商和终端客户作为战略联盟联结起来的一种横向一体化的集成管理模式。实现这种管理模式的方法有三个，如表8-8所示。

表8-8　实现一体化管理的方法

| 着　眼　点 | 说　　明 | 方　　法 |
| --- | --- | --- |
| 信息集成 | 供应系统各成员之间实现信息、技能共享 | 共享信息，包括计划、合作、预测与补货 |
| 协调与共享资源 | 供应系统各成员在做决策时进行协调和交流 | 决策委托，工作重组，业务外包 |
| 组织关系连接 | 通过明确彼此之间的责任、风险、成本、利益实现一体化 | 扩大沟通，提高绩效，加强彼此之间的合作，积极组织伙伴联盟 |

除前述方法外，物流经理还可以采取以下五项措施来实施一体化管理，如表 8-9 所示。

表 8-9　实施一体化管理的五项措施

| 措　　施 | 说　　明 |
| --- | --- |
| 以客户服务为价值取向，提高服务效率 | 整个供应系统围绕客户开展服务，以最低的成本快捷地满足客户的个性化需求，通过提供全面的服务赢得客户、稳定客户，从而实现市场目标和经营目标 |
| 实现信息、技术和资源共享 | 所有管理信息、技术和资源为供应系统节点企业所共享，消除相互之间的对抗性 |
| 协调供应系统成员之间的关系 | 将供应商、生产商、销售商、终端客户组成一个整体，使管理贯穿整个物流过程，从而避免各成员忽视外在因素对企业竞争力的影响的情况 |
| 实现集成化供应系统管理的动态联盟 | 在优化资源和能力的基础上，加强整个供应系统的集成，使企业柔性运作，并增强与供应商和客户的联系，从而使相互之间保持一致性与集成化，实现信息共享 |
| 增强企业的敏捷性 | 利用互联网、物联网或电子数据交换系统将企业无缝连接，进行快速的业务流程重构 |

## 二、综合计划的策划方法

综合计划是企业的整体计划，是企业经营要达到的整体目标。因此，了解综合计划的目标和采用正确的策划方法非常关键。

### 1. 综合计划的目标及其关系

综合计划的目标具体如下。

（1）生产成本最低化，利润最大化。

（2）最大限度地满足客户需求。

（3）设备、设施利用充分化，人员水平变动最小化。

（4）库存投资最小化。

（5）生产速率稳定化。

实际上，这些目标之间存在某些相悖的特性。例如，当产品需求随季节变动时，既要保持稳定的生产速率，又要保持较大的库存。因此，制订综合计划应权衡这些目标之间的关系。

### 2. 制订综合计划所需的信息来源

制订综合计划需要根据企业的生产能力和需求预测对产出内容、产出速度等进行决策，需要的信息来源于不同的部门，如表 8-10 所示。

表 8-10　综合计划所需信息及来源

| 来　源 | 所　需　信　息 |
|---|---|
| 市场营销部 | 市场需求预测、经济发展形势、竞争对手状况及同类产品的市场价格 |
| 物料管理部 | 物料供应情况、现有库存水平、运输能力和仓储能力 |
| 生产部 | 现有设备的生产能力、新设备的计划状况、现有劳动生产率和职工水平 |
| 技术部 | 主要产品和工艺变化状况、工作标准、新产品的开发情况 |
| 人事管理部 | 培训、考核情况，劳动力素质和能力 |
| 财务部 | 成本状况及数据，各项费用支出和收入状况 |

### 3．综合计划的制订流程

制订综合计划是一个动态的、连续的过程。制订综合计划的流程如图 8-7 所示。

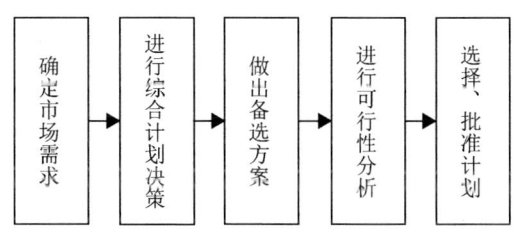

图 8-7　制订综合计划的流程

这一流程首先分析并确定计划期内每单位计划期的市场需求状况，根据市场需求状况进行综合计划决策；然后考虑各种影响因素，做出各种合理的备选方案，并进行可行性分析；最后在可行性分析的基础上选择恰当的综合计划，并送有关部门审批。

## 三、生产计划的制订与衔接

制订生产计划的依据是销售计划，而生产计划是制订物资供应计划、设备管理计划和生产作业计划的依据。

### 1．生产计划的制订

生产计划的内容包括生产时间、生产地点，以及生产的总体规划。

#### 1）制订生产计划的工作内容与生产计划的主要指标

制订生产计划的工作内容包括调查、预测市场对产品的需求，核定企业的生产能力，确定目标和策略，制定生产计划指标、库存计划、生产进度计划和计划工作程序，以及实施与控制工作计划。其中，制定生产计划指标是企业制订生产计划工作的重要内容之一。

生产计划的主要指标如表 8-11 所示。

表 8-11　生产计划的主要指标

| 指　标 | 定　义 | 说　明 |
| --- | --- | --- |
| 产品品种 | 在计划期内生产的产品名称、规格等的规定，以及不同品种、规格产品的数量规定 | 品种在一定程度上能够反映企业适应市场的能力，品种越多越能满足不同的需求，但过多的品种会分散企业生产能力，难以形成规模优势。因此，企业应努力开发新产品，加快产品更新换代 |
| 产品质量 | 在计划期内生产的产品应达到的质量标准 | 产品质量包括内在质量与外在质量两个方面。内在质量包括产品性能、使用寿命、工作精度、安全性和可靠性等；外在质量包括产品的颜色和包装等 |
| 产品产量 | 在计划期内应生产合格产品实物的数量 | 产品产量指标常用实物指标或假定实物指标表示。例如，汽车用"辆"，计算机用"台"表示。它既是表明企业生产成果的一个重要指标，又是制定其他实物量指标和消耗量指标的重要依据 |
| 产品产值 | 用货币表示的企业生产产品的数量 | • 产品产值，指在计划期内生产的可供销售的产品或工业劳务的价值<br>• 总产值，指用货币表现的在计划期内应该完成的产品总量<br>• 净产值，指在计划期内新创造的价值 |

**2）影响制订生产计划的因素**

在制订生产计划的过程中，企业应考虑以下三个因素。

（1）柔性约束。履行对合作企业所做出的承诺，取得对方的信任，获得相对稳定的需求信息。

（2）生产能力。任何企业在现有的技术水平和组织条件下都具有一个最大的生产能力，在编制生产计划时应考虑生产能力，同时，尽可能借助社会资源——考虑如何利用其他企业的生产能力。

（3）生产进度。生产进度信息是检查生产计划执行状况、修正原有计划、制订新计划的重要依据。

**3）制订生产计划的措施**

在高效供应系统管理的条件下，制订生产计划的措施有两种，如表 8-12 所示。

表 8-12　制订生产计划的措施

| 措　施 | 说　明 |
|---|---|
| 信息共享 | 共享上游企业的生产能力信息、生产进度信息和下游企业的生产进度信息,保证上、下游企业生产活动的同步性 |
| 计划修正 | 能力平衡是分析生产任务与生产能力之间差距的手段,通过能力平衡可为修正主生产计划、投入产出计划,以及分析外包决策和零部件(原材料)、急件外购决策等提供依据 |

### 2．主生产计划与综合计划的衔接

综合计划中的生产量是主生产计划模型中的预测需求量。为了使主生产计划与综合计划有效衔接,企业可以采取以下两种措施。

(1)在综合生产计划的基础上将主生产计划进行具体化。

(2)"冻结"主生产计划,使之相对稳定。

"冻结"主生产计划的方法有两种,如表 8-13 所示。

表 8-13　"冻结"主生产计划的方法

| 方　法 | 说　明 |
|---|---|
| 规定需求冻结期法 | 在若干个单位计划期内,没有管理决策层的特殊授权,不得随意修改主生产计划 |
| 规定计划冻结期法 | 在计划冻结期内,计划人员可以根据情况对主生产计划进行必要修改,但其他人员不能自主改变主生产计划 |

## 第三节　建立零库存管理机制

供应商管理库存就是通过共享供需双方的库存信息,由供应商负责控制采购企业的库存水准。通过这种形式,企业可以避免库存太高或库存不足造成的缺货,从而达到降低库存的目的。

### 一、供应链管理趋势

面对多变且竞争日益激烈的市场环境,传统采购的弊端越来越明显,具体表现如下。

(1)采购过程中信息封闭,供应商和企业做不到有效的信息共享,导致采购效率极低,采购、库存成本增加。

（2）对产品质量、交货期的控制难度大。

（3）供需双方的关系未能得到协调，时间浪费在解决纠纷和供应商频繁更换上。

（4）供应商对企业的需求变化反应迟钝，缺乏应对需求变化的能力。

很多制造企业都面临着上述问题，为解决这些问题，应将供应商视为企业供应链上的延伸，尤其对于共同参与企业产品设计或作为战略性采购对象的供应商，应尽早实施协同运作。

（1）存货跌价损失的风险甚至会危及企业的获利，供应商管理库存则有效解决了库存水准和供应及时率的难题。

（2）供应链的紧密整合可以将准确数量的产品在准确的时间以最快的方式交付到客户手中。

总之，企业要与供应商保持一种合作的心态，协同作业，共同为创造客户价值而努力。

## 二、建立 VMI 管理机制

供应商管理库存（Vendor Managed Inventory，VMI），是指供应商等上游企业基于其下游客户的生产经营、库存信息，对下游客户的库存进行管理与控制。

### 1. 供应商管理库存服务模式的优点

供应商管理库存服务模式会使供应商更有效、更快速地响应市场变化。笔者在 W 集团公司做供应链辅导方案时，使用该模式给 W 集团公司的库存管理带来了极大的便利，如图 8-8 所示。

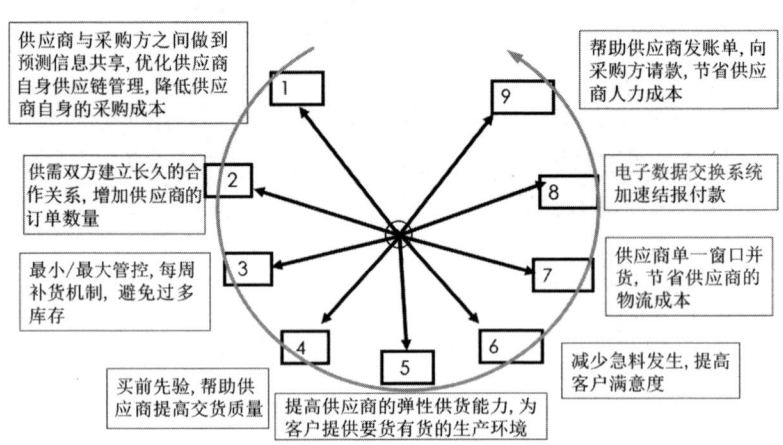

图 8-8　供应商管理库存服务模式的优点

## 2. 供应商管理库存服务模式

供应商管理库存服务模式如图 8-9 所示。

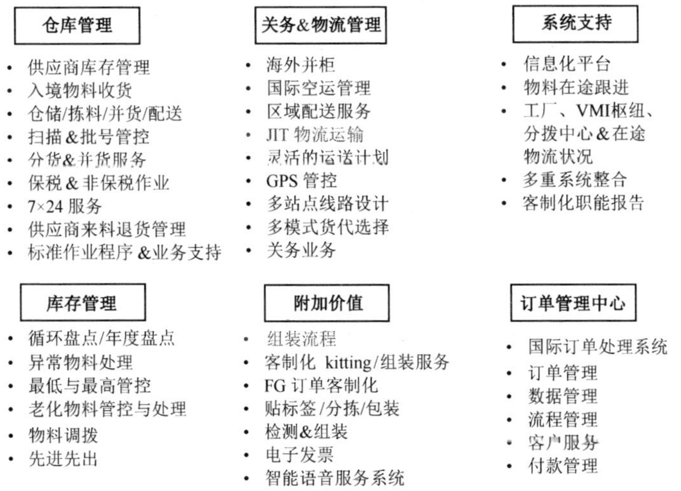

仓库管理
供应商库存管理
入境物料收货
仓储/拣料/并货/配送
扫描&批号管控
分货&并货服务
保税&非保税作业
7×24 服务
供应商来料退货管理
标准作业程序&业务支持
关务&物流管理
海外并柜
国际空运管理
区域配送服务
JIT 物流运输
灵活的运送计划
GPS 管控
多站点线路设计
多模式货代选择
关务业务
系统支持
信息化平台
物料在途跟进
工厂、VMI枢纽、分拨中心&在途物流状况
多重系统整合
客制化职能报告
库存管理
循环盘点/年度盘点
异常物料处理
最低与最高管控
老化物料管控与处理
物料调拨
先进先出
附加价值
组装流程
客制化 kitting/组装服务
FG 订单客制化
贴标签/分拣/包装
检测&组装
电子发票
智能语音服务系统
订单管理中心
国际订单处理系统
订单管理
数据管理
流程管理
客户服务
付款管理

注：Kitting 为专有词汇，指套件；FG（Finished Goods，完成品库存）。

图 8-9　供应商管理库存服务模式

## 3. 供应商管理库存模式的结构设计

企业和供应商在实行供应商管理库存模式后，必须针对该模式进行结构设计，以确保该模式得到有序实施。VMI 仓库一站式推行流程如图 8-10 所示。

出货地服务　出口管理　国际运输管理　进口管理　目的地运输　仓储服务
出货地服务
订单管理
VMI 管理及拣选作业
货物集拼服务
出货地报关服务
订舱服务
国际运输管理
货运管理
多式联运承运商选择
最佳路线设计
国际海路联运
服务水平指标
目的地运输
公路运输及铁路运输
国内空运
直接转运/换装
即时化货运
出口管理
出货检验服务
出口报关资料制作
出口法规咨询
进口管理
进口报关
进口关税及其他税收
分拆换柜
仓储服务
储存/拣选/包装/出货
供应商管理
仓库管理
库存管理
增值服务（品检，RoHS等）
退货管理
并货和分拆
一站式服务
提升作业效率
减少运作周期
降低整体营运成本

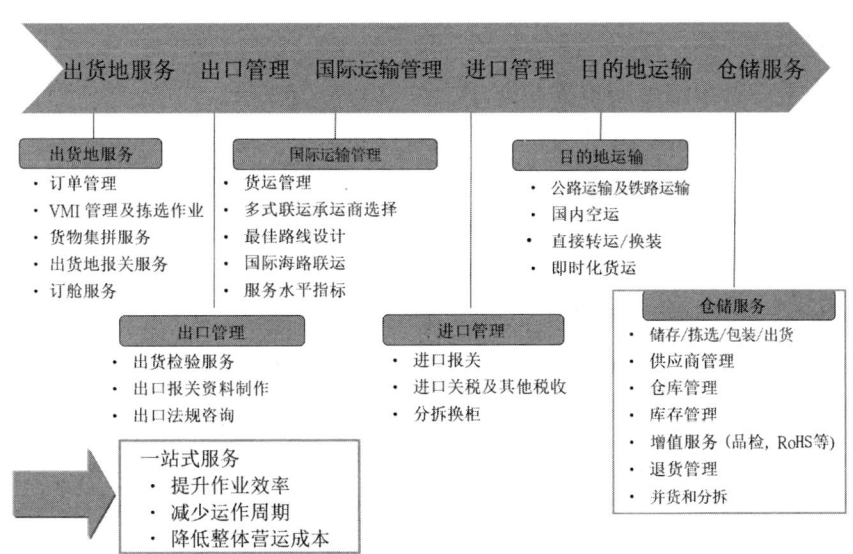

图 8-10　VMI 仓库一站式推行流程

实行供应商管理库存模式时,首先要改变订单的处理方法,供应商和分销商一起确定订单业务处理过程中所需要的信息和库存控制参数,然后建立一种订单处理标准模式,最后把订货、交货和票据处理等各个业务功能集成在供应商处。

### 4. 为供应商管理库存模式建立支持系统

实行供应商管理库存时还需建立必要的支持系统,如一些信息网络的组建和IT的准备。常见的供应商管理库存的支持系统如表 8-14 所示。

表 8-14 常见的供应商管理库存的支持系统

| 类　　型 | 说　　明 |
| --- | --- |
| 电子数据交换系统 | 可以有效降低成本。美国通用汽车通过实施该系统,每年大概可以节约 12.5 亿美元的成本 |
| 自动销售点信息系统 | 可以提高资金的周转率,避免缺货现象,使库存水平合理化 |
| 条形码技术 | 可提供一套可靠的代码标识体系,还可为供应链各节点提供通用语言,解决数据录入和数据采集经常出现的瓶颈问题 |

除了搭建上述技术系统,企业还应建立法律和市场环境下的合作框架协议,以确保贸易伙伴间能够密切合作,共享信息,共担风险。

## 三、制定联合库存管理策略

联合库存管理是一种在供应商管理库存的基础上发展起来的,上、下游企业的权利、责任平衡和风险共担的库存管理模式。联合库存管理强调供应链上各个节点同时参与供应活动,使供应链活动中的每个库存管理者都彼此协调,保持对库存需求的一致性,消除需求变异放大的现象。

### 1. 联合库存管理的运作机制

图 8-11(a)所示为传统的供应链系统模型,图 8-11(b)所示为基于协调中心联合管理库存的供应链系统模型。

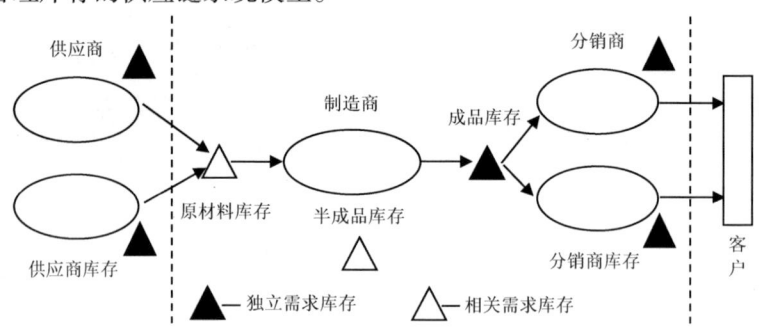

(a)传统的供应链系统模型

图 8-11　两种供应链系统模型的比较

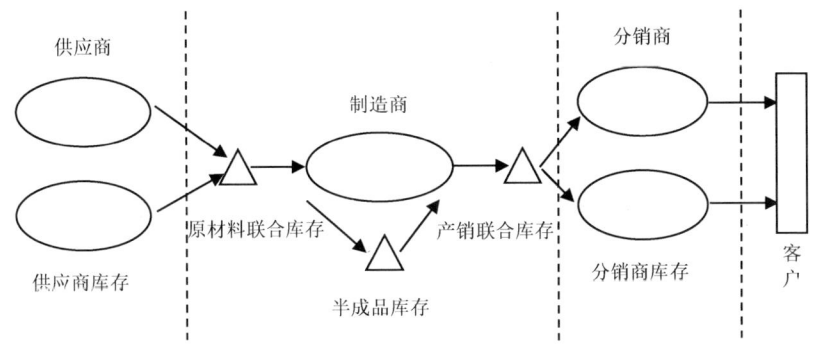

（b）基于协调中心联合管理库存的供应链系统模型

图 8-11　两种供应链系统模型的比较（续）

通过比较可以得出，基于协调中心的联合库存管理和传统的库存管理模式相比有五个优点。

（1）为实现供应链的协同化运作提供了条件。

（2）减少了供应链中的需求扭曲现象，降低了库存的不确定性。

（3）库存作为供需双方的信息交流和协调的纽带，可以暴露出供应链管理中的问题，为改进供应链管理水平提供依据。

（4）为实现零库存管理、准时化采购创造了条件。

（5）体现了供应链管理的资源共享和风险共担的原则。

联合库存管理系统把供应链系统管理集成为上游和下游两个协调管理中心，通过协调管理中心，供需双方共享需求信息，消除了因不同环节的需求信息扭曲而导致的库存波动。

供需双方在交付货物时，需要用适当的协议来实现联合库存管理。这个协议要反映双方的能力、合作关系和支出种类，具体包括以下几点。

♫ 协议中明确要生产的产品类型。

♫ 数据的提供、预测、补给和仓储管理的责任人。

♫ 体现仓储水平的最低和最高限度、补给的周期。

♫ 库存的准确目标：预估仓库年用量。

♫ 库存财产权的分割和转移的原则。

♫ 供应商因其他用途回收存货的相关情况。

♫ 发票开取及支付的相关问题。

♫ 一方未能履行其职责的相应补救措施等内容。

## 2. 联合库存管理的实施步骤

联合库存管理强调供需双方同时参与，共同制订库存计划，任何相邻节点的需求都是供需双方协调的结果。联合库存管理的实施步骤如下。

（1）供需双方本着互惠互利的原则，通过协商确定共同的合作目标。例如，费用下降、客户满意度提高。

（2）确定库存优化的方法。例如，确定库存周转时间，确定库存的最大量和最低库存水平，对需求的预测等。

（3）建立信息沟通的渠道或系统，以保证需求信息在供应链中准确、顺畅地传递。

（4）建立利益的分配和激励机制，并形成供应链协议文本，作为规范供应链运作的依据。

联合库存管理是基于协调中心的库存管理方法，可有效解决供应链体系中的"牛鞭效应"，提高供应链的同步化程度。

# 第九章 供应链数字化管理

> 供应商数字化管理,即以数字化辅助实施供应商管理,将现代信息技术与先进的管理理念相融合,转变企业生产方式、经营方式、业务流程,重新整合企业的内外部资源,从而大大提高企业的效率、效益和竞争力。

## 第一节 精益供应链的数字化

精益制造的核心是准时化和自动化生产,它对供应链上各节点企业之间的信息共享提出了较高的要求。可以说,没有现代信息技术的支撑,数字化采购只能是"镜中花,水中月"。

### 一、精益供应链的数字化设计

精益供应链的数字化设计就是将精益供应与数字化管理相结合,从而形成一套自动化的管理系统。它的作用是对整条供应链上的各项操作进行监控、维护与优化,助力实现供应链的精益化管理。

#### 1. 供应链数字化管理系统的功能设计

供应链数字化管理系统的主要功能模块的具体内容如表 9-1 所示。

表 9-1　供应链数字化管理系统的主要功能模块的具体内容

| 模块名称 | 与流程的关系 | 具体用途 |
| --- | --- | --- |
| 供应链仓库 | 发现与定义路径 | 提供供应路径的目录服务，对供应路径进行定义，提取供应路径信息，将应用系统中包含的供应路径映射到供应环境中 |
| 供应过程设计模块 | 设计供应路径 | 设计供应规则、活动、参与者、制度及管理方式 |
| 供应部署模块 | 供应配置 | 为供应过程绑定参与者，分配供应资源 |
| 供应过程虚拟模块 | 供应操作 | 正常状态与例外情况管理，分布供应过程的交互管理，实行供应数据追踪 |
| 供应过程控制模块 | 维护供应过程 | 监管供应的执行，更新供应过程，增加或改变供应过程的参与者 |
| 应用界面 | 提供供应过程与人的交互 | 提供动态的工作流与事务列表，以及便于登录和管理的界面 |
| 供应过程优化模块 | 优化供应过程 | 优化资源利用；去除冗余，将串行改为并行，保证供应目标的一致性 |
| 供应过程分析模块 | 分析供应过程 | 对关键供应流程进行评估，对供应时间和资源利用情况进行分析 |
| 供应过程监控模块 | 监控供应过程 | 对供应过程的实时跟踪和相关数据的查询、统计，控制整个供应过程的正常运作 |

数字化管理系统中最重要的功能就是监控功能，它可以帮助系统应用者实现实时监控与报表分析，为供应管理提供足够的数据支持。

### 2. 供应链管理模块的对接

供应链上的各个管理模块并不是孤立存在的，操作者在具体操作过程中应注意一些事项，如表 9-2 所示。

表 9-2　供应链管理模块对接时的注意事项

| 注意事项 | 说明 |
| --- | --- |
| 要关注不同节点间的触发点 | 为了提升供应链管理效率和应对各类流程的整体监控与考核，要重点关注供应链各节点之间是如何实现供应与补给的，并将供应过程记录下来 |
| 数字化的模板设计要灵活 | 数字化的模板为供应链管理提供必要的辅助 |
| 设计对各关键节点的质量评价 | 管理的焦点就是满足客户需求，因此，下游节点应对上游节点的工作质量进行评价 |

供应链上各环节或管理模块的相互对接，使供应链上游企业与下游企业相互配合、协调运作，实现供应链管理系统的价值。

## 二、精益供应链的运作管理

精益供应链是以精益思想为主导建立的一套快速、精简的供应体系,是精益供应成功的基石。

### 1. 精益供应链的运行体系

随着精益管理思想方法的应用,理论界出现了精益供应链(Lean Supply Chains)的概念,这是一种通过减少浪费、降低成本、缩短操作周期、提供强化的客户价值从而增强企业的竞争优势的有效方法,如图9-1所示。

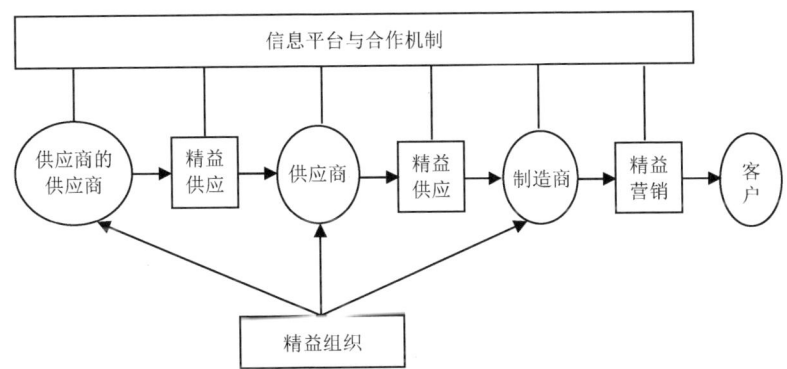

图9-1 精益供应链运行体系架构

从图9-1中我们可以看出,精益供应链的顺利运行必须以精益组织、供应链管理、先进的生产技术、健全的网络设施和有效的合作机制为支撑条件。

在这些条件的支撑下,核心企业首先要按照精益的要求进行生产,然后要帮助和督促合作企业同样按照精益的要求进行运营。另外,整条供应链需保持信息畅通,使供应链上的所有企业都围绕客户需求来进行运作,物流从客户需求出发,依次向上游企业拉动。

### 2. 精益供应链的具体运作流程

在建立精益供应链后,企业应按照一定的流程进行运作管理,如表9-3所示。

表9-3 精益供应链的运作流程

| 流程节点 | 说 明 |
| --- | --- |
| 创建精益采购班组 | 专门处理供应商事务的班组:评估供应商的信用、能力,或者与供应商谈判,签订准时化订货合同,向供应商发放免检签证等,同时负责供应商的培训与教育 |
| | 专门从事消除采购过程中的浪费现象的班组:对精益供应的方法有充分的了解和认识 |

续表

| 流程节点 | 说明 |
|---|---|
| 制订计划，确保精益供应策略顺利实施 | 要制定采购策略，改进当前的采购方式，减少供应商的数量，正确评价供应商，向供应商发放签证等。在这个过程中，采购班组成员要与供应商一起商定准时化采购的目标和有关措施 |
| 精选供应商，建立战略合作伙伴关系 | 在选择供应商时，应从产品质量、供货情况、应变能力、地理位置、企业规模、财务状况、技术能力、价格、其他供应商可替代性等方面综合考虑 |
| 进行试点工作 | 先从某种产品或某条生产线开始，进行原材料或零部件的精益供应试点工作。在进行试点工作的过程中，要取得企业各个部门的支持，特别是生产部门；同时，注意总结试点经验，为正式实施精益供应提供决策和试行的依据 |
| 实施供应商培训，确定共同目标 | 供应商也需对精益供应的策略和运作方法有充分的认识和理解，这样企业才能获得其支持与配合 |
| 向供应商颁发产品免检合格证书 | 在精益供应模式下，企业通过供应商免检直通车给予供应商免检资格 |
| 实施配合精益生产的交货方式 | 精益供应的最终目标是实现企业精益生产，为此，要实现从预估的交货方式向准时化交货方式的转变 |
| 继续改进，扩大成果 | 精益生产是一个不断完善和改进的过程，需要在实施过程中不断总结经验教训，不断进行改进，持续提高精益生产的运作绩效 |

## 三、数字化环境下的供应链协调

供应链协调是指供应链的各个子系统通过相互合作，共同为提高供应链的效率和效益而做出改善，同时实现子系统各方面的改善。

### 1. 数字化环境下的供应链结构

传统的供应链结构是一个线性的集成（见图9-2），将供应商、核心企业、分销商、零售商和客户依次联系起来，限于点到点的物流和资金流动，一旦供应链中的某个环节出现问题，就可能导致整个供应链崩溃。

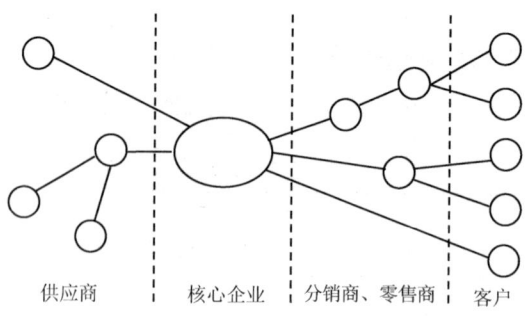

图9-2　传统的多层供应链结构

随着信息技术的应用，如互联网、交互式Web的介入，整个供应链上不必要的活动和耗费被消除，传统单线程的供应链结构转变为"核状"供应链结构（见图 9-3）——以核心企业为核心，以信息技术为媒介，将产业链上游的供应商、下游的分销商等集成在一起。

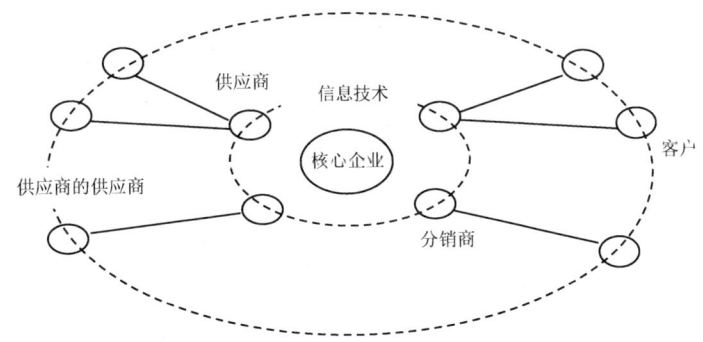

图 9-3　数字化环境下的"核状"供应链结构

信息技术与业务流程、系统结构和供应链等方面的管理相结合，为供应链带来了巨大的改变，使其成为一个与各方结合更为紧密的整体。

**2. 数字化环境下的供应链协调模式**

采用信息技术可有效改善供应链动态特性，方便企业应对供应链波动。数字化环境下的信息系统是网状结构的（见图9-4），使供应链各个环节之间实现信息的实时共享。

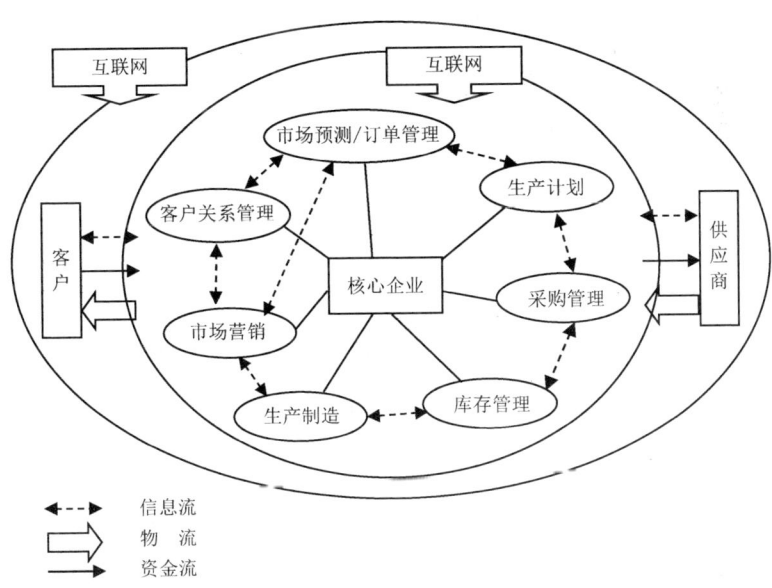

图 9-4　数字化环境下的供应链协调模式

信息整合由核心企业主导，其他各节点企业配合。为了整条供应链的良好运作，核心企业必须做好与各节点企业的协调工作。

（1）建立专门的信息管理部门，对供应链信息进行分析与评价，从中寻求有用的信息。

（2）通过物流企业协调供应链中各节点企业与核心企业的工作。

在供应链数字化管理的过程中，企业需要不断总结经验教训，找出实施效果和预期之间的差距，从而制订更完善的整合计划。

## 第二节　建立供应链数字化系统

供应商管理的数字化，是通过信息管理系统把企业的设计、采购、生产、制造、财务、营销、经营、管理等各个环节集成起来，共享信息和资源，同时利用现代网络技术管理供应商，有效地支撑企业的决策系统。

### 一、搭建供应商数字化管理平台

供应商数字化管理平台的设计工作，可由企业独立完成，也可依托外部服务商来进行管理平台的设计，企业只负责对数字化系统进行评审。搭建供应商数字化管理平台的主要步骤如表9-4所示。

表9-4　搭建供应商数字化管理平台的主要步骤

| 步　骤 | 说　明 |
| --- | --- |
| 提供培训 | 对所有使用者提供充分的培训，培训内容不仅包括技能方面，更重要的是将一种积极的态度灌输给员工，这将有助于减少推行阻力 |
| 建立数据源 | 为搭建管理平台积累数据，主要包括供应商目录、供应商的原料和产品信息、各种文档样本、与采购相关的其他网站、可检索的数据库、搜索工具等 |
| 成立正式的项目小组 | 小组需要由高层管理者直接领导，其成员应当包括项目实施的整个进程所涉及的各个层面和部门人员，包括信息技术、采购、仓储、生产、计划等部门，以及供应商等外部组织的成员。各成员对各种方案进行充分交流 |
| 广泛调研，收集意见 | 项目小组应广泛听取各方面的意见，同时借鉴其他企业行之有效的做法 |
| 建立企业内部管理信息系统 | 在管理信息系统中，设置好各功能模块，实现业务数据的自动化管理，使整个采购过程始终与管理层、相关部门、供应商及其他相关内外部人员保持实时的动态联系 |
| 测试所有功能模块 | 在平台正式启用之前，对所有的功能模块进行测试 |
| 培训使用者 | 安排实际操作人员参与系统使用技能的培训 |

在供应商数字化管理平台运行之后,企业应定期对其运行情况进行评价和维护,包括功能、硬件和软件、系统应用,以及经济效果等方面。

## 二、录入与更新供应商信息

在供应商数字化管理平台成功搭建之后,企业应将供应商信息及时录入供应商信息管理系统中。需要整理的供应商信息通常有供应商基本资料、合格供应商名单、供应商日常信息等。

### 1. 供应商基本资料

供应商基本资料包括供应商基本信息、供应商运营概况、设备状况、人力资源状况、主要产品及原材料、主要客户等。

### 2. 合格供应商名单

将所有合格供应商及其相关资料,包括供应商编号、名称、联系方式、供应材料、最后复查时间、备注信息等录入供应商信息管理系统。此外,对于供应商信息管理系统中应填写的其他资料,信息录入人员应及时与供应商联系,以确保资料齐备。

### 3. 供应商日常信息

信息录入人员应将合格供应商的日常信息进行整理,并录入供应商信息管理系统,应确保录入信息的真实、准确、有效。

需要注意的是,在供应商信息管理中,信息管理人员应根据外部供应环境的变化及时跟踪供应商的状态,对信息进行更新。

## 三、供应链数字化系统的应用

供应链数字化系统应用广泛,一般企业常用的有 ERP 系统、SAP 系统。实力强大的企业还会研发专门的供应链数字化系统与 ERP、SAP 系统融合,以进一步贴合企业的生产,如三星电子的 Global SCM 系统。

三星电子的 Global SCM 系统从 ERP、PDM 等各个系统收集所需要的数据,之后通过商业智能平台向全球各事业部集中呈现供应链信息。三星电子召开 S&OP 会议时,可直观地呈现销售、生产、库存数据的匹配状况,当数据差值异常时可以立刻启动"紧急"事态的决策议程。

三星电子通过 Global SCM 系统实现了供应链数字化,将全球各地的供应链信息呈现在相关人员面前。

此外，供应链数字化系统还可以应用于供应链管理的各个环节，如供应商开发管理、库存管理、供应商评比等。

### 四、供应商信息管理系统的安全管理

供应商信息管理系统是活动在互联网平台上的一个涉及信息、资金和物资交易的综合交易系统。其安全性是供应商数字化管理的一个重要议题。

#### 1. 供应商信息安全的含义

供应商信息安全，指通过采取一系列的安全技术措施和安全管理制度，确保供应商信息远离危险的状态。供应商信息安全包含四层含义，如图 9-5 所示。

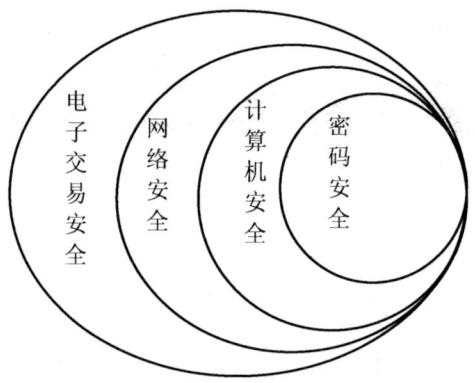

图 9-5　供应商信息安全环

其中，密码安全由强大的密码系统来实现；计算机安全是一种确定的状态，指计算机数据和文件不被非授权用户访问；网络安全指保证网络传输数据、共享信息的安全；电子交易安全指保证借助网络平台进行安全的商务活动。

#### 1）供应商信息安全的影响要素

供应商信息安全的要素（见图 9-6）包括信息的有效性、机密性、完整性、可靠性，以及交易身份的确定性和内部网的严密性。

（1）信息的有效性。

电子商务作为贸易的一种形式，其信息的有效性将直接关系到个人、企业的经济利益和声誉。

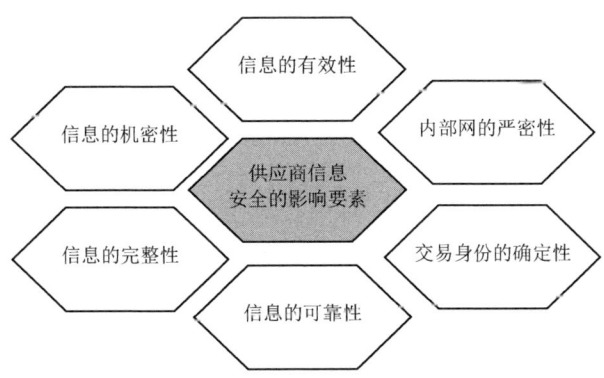

图 9-6　供应商信息安全的影响要素

（2）信息的机密性。

电子商务是建立在一个较为开放的网络环境上的，防止商业泄密是电子商务全面推广应用的重要保障。

（3）信息的完整性。

数据输入时的意外差错或欺诈行为可能导致贸易信息的差异。因此，信息系统应充分保证数据传输、存储的正确和可靠。

（4）信息的可靠性。

信息的可靠性要求能保证合法用户使用信息和资源而不会被不正当地拒绝，并能建立有效的责任机制，防止实体否认其行为。

（5）交易身份的确定性。

信息平台采用各种保密与识别方法进行身份认证，以确认双方的身份无误。

（6）内部网的严密性。

信息平台由计算机系统搭建而成，应防止程序错误、传输错误、自然灾害等引起的计算机信息失误或失效。

**2）供应商信息安全问题的根源**

供应商信息安全问题主要有信息传输过程中的威胁（中断、截获、篡改、伪造）、信息存储过程中的威胁（非法用户在获取系统的访问控制权后，可以破坏信息的保密性、真实性和完整性）和信息加工处理中的威胁（有意攻击和无意损坏都会造成信息和系统的破坏）。其根源大致有四种，如表 9-5 所示。

表 9-5　供应商信息安全问题的根源

| 根　源 | 说　明 |
| --- | --- |
| 物理安全问题 | 包括物理设备本身的安全、环境安全和物理设备所在的地域等因素 |

续表

| 根　源 | 说　明 |
|---|---|
| 方案设计缺陷 | 方案设计者的安全理论与实践水平不足时，设计出来的方案就必然存在安全隐患 |
| 系统安全漏洞 | 随着软件系统规模的不断增大，信息系统中的安全漏洞不可避免地出现 |
| 人为因素 | 人为因素是网络安全问题的重要因素，包括人为的无意义失误、人为的恶意攻击、管理上的漏洞等 |

**2．供应商信息安全的防范策略**

随着计算机及互联网安全技术的不断发展，供应商信息安全防范策略发展到信息的完整性、可用性、可控性和不可否认性，继而发展为"攻、防、测、控、管、评"等多方面的理论和技术。

**1）安全技术的应用**

目前，供应商信息安全领域已经形成了九大核心技术，分别是加密技术、身份验证技术、访问控制技术、防火墙技术、安全内核技术、网络反病毒技术、信息泄露防治技术、网络安全漏洞扫描技术、入侵检测技术。下面就加密技术、身份验证技术、防火墙技术进行简单介绍。

（1）加密技术。

"加密"是使用数学的方法，将原始信息重新组织为经授权用户才可以解读的密文，而"解密"是将密文转换成原始信息。加密技术的工作原理如图 9-7 所示。

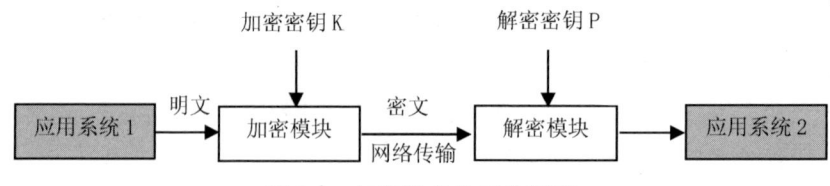

图 9-7　加密技术的工作原理

图 9-7 中，K 为加密密钥，P 为解密密钥。通常，加密技术分为对称密钥加密技术和非对称密钥加密技术。

（2）身份验证技术。

① 数字签名。

数字签名可以防止他人破坏传输文件，以及解决确定发信人身份的问题。数字签名的工作原理如图 9-8 所示。

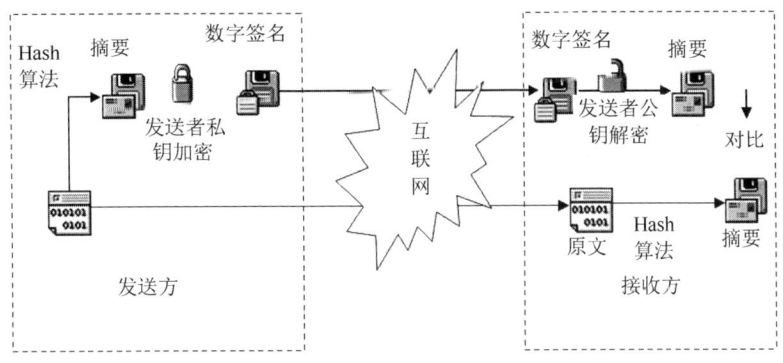

图 9-8　数字签名的工作原理

在数字签名下,如果文件发生改变,那么数字签名的值也随之发生变化。

② 数字时间戳。

数字时间戳是经加密后形成的电子凭证文档。数字时间戳的工作原理如图 9-9 所示。

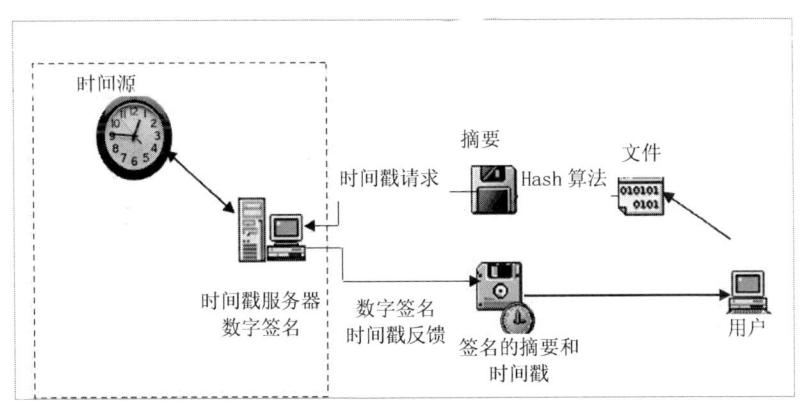

图 9-9　数字时间戳的工作原理

数字时间戳的加盖应满足以下三个条件。

♫ 电子文件加盖的时间戳与存储数据的物理媒体没有关联。

♫ 已加盖时间戳的文件无法改动。

♫ 电子文件加盖与当前时间不同的时间戳是无法实现的。

③ 数字证书。

数字证书是由 CA（Certificate Authority）认证中心[①]签发，用电子手段来验证用户的身份和访问网络权限的凭证。

数字证书可以解决电子商务活动中参与交易各方的身份、资信认定问题，维护交易活动的安全。

（3）防火墙技术。

防火墙是指一个由软件系统和硬件设备组合而成的，为内外部网之间、专用网和公共网之间建立的保护屏障。

它可以确定哪些内部服务允许外部访问，以及允许哪些外部服务访问内部服务，阻挡外部网络入侵，防止内部网络泄密。

**2）安全管理制度的强化控制**

企业可通过构建供应商信息安全制度的框架来加强各项制度的严格执行与管理，以解决供应商信息的安全问题。

数字化管理给企业、供应商和客户所带来的收益是巨大的，特别是数字化以其高效的优势推动着供应商管理的快速发展。

## 第三节  以数字化为基础的廉洁采购

数字化采购是指企业通过数字化系统从供应市场获取所需产品的一系列活动。在数字化采购中，参与者借助大数据分析，形成决策智能化、流程自动化的全新经营方式，从而实现采购的敏捷化和透明化。

### 一、采购道德规范

国内外许多企业都设定了采购道德规范，以引导人们廉洁采购。不过单个企业的采购道德规范的约束力并不够。常见的采购道德规范由企业联盟共同制定，以统一联盟内成员的行为，以及采购人员与供应商关系的标准。企业联盟的成员必须遵守这些采购规范，不遵守这些采购规范的成员将被教育或公示。企业联盟

---

① 采用公开密钥基础技术，专门提供网络身份认证服务，负责签发和管理数字证书，且具有权威性和公正性的第三方信任机构。

每年会对成员进行认证。通常，企业联盟由采购企业、供应商、行业协会等组成。采购道德规范（示例）如专栏9-1所示。

> **专栏9-1　采购道德规范（示例）**
>
> A．行为标准。
> 适合于供应链管理专业人员的行为如下。
> 1．避免利益冲突。成员应该培养职业判断力和决断力，以避免在履行职责时遇到可能的任何明显或实际的利益冲突。
> 2．保护机密或敏感信息。成员有责任保护机密或敏感信息。业务关系成员应当维持与供应商和第三方的关系，以促进市场公平竞争，并保护企业利益和声誉。
> 3．礼品、酬金或其他款待诱惑。在企业允许的情况下，成员必须确保其决策的客观性。不收受礼品、酬金或其他任何的款待，以免影响决定。
> 4．环境和社会责任。成员在行使自己的职责时，必须促进对自然环境的保护与维护。
> B．专业原则。
> 成员将基于以下专业行为原则来执行，其角色和职责如下。
> 1．专业能力：通过实时学习和遵循最佳供应链管理实践经验，保持成员的专业能力，保持良好的专业认证。
> 2．职业水准：为企业或关联第三方提供专业意见，与企业决策保持一致，友好处理与其他成员及所有业务关系的交易。
> 3．诚实和正直：在企业内外部的所有商务活动中保持绝对的诚实与正直。
> 4．责任管理：合理利用企业资源，输出企业认可的最大价值。
> 5．服务公众利益：推动社会福利与福祉，揭露各种可能影响企业价值或破坏企业社会名誉的商业行为。
> 6．遵守法律：成员不得有违法行为或容忍任何试图钻法律空子的行为。

## 二、采购作业中的灰度

廉洁采购一直是所有企业所期望的。许多企业都采取了各种措施来预防采购中的腐败行为，效果有好有坏。涉事人员通常为了个人利益而选择牺牲企业的利益，这种行为给企业带来了很大的风险和损失。

2019年年初，某科技企业在内部发布反腐败公告。2018年因供应链腐败，该科技企业的平均采购价格超过合理水平的20%，其中核心物料高出20%至50%，大批普通物料的价格溢出市场价的2至3倍。这次内部腐败问题导致企业预计损失超过10亿元。

腐败的主要内容包括供应商报价低，企业高价采购；相关人员利用手中的职权指定供应商；以降价为由淘汰合格供应商；内外勾结，开皮包公司等。在问题发生后，该科技企业内部加大了对腐败问题的监督和查处力度。

这次事件涉及研发、采购、销售、行政、设计等部门，问题十分严重。

涉事人员借助管理漏洞游走在灰色地带，中饱私囊。我们不难发现这家企业的"采购腐败"并未局限在采购部，还包括其他部门，正如其反腐公告里提到的"供应商引入决策链条中的研发人员、采购人员、品控人员"，以及"其他体系中的行政人员、售后人员等"。可见，整个供应链都滋生了腐败问题。

一些涉事人员是为了利益，而一些则是迫不得已。大部分人在采购中能够坚持原则，但难免对方会请吃饭、送特产。有的人会迫于人情开个口子，有的人则不胜其扰，但碍于合作又不能发作。

预防腐败要重拳出击，处于灰色地带的问题也要及时关注。如何彻底解决？企业经营者们一筹莫展。随着数字化采购的兴起，这一问题有望得到解决。

### 三、用数字化推进阳光采购

采购作为企业经营管理的重要职能，它的发展经历了三个阶段，采购廉洁化也随之不断演变。

在采购 1.0 阶段，采购人员从接收内部客户需求开始，全权负责供应商的开发、选择、谈判、签约、跟单、付款。采购业务在企业内部横向联系不紧密，属于单兵作战的模式，且采购人员权力较大，存在较高的不确定性与风险。

在采购 2.0 阶段，采购形成了相对完整的供应链体系，采购业务流程化，采购基于信息系统（如 ERP、MRP、SAP 系统）进行决策和管理，实施采与购分离（也就是招投标），总体上强化了采购管理体系，减少了个人决策的权限，且部门间能够互相监督和制约，不过仍然存在招投标滥用，以及采购价格、报销费用无法准确掌握的情况。

而在采购 3.0 阶段，也就是当下正在兴起的数字化采购阶段，企业开始从关注供应商价格转向关注总成本控制，也就是从价格层面降成本的策略转为采购数字化集成一站式采购与智能化采购的策略——所有的信息全部是公开的、可视化的。

数字化采购，简单地说就是将采购流程 IT 化，用 IT 来管人。企业将所有采购流程集成到一个信息平台上，全面打通采购、报销与财税流程。建立的采购信息平台向上延伸至供应商管理，向下拓展至财税系统。同时，数字化采购系统与外部供应链全面协同，与企业内部的 IT 系统高度集成。就廉洁采购而言，这样就在最大限度上杜绝了暗箱操作。

笔者在 W 集团公司做咨询时，发现他们在积极推进采购数字化系统的建设。对于效果，一位高管指出，以前在遇到来料检验因不合格退回时，经常被供应商"围追堵截"。很多精力被浪费在与供应商的人际关系上。在推进数字化采购系统后，来料不良、不合格批次退货发生时，信息会自动上传至系统，平台后端会将结果反馈给供应商。无论是供应商还是采购企业都无法更改结果。这位高管指出，这对企业和供应商来说都是一件好事，采购企业按 IT 流程办事，供应商只要把事情（生产）搞好就可以了。

数字化采购消除了人为干预的可能性，双方即使见面也无法改变结果。

举例来讲，在供应商评比和订单分配上，采购人员只要在计算机信息系统中直接抓取往期数据，系统就可以自动生成某一供应商各项指标的评价。若有必要，则系统会自动分配订单给供应商，并发送至供应商处，全程无须人工干预。供应商等级评定与配额分配自动化运算模型如图 9-10 所示。

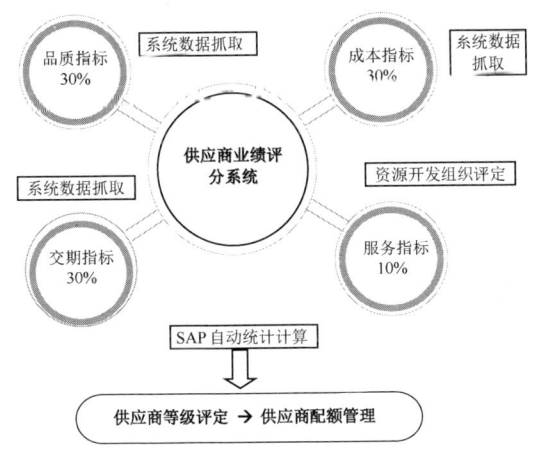

图 9-10　供应商等级评定与配额分配自动化运算模型

质量信息记录对供应商和物料的组合进行采购管控，如图 9-11 所示。

当供应商未完成某项指标时，系统会自动冻结，如限时采购、限量采购、冻结采购报价功能、冻结货源分配功能、冻结采购申请功能、冻结采购订单功能、冻结采购收货功能。

数字化采购更多地体现出业务成果和企业价值，采购供应链同财税系统逐渐整合，涵盖内容也更加广泛。这对廉洁采购具有重要意义。

图 9-11　供应商信息自动化记录与处理

# 第四节　供应链的发展趋势

随着经济全球化时代的到来，采购市场也随之扩大，甚至覆盖至全球范围。企业的采购部及相关人员应跟随经济发展趋势提升自身水平，为企业的生产经营活动提供有力支撑。

## 一、采购国际化与采购管理

国内市场所提供的物料或服务难以完全满足企业或客户的需求，企业便将目光转向全球。

### 1. 国际化采购的原因

从国外购买物料或服务可以让企业获得更多的利益。企业实施国际化采购的原因如表 9-6 所示。

表 9-6　企业实施国际化采购的原因

| 原　　因 | 具 体 说 明 |
|---|---|
| 价格优势 | • 国外供应商的报价低于国内供应商的报价，这是进行国际化采购的一个主要原因<br>• 有利的汇率变动 |
| 质量优势 | • 国外产品的技术、性能先进<br>• 某些物料在国内没有生产厂家 |
| 快速交货 | 由于生产技术限制，一些国外供应商的交货效率较高 |
| 完善的技术服务 | 国外厂家在国内有完善的营销系统，若采购其产品，将获得先进的技术、管理经验 |
| 战略考虑 | • 引进国外供应商参与竞争，获得议价能力<br>• 采购企业通过国际采购开拓国际市场 |
| 国际采购环境好转 | • 互联网技术的发展、关税的不断降低使国际化采购的成本更低 |

### 2．国际化采购程序

国际贸易的复杂性带来了采购风险。企业要建立严格、规范的国际化采购程序来规范工作。国际化采购程序如表 9-7 所示。

表 9-7　国际化采购程序

| 序　号 | 程　　序 | 具 体 工 作 |
|---|---|---|
| 1 | 进行国际采购前的准备 | 编制国际采购计划→市场调研→拟定国际采购方案 |
| 2 | 国际采购磋商 | 询盘→发盘→还盘→接受 |
| 3 | 签订国际采购合同 | — |
| 4 | 国际采购合同的履行 | 开立信用证→审单、付款、租船→订舱→催装→投保（报送验收）→提货→拨交结算→索赔 |

虽然国家与国家之间的界限和差异会给采购带来一定的风险，但随着国际贸易壁垒的打破，以及国际市场的广阔前景，在全球范围内采购是企业采购的一种必然趋势。

## 二、供应链管理系统与采购管理

供应链管理系统（Supply Chain Management，SCM）依靠信息系统技术，使从原材料采购到将最终产品销售给客户的所有的经营活动集成在一个精密的流程中，并不断实现采购的协同性。

### 1．供应链管理系统

供应链管理系统基于协同供应链管理的思想，企业与供应商的业务各环节无缝链接,形成产销协同的领先管理模式。供应链管理系统的作用如图 9-12 所示。

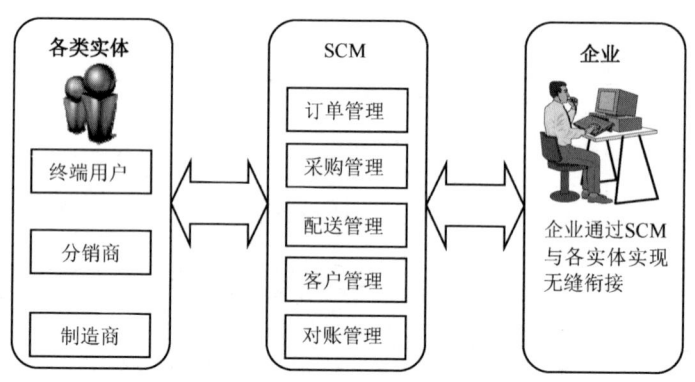

图 9-12 供应链管理系统的作用

供需双方不再是单纯的买卖关系,而是长期的战略合作伙伴关系,这是一种典型的"双赢"供应模式。

### 2. 供应链管理系统下的采购管理

在传统的采购模式中,采购是为了补充库存。在供应链管理系统下,采购活动由订单驱动。供应链管理系统下的采购流程如图 9-13 所示。

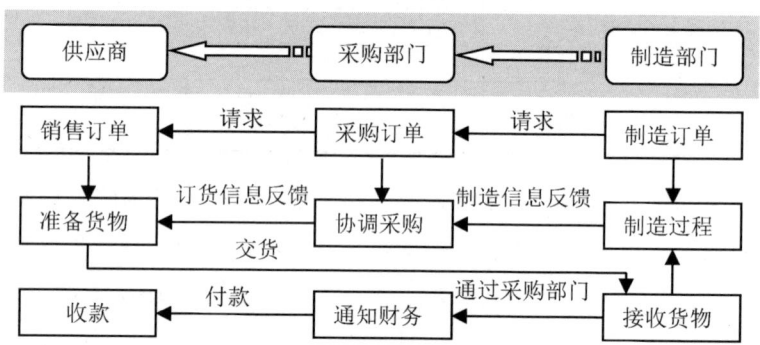

图 9-13 供应链管理系统下的采购流程

供应链管理系统下的采购流程是一种标准化的订单驱动模式。它通过减少库存,提高物流速度和库存周转率,使供应链准时响应客户需求。期间,供需双方通过资源共享和信息互通机制协同处理。

## 三、以大数据为基础的供采系统

企业如果能准确定位客户需求，生产出的产品就会非常畅销。一直以来，人们通过销售数据、电话调查、书面调查、访谈、经销商反馈等方式来分析客户需求。精确度不是特别高，且调查范围局限在一定的区域内。

近年，随着信息技术的发展，以及数字化采购、网络终端的成熟，大数据管理也越来越成熟。借助大数据，企业可以轻松地筛选和统计出客户需求信息——范围广，不受时空限制，且需求定位精准，如消费喜好、消费水平等。

海尔集团在 2018 年进军陶瓷产业后，瓷砖也是其新的业务之一。纵观陶瓷行业，市场上的瓷砖五花八门，品种成千上万，有很多相似的板型。厂家每年都会推出十多种颜色的瓷砖。每年大约有 80%的瓷砖被废弃，畅销的只有 10%到 20%。这导致了大量库存积压，高库存成本又推高了瓷砖的研发成本和销售价格。经销商也承受着较大的压力。

当然，规模较大的厂商会联合起来，共享信息，统计畅销的瓷砖种类，各自生产几款畅销的瓷砖，不做库存。

海尔集团在山东淄博与当地政府达成战略合作协议，成立了建陶产业园，并引入了 COSMOPlat（卡奥斯）工业互联平台，给传统建陶业带来了新的发展模式。该平台致力于打造开放的工业级平台操作系统，通过聚合各类资源，为工业企业提供智能制造应用服务，其主要目的是实现数据共享。例如，工厂的信息、客户的信息，这些数据可以为开发企业所共享，从而进行产品开发。

瓷砖不再是简单的劳动力下的技术复制。在 COSMOPlat 模式下，客户全流程参与。企业可依托 COSMOPlat 工业互联平台，将客户与大数据连接起来，以更加高效、精准的供需对接响应市场需求，节约了库存成本和管理成本。在客户的参与下，瓷砖的设计水平、质量获得了极大的提升。

海尔的 COSMOPlat 工业互联平台通过大数据分析，精确定位客户需求，瓷砖生产由大规模生产转向定制化生产；积极使用大数据技术，分析出客户对产品、服务的数据，进而根据这些数据完善产品和服务质量；同时让企业随时保持对市场的敏锐度，积极响应市场需求，不断衍生新的产品。

根据供应链成员间的相互依赖程度，供应链成员间的信息共享系统模式可以分为三种，一是集中信息资源的供应链信息共享系统，二是价值链模式的供应链信息共享系统，三是网络型的供应链信息共享系统。

供应链成员间的相互依赖形式不一样，信息共享模式也会不同，而作为信息共享实现载体的信息系统模式也将不同，且在协调机制、可架构性等方面均会有所差异，如表9-8所示。

表9-8 供应链成员间的相互依赖类型与对应的信息共享模式

| 相互依赖类型 | 集中式互相依赖型 | 顺序式互相依赖型 | 互惠式互相依赖型 |
| --- | --- | --- | --- |
| 共享模式 | | | |
| 协调机制 | 标准与规则 | 标准与规则，预定计划与进度 | 标准与规则，预定计划与进度，相互调整方式 |
| 技 术 | 中间的媒介 | 串联 | 强烈、密集 |
| 可架构性 | 高 | 中 | 低 |
| 冲突的可能性 | 低 | 中 | 高 |
| 跨企业信息系统类型 | 信息资源集中的供应链信息共享系统 | 价值链模式的供应链信息共享系统 | 网络模式的供应链信息共享系统 |
| 技术及应用导入 | • 共享资料库<br>• 网络应用<br>• 数字化市场 | • 电子数据交换应用<br>• 可视化文件<br>• 传真文件 | • 软件设计资料交换<br>• 知识库中心<br>• 信息共享<br>• 视频会议 |

要准确把握供应链成员间需要共享的信息内容，可以从供应链合作结构入手，如图9-14所示。

需要识别的供应链合作结构中关键环节的信息内容包括需求信息、生产与配送计划信息、物流信息三类。若要促进供应链信息共享，则需要建立供应链信息共享系统，类似海尔的COSMOPlat工业互联平台。

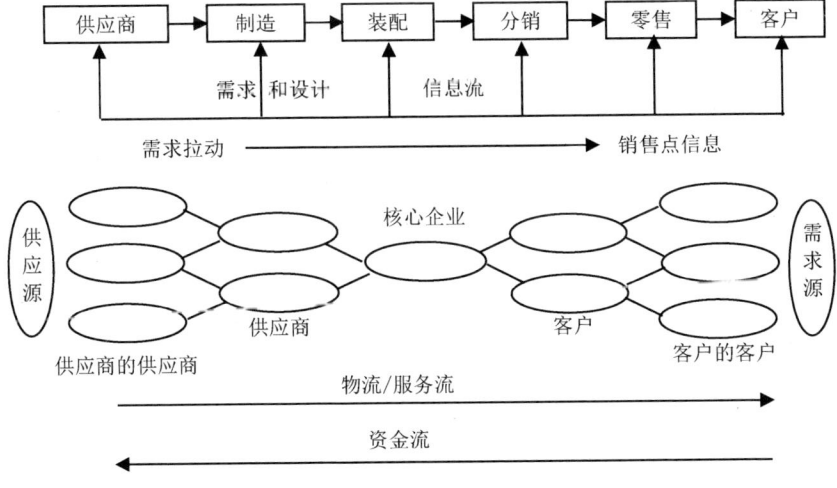

图 9-14 供应链合作结构

供应链信息系统以信息与通信为技术基础,最终实现信息在供应链成员间的跨企业边界和时空限制的传递与共享。

# 附录 A 《供应商与采购管理》工具与表单

| | |
|---|---|
| 1. 供应商基本情况表 | 26. 新供应商评审内容 |
| 2. 供应商现场评审表 | 27. 生产件评审内容 |
| 3. 供应商提交 PPAP 要求 | 28. 供应商质量管理细则 |
| 4. 合格供应商名单 | 29. 供应商准入认证评定表 |
| 5. 成品规格书 | 30. 原材料质量报表 |
| 6. 新产品开发可行性评估表 | 31. 质量协议存档登记表 |
| 7. 产品-过程特性矩阵图 | 32. 物料直通车工程供应商评审表 |
| 8. 试转产量产评审报告 | 33. 供应商质量管理方案 |
| 9. 新产品评估通知单 | 34. 供应商质量异常处理通知 |
| 10. 供应商评审报告 | 35. 检验指导书 |
| 11. 供应商改善行动要求 | 36. 质量协议 |
| 12. 认证中供应商名录 | 37. 质量异常履历 |
| 13. 供应商现场审核表—质量中心 | 38. 供应商质量体系开发计划 |
| 14. 供应商现场审核表—战略采购中心 | 39. 月品质恶化问题点改善邀请书 |
| 15. 供应商现场审核表—研发中心 | 40. 采购订单 |
| 16. 供应商认证管理规定 | 41. 月度采购计划 |
| 17. 试模样件检测记录 | 42. 成本模型表 |
| 18. 供应商审核计划 | 43. 第三方物流成本模型总表 |
| 19. 供应商质量保证体系 | 44. 供应商年度改善计划 |
| 20. 供应商质量制程评价 | 45. 供应商改善计划跟踪表 |
| 21. 环境质量体系检查表 | 46. 供应商初、中、终物管理基准 |
| 22. 供应商评估程序 | 47. 供应商供货业绩统计表 |
| 23. 零件承认管理程序 | 48. 第三方物流单价 |
| 24. 零件评估报告 | 49. 物料作业单价 |
| 25. 物料联合评估表 | 50. 年度供应商综合评价表 |

注：需要工具与表单的，请加作者微信领取。